印度工业化进程中产业结构的演变

——印度发展模式初探

任 佳 著

商务印书馆
2007年·北京

图书在版编目(CIP)数据

印度工业化进程中产业结构的演变:印度发展模式初探/任佳著.—北京:商务印书馆,2007
 ISBN 978 – 7 – 100 – 05496 – 6

Ⅰ.印… Ⅱ.任… Ⅲ.产业结构–研究–印度 Ⅳ.F135.11

中国版本图书馆 CIP 数据核字(2007)第 067193 号

所有权利保留。
未经许可,不得以任何方式使用。

印度工业化进程中产业结构的演变
——印度发展模式初探
任佳 著

商务印书馆出版
(北京王府井大街36号 邮政编码100710)
商务印书馆发行
北京民族印刷厂印刷
ISBN 978 – 7 – 100 – 05496 – 6

2007年12月第1版　　开本 850×1168 1/32
2007年12月北京第1次印刷　字数 280 千字
印张 13 3/8

定价:25.00元

本书受到云南省
哲学社会科学学术著作
出版资助专项经费资助出版

序　言

　　第二次世界大战后,亚洲两个古文明大国分别取得了独立和解放。半个多世纪以来,这两个占世界人口将近一半,社会、政治制度各不相同的伟大国家,其经济发展和演变一直受到全世界的关注。中印经济的发展和比较也就成为世界各主要国家有关学术界(如南亚学、世界经济学和国际关系学)从事研究的热门课题。20世纪80年代,我国恢复对外学术交流。作为一个南亚学者,我先后访问了澳大利亚、印度、日本、美国和东盟各国。当我去这些国家参加研讨会、做访问学者或考察,总是会与对方学者讨论到有关印度经济的问题。

　　给我留下最深刻印象的是1984年初对印度的那次访问。1984年1月,我参加了以马洪院长为首的中国社会科学院代表团去印度访问。代表团受到了英·甘地总理的接见。马洪院长与英·甘地总理的顾问L.K.杰哈进行了单独的会谈。随后,在英·甘地的授意下,由东道主印度社会科学研究理事会出面,组织了一次中印学者联席讨论会。当时,以英·甘地总理的部长级经济顾问S.查格拉瓦蒂为首的印度经济学家为一方,以马洪院长为首的中国代表团为一方,共聚一堂,分列两旁,气氛十分友好隆重。此时,马洪院长临时要我上台介绍中国学者在中印经济发展比较研究方面的主要观点。这真让我一时有些为难。幸好当时的中国社会科学院、北京大学南亚研究所有些学者已经对这些问题有过初步的研究，并且曾于1982年10月在浙江莫干山屋脊头宾馆就此问题举行过一次全国性的讨论会。刚好此时我手头带着一份关于该讨论会的会议纪要。这才使我能够比较有系统地阐述了中国学者有关这一问题的若干观点。中国社会科学院代表团的这次访问使中印双方达成一项协议，协议规定，此后，由印度社会科学研究理事会与中国社会科学院召开经济问题联席讨论会，并互相交流访问学者，每年每方可派4至6个人。这一协议的执行基本上延续到今天。

上世纪80年代中期以后，我国南亚学界加强了印度经济的研究。1986年，中国社会科学院南亚研究所联合北京其他单位的南亚学者共同承担了《南亚国家经济发展战略》和《中印经济发展比较研究》等两个"六五"计划国家社科重点项目。经过几年的努力，这两部著作由北京大学出版社出版。这是1979年中国南亚学会成立以后我国南亚学界关于印度经济最早的一批著作。

自1991年印度实行经济改革以来，我国对印度经济的研究有了进一步的加强。北京大学历史系在林承节教授的指导下，培养出一批研究当代印度经济改革的博士，他们对近二十年来历届印度政府的经济政策及其业绩进行了系统的分析研究，并已经出版了《印度现代化发展道路》（林承节）和《拉奥政府经济改革研究》（张淑兰）等著作。

二十多年来，四川大学南亚研究所在其出版的《南亚研究季刊》上刊登大量有关印度经济的论文，为我国南亚学界提供可贵的资料和观点。自2001年该所建立教育部人文社会科学南亚研究基地后,他们对印度经济的研究有了进一步的加强。近年来在该所出版的《南亚研究基地丛书》中,关于印度经济的专著就有《印度经济:发展、改革与前景》(文富德)和《世界贸易组织与印度经济发展》(文富德、陈继东)等。

十多年来,云南省社会科学院在发展南亚与东南亚学术研究,以及推动对这些地区的经贸和学术交流方面均取得了令人瞩目的成就。1997年,云南省社会科学院成立南亚研究中心,2000年组建南亚研究所,并出版《面向南亚》杂志、《南亚报告》(年刊)和《中国南亚书系》。2003年,在云南省社会科学院的筹划下,成立了云南省南亚学会。这些年来,云南省社会科学院并在举办孟中印缅合作论坛和促进中印学术交流方面做了许多有益的工作。

作为云南省社会科学院副院长和南亚研究所前所长的任佳同志,曾经在组织领导云南省南亚学界各种活动以及推动中印经济合作等方面付出过辛勤劳动。例如,她曾经向外交部、发展改革委员会和云南省政府提交过《中国与印度经贸合作新战略》和《创建昆明合作组织》等多项研究成果和政策建议,并受商务部和国务院发展研究中心委托,牵头完成《印度经济发展水平、开放程度、市场潜力和区域合作研究》项目。她还在推动"孟中印缅合作论坛"的工作中起了重要的作用。她在担负繁重工作的同时,又努力攻读和取得复旦大学经济学院的博士学位,完成了一篇功底十分深厚、有关印度工业化和产业结构变化的学术论文。

这部题为《印度工业化进程中产业结构的演变——印度发展模式初探》的专著无论从资料实证、理论创新或应用价值等方面看,均不愧为一部优秀的学术著作。作者花费巨大精力获取了国内外各种第一手统计资料和名家论著。例如,她使用了由印度政府统计部出版的《国民资料统计》(National Accounts)历年报告,并通过这些跨度达50年的系统资料对印度主要产业部门的演变进行深入细致的分析。她还大量阅读了国内外专家们关于发展经济学理论以及印度与中国经济发展的论著,并形成了自己独立的见解。从书中列举的参考文献目录可以看出,作者在搜集资料中付出了多么艰巨的劳动。应该指出,作者善于运用统计和图表并以实证方式阐明自己的观点,这是国内同类学术著作中较少见到的。

在理论创新方面,作者以马克思主义为指导、运用发展经济学理论,在深入分析大量资料和统计的基础上,对印度工业化和发展式提出自己独创性的观点。作者指出,印度的工业化道路是既不同于西方发达国家也不同于中国的"第三条道路"。这是对发展经济学关于"发展型式"理论的新补充。她还揭示出印度三次产业演变的独特轨迹,并根据有关的统计资料说明,印度三次产业的演变顺序是从一、三、二到三、一、二,再到三、二、一,即从第一产业为主导发展成为由第三产业为主导,由此形成了知识密集型的、以服务业为导向的发展模式,服务业成为拉动经济快速增长的主要动力。

作者在分析印度产业结构的演变过程中,用一章(第5章)的篇幅专门探讨政治、社会、民族、文化和宗教等非经济因素所产生的影响,这是一种学术创新。还有,作者在本书第6章和第7章中,对印度发展模式的可持续性以及对中印发展模式的比较和相互借鉴分别进行了深刻的分析。作者在论述印度发展模式的可持续性时,既强调了它的后发优势,包括资本后发优势和人力资源后发优势,也看到了由于第二产业和制造业的低速发展所造成的产业断层和失业等问题。

特别要提到的是本书第7章"中印发展模式的比较和借鉴",这一章既有丰富的资料和数据,又有不少独到的观点,内容引人入胜,说明作者对中印两国经济发展的研究具有着实的基础。作者用简洁的语言对中印两国的发展模式作了如下的概括:"印度模式发展是软实力、软件;中国发展的是硬实力、硬件;印度是一个注重内在的国家,中国是一个注重外在的国家;印度有服务业的传统,中国有制造业的传统。""中印的首轮赶超战略是发展以重工业为主导的工业化……。两国改革开放后,都开始了第二轮赶超战略,中国是发展以制造业为主导的强国战略,印度是发展以信息技术为主导的强国战略。这一轮赶超两国都取得了明显的成效。中国成为世界制造业大国,印度成为信息技术大国。"作者还指出,两国今后产业演变的方向应该是,"中国的产业结构重心应从制造业向服务业转移,印度应拓宽服务业的领域,并提升制造业水平"。

自从2005年5月温家宝总理成功访问印度以来,已经结成战略伙伴的中印两国之间的友好合作关系取得了重大的发展。2006年成为中印友好年。胡锦涛主席访问印度又把中印友好合作关系推向了一个新的高潮。2007年将举办中印文化年的各种活动,本书的出版将是对中印文化年的一个贡献,它将帮助我国人民更好地了解印度的国情和经济发展。而且,从实际的应用价值看,本书不仅是涉外工作人员一本具有很高学术价值的参考书,而且也可以作为大专院校南亚系、世界经济学和国际关系学供教学用的一本优秀的教科书,特别是因为作者在全书的写作体例方面有许多独到的设计,如系统简明的章节排列,图表的设置,在每章末尾所作的小结,以及排列有序的关于印度经济的各种数据附表。这些都会帮助读者更好地了解印度的经济发展。

孙培钧

2006年11月27日

目 录

第1章 引论 1
1.1 对象国的背景及问题的提出 1
1.1.1 对象国的背景 1
1.1.2 问题的提出 3
1.2 研究目的、意义及结构安排 5
1.2.1 本书要解决的主要问题、研究目的及创新点 5
1.2.2 基本思路、方法和结构安排 8
1.3 对前人研究的评述 10
1.3.1 工业化的一般理论 12
1.3.2 产业结构的演变及其原因的相关理论 39
1.3.3 印度的工业化和产业结构的相关研究 51
1.3.4 对文献的简要评论 63
1.4 本书的分析框架 65
1.4.1 本书所涉及的几个逻辑关系 66
1.4.2 本书的研究框架 68
本章小结 73

第2章 印度工业化战略及产业结构的演进 74
2.1 印度工业化战略的确立 74
2.1.1 工业化问题的提出 75

2 印度工业化进程中产业结构的演变

  2.1.2 马哈拉诺比斯工业化战略(Mahalanobis Strategy) …… 79
 2.2 印度产业结构演进的轨迹和特点 …………………………… 81
  2.2.1 就业在一、二、三产业中所占比重变化分析 ………… 82
  2.2.2 国民生产总值的产业构成分析 ………………………… 90
  2.2.3 劳动力的部门份额和国内生产总值部门份额的比较 … 97
 本章小结 …………………………………………………………… 99

第3章 产业结构演变的产业内因素 ……………………………… 101
 3.1 第一产业内部结构演变及其影响 …………………………… 102
  3.1.1 传统农业向现代农业转化情况 ………………………… 102
  3.1.2 农业内部结构的协调问题 ……………………………… 106
 3.2 第二产业内部结构变动及其影响 …………………………… 114
  3.2.1 第二产业(广义工业)结构变动趋势 …………………… 115
  3.2.2 制造业内部结构及变动趋势 …………………………… 116
  3.2.3 制造业结构的高级化及工业发展的阶段 ……………… 129
  3.2.4 第二产业发展缓慢的原因小结 ………………………… 137
 3.3 第三产业内部结构变动及其影响 …………………………… 141
  3.3.1 第三产业结构变动轨迹 ………………………………… 141
  3.3.2 第三产业内部结构变动 ………………………………… 143
  3.3.3 第三产业快速发展的原因分析 ………………………… 148
 本章小结 …………………………………………………………… 150

第4章 印度产业结构演变的产业外因素 ………………………… 152
 4.1 经济增长与产业结构变动的相互关系 ……………………… 153
  4.1.1 经济总量增长与产业增长 ……………………………… 153
  4.1.2 经济总量的增长与产业结构的转换 …………………… 157
 4.2 需求对产业结构演变的影响 ………………………………… 159

         4.2.1 消费需求和投资需求对产业变动的影响 …………… 159
         4.2.2 国际贸易对产业结构的影响 …………………………… 166
   4.3 供给对产业结构变动的影响 ……………………………………… 172
         4.3.1 投资对产业结构的影响 ………………………………… 173
         4.3.2 技术进步的因素 ………………………………………… 174
   4.4 政策对产业结构演进的影响 ……………………………………… 177
         4.4.1 农业政策的影响 ………………………………………… 178
         4.4.2 工业政策的影响 ………………………………………… 180
         4.4.3 促进第三产业发展的政策 ……………………………… 186
   本章小结 ……………………………………………………………………… 197

第5章 印度产业结构演进的非经济因素 ……………………………… 200
   5.1 历史视角：国内国际环境的影响 ………………………………… 200
         5.1.1 印度独立时的国内国际环境 …………………………… 201
         5.1.2 独立之初的经济政策和政治安排 ……………………… 205
         5.1.3 印度实施工业化战略的基础和条件 …………………… 211
   5.2 政治视角：印度的政治和利益集团的影响 ……………………… 219
         5.2.1 印度的政治结构 ………………………………………… 219
         5.2.2 印度的政治文化及利益集团对决策的影响 …………… 227
   5.3 社会视角：印度宗教文化的影响 ………………………………… 238
         5.3.1 印度宗教对经济的影响 ………………………………… 240
         5.3.2 印度文化对经济的影响 ………………………………… 247
   本章小结 ……………………………………………………………………… 250

第6章 印度发展模式的可持续性分析 ………………………………… 252
   6.1 印度发展模式的主要问题和面临的挑战 ………………………… 252
         6.1.1 印度发展模式存在的问题 ……………………………… 253

        6.1.2 印度发展模式面临的挑战 ………………………… 259
    6.2 印度模式的后发优势 ……………………………………… 263
        6.2.1 印度的国际竞争力 ………………………………… 263
        6.2.2 印度经济的后发优势 ……………………………… 266
    本章小结 ……………………………………………………… 275
第7章 中印发展模式的比较与借鉴 ………………………………… 277
    7.1 中印发展模式的比较 …………………………………… 277
        7.1.1 印度发展模式的特点 ……………………………… 278
        7.1.2 中国发展模式的特点 ……………………………… 290
    7.2 中印发展模式的相互借鉴和启示 ……………………… 299
        7.2.1 中印模式的启示 …………………………………… 300
        7.2.2 中印模式的相互借鉴 ……………………………… 307
    本章小结 ……………………………………………………… 314
第8章 结束语 …………………………………………………… 317
    8.1 主要结论 ………………………………………………… 317
    8.2 创新与不足 ……………………………………………… 322
数据附表 ………………………………………………………… 326
参考文献 ………………………………………………………… 387
后记 ……………………………………………………………… 402

图

图 2.1 不同水平的 GDP 下各产业就业人口所占份额
变化图 ·············· 84
图 2.2 不同水平的 GDP 下各产业就业人口所占份额
变化图 ·············· 85
图 2.3 第一产业占 GDP 的比重与人均 GDP 的关系图 ········ 91
图 2.4 第二产业占 GDP 的比重与人均 GDP 的关系图 ········ 92
图 2.5 第三产业占 GDP 的比重与人均 GDP 的关系图 ········ 93
图 2.6 不同水平的人均 GDP 下三次产业所占份额
变化趋势图 ·············· 94
图 3.1 第一产业结构变动图 ················ 107
图 3.2 农业结构图 ···················· 107
图 3.3 印度种植业框架图 ················ 108
图 3.4 牛奶、肉类、蛋类、羊毛、蚕茧等产出占家畜
产出的比重变化图 ············ 111
图 3.5 肉类产出结构图 ················ 112
图 3.6 食用肉结构图 ················· 112
图 3.7 第二产业结构变动图 ··············· 116
图 3.8 1970—1971 至 2003—2004 各财政年度内

食品业产出的发展趋势图 ·················· 117
图3.9 1970—1971至2003—2004各财政年度内饮料、
烟草业产出的发展趋势图 ·················· 118
图3.10 1970—1971至2003—2004各财政年度内棉花制品、
羊毛、丝绸、黄麻、纺织品产出的发展趋势图 ········ 119
图3.11 1970—1971至2003—2004各财政年度内木材、
家具业产出的发展趋势图 ·················· 119
图3.12 1970—1971至2003—2004各财政年度内
造纸印刷业产出的发展趋势图 ················ 120
图3.13 1970—1971至2003—2004各财政年度内
毛皮产出的发展趋势图 ···················· 121
图3.14 1970—1971至2003—2004各财政年度内
化工产出的发展趋势图 ···················· 122
图3.15 1970—1971至2003—2004各财政年度内
橡胶、石油等产出的发展趋势图 ··············· 122
图3.16 1970—1971至2003—2004各财政年度内
非金属矿物产出的发展趋势图 ················ 123
图3.17 1970—1971至2003—2004各财政年度内
基础金属工业产出的发展趋势图 ··············· 124
图3.18 1970—1971至2003—2004各财政年度内
金属产品产出的发展趋势图 ················· 124
图3.19 1970—1971至2003—2004各财政年度内
非电力的机器工具和零件产出的发展趋势图 ······ 125
图3.20 1970—1971至2003—2004各财政年度内

　　　　　电力机器的发展趋势图 ·············· 126
图 3.21　1970—1971 至 2003—2004 各财政年度内
　　　　　运输设备的发展趋势图 ·············· 127
图 3.22　1970—1971 至 2003—2004 各财政年度内
　　　　　其他制造业产出值的发展趋势图 ·········· 127
图 3.23　制造业六组类在制造业中所占比例图 ········ 132
图 3.24　各年霍夫曼比率变化图 ·············· 136
图 3.25　第三产业各行业产值增长图 ············ 142
图 3.26　第三产业结构变动图 ··············· 142
图 3.27　贸易、宾馆和饭店的结构变动图 ·········· 144
图 3.28　交通运输、仓储、通讯业的结构变动图 ······ 144
图 3.29　金融、保险、房地产、商务的结构变动图 ····· 145
图 3.30　房地产、住宅的所有权和商务结构图 ······· 146
图 3.31　房地产占住宅房地产商务总值的结构图 ······ 146
图 3.32　商务占住宅房地产商务总值的结构图 ······· 147
图 3.33　社区、社会和个人服务业的结构变动图 ······ 148
图 4.1 　1951—2004 年三次产业和 GDP 增长趋势图 ····· 155
图 4.2 　GDP 增长率与三个产业产值增长率变动趋势 ···· 156
图 4.3 　消费结构图 ···················· 164
图 4.4 　政府支出趋势图 ·················· 165
图 4.5 　私人支出趋势图 ·················· 165
图 4.6 　服务和货物贸易进出口比重变化趋势图 ······· 172
图 4.7 　投资结构图 ···················· 173
图 4.8 　第三产业投资结构图 ················ 174

8　印度工业化进程中产业结构的演变

图 4.9　1958—1999 年印度的研究与开发支出占
　　　　GNP 的比重变化趋势图 ················ 176

表

表	标题	页码
表1-1	钱纳里标准产业结构	43
表1-2	钱纳里标准产业结构(改进的市场占有模型)	43
表1-3	三次产业结构演变的国际标准模式	44
表1-4	钱纳里工业结构标准模式	47
表2-1	不同水平的GDP下各产业就业人口所占份额表	83
表2-2	不同水平的GDP下各产业劳动力所占份额	85
表2-3	印度劳动力在各产业的分布情况	86
表2-4	印度劳动力在各产业的数量及分布	87
表2-5	各产业内部的就业变动情况	88
表2-6	不同水平的人均GDP下三次产业所占份额	94
表2-7	印度产业结构占GDP的比重	95
表2-8	三次产业劳动力就业比重与产值比重变动的比较	98
表3-1	化肥的生产、进口和消费	103
表3-2	印度农业机械化进展情况	104
表3-3	制造业各行业定基发展速度、平均增长率和各行业占制造业的比重及其排序表	131
表3-4	各组类在制造业总产值中所占份额	133

表3-5	制造业六组类行业产值的增长倍数	133
表3-6	霍夫曼比率表	135
表4-1	各产业的平均增长率	154
表4-2	印度三次产业回归模型分析	160
表4-3	印度的服务贸易额、增长率及占世界服务贸易的份额	168
表4-4	印度软件出口额	169
表4-5	印度电子产品出口	170
表4-6	印度农业的总资本形成情况	179
表5-1	印度的对外贸易	216
表6-1	印度与中国的全球经济竞争力比较	263
表6-2	印度近几年的竞争力排名变化	264
表6-3	印度市场结构	270

附　表

附表 2-1　印度人均 GDP 与各产业结构变动计算表 …… 326
附表 3-1　第一产业结构表 …… 329
附表 3-2　农业产出结构表 …… 331
附表 3-3　种植业产值结构变动表 …… 334
附表 3-4　非粮食作物产值结构变动表 …… 335
附表 3-5　家畜产出结构表（A）…… 336
附表 3-6　家畜产出结构表（B）…… 338
附表 3-7　肉类产出结构 …… 341
附表 3-8　食用肉产出结构变动表 …… 343
附表 3-9　第二产业结构变动表 …… 346
附表 3-10　制造业各子行业产出值 …… 348
附表 3-11　制造业六组类行业产值及其占制造业的
　　　　　　比重计算表 …… 354
附表 3-12　霍夫曼比率计算表 …… 357
附表 3-13　第三产业结构变动表 …… 358
附表 3-14　贸易、宾馆和饭店的结构变动表 …… 360
附表 3-15　运输、仓储、通讯业的结构变动表 …… 363
附表 3-16　金融、保险、房地产、商务的结构变动表 …… 366

附表 3-17 房地产、住宅的所有权和商务结构表 ………… 368
附表 3-18 社区、社会和个人服务业的结构变动表 ……… 371
附表 4-1 印度 GDP 年平均增长率 ………………………… 374
附表 4-2 个人消费结构表(A) …………………………… 376
附表 4-3 个人消费结构表(B) …………………………… 379
附表 4-4 投资结构表 ……………………………………… 381
附表 4-5 第三产业投资结构表 …………………………… 384

第 1 章 引论

印度是一个世界文明古国,又是一个正在崛起的发展中大国,它经历了辉煌的古代文明、屈辱的殖民剥夺时代和独立自主的发展时期。它是一个历史文化积淀深厚的国家,又是一个正在奋力追赶工业化、现代化的国家。古老和现代、保守和开放、贫穷和富裕在印度都得到充分体现,在这样一个多样化和反差极大的社会中,产业结构的演进和发展模式都极具自己的特点,在印度土壤中生长的发展模式是对世界多样化发展模式的丰富。

1.1 对象国的背景及问题的提出

印度是本书研究的对象国,在对这样一个大国的产业结构进行研究之前,有必要对其背景有一个初步的了解。在此基础上,才能对为什么要提出这样的问题进行研究有更好的理解。

1.1.1 对象国的背景

印度地处亚洲南部,东临孟加拉湾,西濒阿拉伯海,南向浩瀚的印度洋,北靠喜马拉雅山,三面环海,领土形成一个三角形的半岛。印度是南亚次大陆的中心,与南亚各国都接壤或隔海相望,而南亚其他国家都互不接壤。印度是连接亚、非、欧的交通枢纽,扼守着印度洋的海上通道,因此其战略地位十分突出。印度是南亚地区最大的国家,南亚地区的矿产资源几乎集中在印度一国,土地面积297.47万平方公里,居世界第七位。人口10.27亿,居世界第二位,全国有一百多个民族①,由于人种和民族众多,宗教和语言也呈现出多样化的特点。

早在公元前3千纪中叶到公元前2千纪初叶,就出现了印度河流域文明繁盛的时期。随着公元15世纪末葡萄牙航海家开通从欧洲直接前往印度的海路以后,西方殖民者开始染指印度这块世界文明古国的土地。公元1600年英国东印度公司成立,开始了对印度的贸易掠夺,1757年以后经过西方列强的争霸,英国逐步取得了对印度的殖民统治权②。1947年8月15日,印度摆脱了英国近二百年的殖民统治获得了独立。1950年1月26日,印度共和国成立,由制宪议会制定的宪法生效,印度与英国脱离一切宪法关系。在第二次世界大战后的民族独立运动中,一个新生的世界大国站立起来了。

在独立后的五十多年来,印度经济经历了两个重要的时期,第一个时期是20世纪50年代—80年代,尼赫鲁及其家族执政时期,大致经历了36年。尼赫鲁主张走介于资本主义和社会主义的中间道路,在印度建立他的所谓社会主义类型的社会,即一个实行议

---

① 孙士海等:《列国志:印度》,社会科学文献出版社,2003年,第1、25、34页。
② 同上书,第65、99页。

会民主的政治制度,建立公营经济占主导地位,公私并举的混合经济体制,分配上体现公平正义原则的福利社会。经济发展上实施以重工业优先发展的工业化战略,在这一时期,印度建立了比较完整的工业体系。第二个时期是20世纪90年代以来,这是印度政治步入多元化,经济开始大规模改革开放的时期。印度开始抛弃尼赫鲁发展模式,把半封闭半管制的经济变为开放的自由市场经济,与世界经济接轨。印度所进行的以私有化、自由化、市场化、全球化为内容的改革开放,被经济改革设计者,现任总理曼莫汗·辛格称为印度经济的"第二次革命"。

1.1.2 问题的提出

始于20世纪90年代的印度经济改革和开放令世界瞩目,印度的经济发展被西方世界普遍看好,认为同样是第三世界一员又是世界上最大的民主化国家的印度在近年来出色的经济表现,对"中国模式"构成了挑战。一时间印度在追赶中国、印度挑战中国、印度有可能会超过中国、21世纪是中国和印度的世纪等论题在国际上相继出现。总之,印度的崛起可能是下一个20年世界上最具有重要意义的事件。印度的经济发展到底采取了什么样的路径和模式,它是否在走一条与其他国家发展不同的道路?它的发展趋势和持续性如何?更进一步的问题是,印度是否有可能跨越传统工业化和产业结构变动的模式,从而成为工业化和现代化的又一种实现形式。

回答这些问题,就需要对印度产业结构的变动及其原因进行分析和研究。因为产业结构的变动是经济发展的内在力量,影响产业结构变动的一系列因素又是决定一国自身发展模式的内在动因。在传统工业化的国际环境和前提条件不复存在的情况下,印度这样的发展中大国的工业化道路应寻求怎样的发展道路?任何国家的发展道路都是在自身国情的基础上和国际大背景下形成的,影响印度发展道路的国内国际因素是什么?印度模式是否能成功?带着这样一些问题来研究印度时,发现国内已有对印度的研究成果从产业结构的角度、用经济学的方法研究的不多,国外的研究也有夸大印度发展优势的趋势,为了客观看待印度的经济发展,更加感到有必要做这方面的研究工作。从产业结构的角度研究印度在工业化进程中所发生的变化,以及这种结构变化对于印度进一步的发展将产生怎样的影响,对我们正确判断印度的崛起及其影响是具有十分重要的意义的。

  本书之所以从印度产业结构作为切入口,是因为印度产业结构的变动不同于一般规律,十分独特,从这种结构的独特性或许可以发现印度发展模式的特征和发展趋势。产业结构的变化是经济发展的重要内容和重要方面,经济发展不仅包括经济规模和数量的持续扩大,还包括经济结构及产业结构的演进所带来的质的变化,这种质的变化才是经济发展的核心和实质。但是这种变化又不能脱离经济发展本身,它是在一定的经济发展战略和工业化模式下演进的。同时一国的经济发展模式又是在本国的土壤中形成的,这种土壤有经济、政治的成分,还有历史和文化积淀所带来的社会个性化的因素。所以从产业结构入手可以透视印度经济、政治、文化、社会等各方面的问题。总之,产业结构首先是在本国的既定的发展战略下演进,同时产业结构的不断变化和升级又推动着发展模式的进一步转换。

1.2 研究目的、意义及结构安排

研究目的实际上是这项研究要回答和解决的问题,弄清了要解决的问题,就有了清晰的研究思路,从而研究的目的就是明确的,预期的价值和意义也就能得以实现。

1.2.1 本书要解决的主要问题、研究目的及创新点

一、本书要解决的主要问题

本书试图通过客观分析和研究印度产业结构演变的轨迹及其原因,回答以下问题:

1. 在世界已完成工业化或工业化已获成功的国家产业结构变动的一般规律和经济学理论解释在印度是否适用,发生在印度的产业结构演进模式是否是另一种发展模式的代表。

2. 是什么原因形成了印度产业结构的演进的独特模式。印度是一个多样化的社会,同时也是在复杂的、不断变化的国际国内环境中开始其工业化进程的,因此,影响印度产业结构变动的因素是极其复杂的,剖析了这些原因,对于理解印度发展的独特模式是重要的。

3. 印度的产业结构及其变动趋势是否有可能支撑其想要实

现的跨越传统工业化模式的目标,其产业结构的劣势和优势何在?在工业不甚发展的条件下,印度是否能以信息化带动工业化,以第三产业的快速发展拉动印度经济加速实现工业化和现代化。

4.印度要实现加速发展工业化的目标,应该解决什么问题。

5.印度的发展模式给中国的启示是什么,两国发展应相互借鉴什么。

二、研究目的

1.解读印度发展模式。印度的发展通常被认为是一个谜,本书试图运用发展经济学、产业经济学和新政治经济学等相关理论,通过剖析产业结构的变化,来解读印度的发展道路和模式,对印度工业化进程中的产业结构的变迁及其深层次原因的剖析,揭示印度产业结构变动的内在机理、工业化的特殊路径,从而对这一发展中大国的发展模式进行探索,以丰富发展经济学对工业化进程中各国的"发展型式"所作的理论总结。

2.服务于面向21世纪的中印经贸合作的现实需要。进入新世纪以来,中印经贸关系发展迅速。短短几年,中印贸易就从几十亿美元的水平突破了双方期望的100亿美元的目标,2004年提前一年达到此目标。2005年双方贸易已达186亿美元,2006年又上升为248亿美元。2005年4月,温家宝总理对印度的访问,使中印关系上升到了战略合作关系,双方签署了《中印经贸合作五年规划》,两国经济合作将成为推进中印合作的主流。2006年胡锦涛主席访问印度更进一步充实和加强了两国战略合作伙伴关系。目前的贸易额对于两个十多亿人口的泱泱大国来说还是不相称的。

要达到两国商务部的预期目标,即 2010 年达到 500 亿美元,需要加强对印度的国情、产业结构状况、经济发展潜力的研究。中印两国领导人都意识到中印双方太缺乏了解,提出要加强两国多层次的沟通和交流,增进了解和友谊。本书力图做一些填补空白的工作,为中国了解印度提供一个有价值的基础研究成果。

三、研究的意义

1. 从经济学的视角,以产业结构变动为剖析对象来研究世界另一个发展中大国的另一种具有代表性的发展模式,这本身就具有研究价值。印度经济在亚洲乃至世界经济发展中日益具有重要地位。它是仅次于中国的人口大国,正在向经济大国迈进,按购买力平价计算的印度 GDP 已在世界上排名第 4 位,经济增长速度在 2003—2004 年度已超过 8%。在它独立后的 50 年中,印度建立了完整的国民经济体系,从一个传统的农业国,发展成为一个农业—工业国,产业结构在发生着独特的变化。目前,服务业占国内生产总值的比重超过 50%,大大高于中国的水平。印度消费市场巨大,中等收入人口约 3 亿,通胀率低,熟练劳动力不断增加,印度是世界上技术人才最多的国家之一,这些都是产业结构变动的基础动力。对这样一个在特殊背景下推进工业化进程的发展中大国,研究其产业结构的变动及其内在机理,具有创新意义。

2. 把印度作为一个国家案例来研究其产业结构和经济发展问题,从产业结构变动的特殊性来探讨印度发展模式。对于印证和丰富发展经济学和产业经济学的相关理论具有重要的学术价值和理论意义。

3.从现实意义看,印度是中国的最大邻国,也是中国周边最大的潜在市场之一,印度是 WTO 成员国,随着中印关系的不断改善以及中国加入 WTO,中印相互进入对方市场已是大势所趋。但对印度产业结构的变动趋势及印度发展模式仍缺乏应有的了解,这将影响我们对印度的客观正确的判断。研究印度的工业化进程中的产业发展问题,就是要解读和展示印度经济发展的内在机理、工业化和产业发展的特殊路径、经济和政治制度、改革和开放政策等,以及今后的发展方向和趋势,这对于中国了解印度,增进两国人民,尤其是商界人士的相互了解,进一步加强经济技术合作,扩大中国在印度的贸易规模和份额具有重要的现实意义。

1.2.2 基本思路、方法和结构安排

一、研究思路

运用相关的经济理论和统计计量方法对印度产业结构的演变进行实证分析,印证相关理论对印度的适用性。利用实证分析的结果,结合有关理论和非经济因素的分析,对印度发展模式中的问题和前景进行定性分析。研究思路如下:

1.确定理论分析框架。运用经济发展与结构变动理论,分析工业化过程中的产业结构变化。

2.运用统计分析方法对印度产业结构的变动轨迹进行客观描述,并研究其特点。

3.从经济因素入手分析产业结构变动的内在机理,包括产业

内部和产业外部影响印度产业结构变动的因素。

4. 从非经济因素的角度,分析产业结构变动的内在机理,包括历史、政治、宗教、文化对印度产业结构演进的影响。

5. 对印度产业结构和发展模式存在的问题及发展趋势进行分析。

6. 比较中印两国发展模式的特点,讨论中印发展模式的相互借鉴和启示。

二、研究内容和结构安排

本书共分8章,第1章是引论,主要是阐述研究的背景、研究的目的、意义及结构安排;对与本书相关的世界各国工业化和产业结构变动的理论进行了回顾和评述;在此基础上,提出本书的研究框架。

第2章研究印度的产业结构演进轨迹。本书所研究的产业结构的演进是在印度独立以后实行的工业化战略的框架下进行的,尽管有学者认为印度工业化是在英国殖民地时期开始的,那时印度确实有了大机器生产,但那是服从于英国的工业化要求的。作为一个独立的国家,印度的工业化是从20世纪50年代开始的。所以本书将运用50年代到现在的数据,用工业化和产业结构变动的理论作为分析框架,运用统计方法分析印度工业化进程中产业结构变动的轨迹,揭示其产业结构演进偏离常规的特殊模式。

第3章研究影响印度产业结构变动的产业内部的因素。通过对第一、二、三产业内部结构的剖析,研究形成产业发展模式的内部因素,进一步印证印度的产业结构变动的特殊性。

第4章分析影响产业结构变动的产业外部的因素。主要是把产业结构的变动放在宏观经济的背景中,从经济总量的增长、需求和国际贸易、供给和经济政策等方面,寻找影响印度产业结构变动的经济因素,与上章一同构成解释印度产业结构演变的经济因素。

第5章研究形成和影响印度经济发展和结构演进的非经济因素。研究经济发展中的非经济因素,已被发展经济学给予了很多关注,许多发展经济学家认识到,经济学不能被当做一门脱离历史、社会、政治的纯粹科学。在对经济发展的研究中,历史、社会、政治等因素都应是内生因素。对于印度这样一个历史文化积淀深厚的国家,仅探讨经济因素还不足以说明其发展的内在机理,还应注重非经济因素在结构演变和经济发展中的作用。

第6章将对印度产业结构变动和发展模式进行总体评价。主要分析印度模式存在的问题,其可持续性如何,以及发展的后发优势等问题,对发展的趋势和前景作出基本的判断。

第7章主要比较印度模式和中国模式的特点,在中印两国模式的对比中来看相互的发展优势和劣势,从中汲取有价值的启示和相互借鉴之处。

第8章是本书的结语。对本书研究作了简要总结,也指出了本书研究的创新之处和不足之处。

1.3 对前人研究的评述

关于工业化和产业结构变动的相关理论,是经济学家对18世纪英国工业革命以来,世界各国在工业化进程中所呈现出的带有规律性的现象的理论总结。但早在17世纪,经济学家就从经济发展的角度开始研究产业结构与经济发展的关系问题。从对工业化问题的系统研究来看,应该是在19世纪。一般认为是与英国产业革命基本是同步的过程。1764年,詹姆斯·哈格里夫斯制作出了珍妮纺织机。1767年和1768年,托马斯·海斯和阿克赖特先后发明了利用水力带动纺轮的水力纺纱机。1775年瓦特发明的蒸汽机用于工业生产。1783年,瓦特又发明出双向作用蒸汽机,1785年第一个使用蒸汽机的纺织厂在英国诺丁汉建立,一种新的生产方式才由此诞生。学术界认为,第一个对工业化问题进行系统探讨的经济学家是德国历史学派的奠基者弗里德里希·李斯特(1789—1846),在他之前,有关工业化或工业发展理论基本散见于经济学家们的各种学说中[①]。

一般认为工业化正式被看做是与发展中国家经济发展同一的一个基本概念,是在20世纪40年代。自从1943年罗森斯坦-罗丹在其著名的《东欧和东南欧国家的工业化问题》一文中提出,经济落后国家要从根本上解决贫困问题,关键在于实现工业化。此后,经济学家们便把工业化概念与经济发展联系起来了。发展经济学家们的一个共同信念就是工业化是人类社会经济发展的必然过程。从这个意义上看,研究工业化进程中的产业结构问题实际上就是研究经济发展过程中的产业结构问题。

研究工业化进程中的结构变动问题则先后由西蒙·库兹涅茨和H.钱纳里在20世纪50—80年代相继进行。

---

① 参见史东辉:《后起国工业化引论》,上海财经大学出版社,1999年,第113页。

1.3.1 工业化的一般理论

关于工业化的理论这里主要涉及工业化概念的讨论、工业化对经济发展的意义、工业化战略和模式等，这些理论散见于经济学各学派的理论中，较集中于发展经济学理论中。

一、工业化的含义

对于什么是工业化，有从不同角度来理解的多种定义。但在众多的定义中，较具共识性的有两种：

1. 工业是农业的替代性产业，工业化就是工业，特别是制造业的发展。工业化表现为工业产值比重和就业人口比重不断上升，同时农业产值比重和就业人口比重不断下降的过程。这就是说，如果一个国家工业部门的产值和就业人口比重在国民经济中达到优势地位，就被认为实现了工业化。按照《新帕尔格雷夫经济学辞典》的定义："工业化是一种过程。首先，一般说来，国民收入（或地区收入）中制造业活动和第二产业所占比例提高了；其次，在制造业和第二产业就业的劳动人口的比例一般也有增加的趋势。在这两种比例增加的同时，除了暂时的中断以外，整个人口的人均收入也增加了。"[①] 刘易斯（W. A. Lewis）、钱纳里（H. Chenery）、库兹涅茨（S. Kuznets）等经济学家也持相同或类似的观点。这种观点强调的是制造业和第二产业的连续上升。印度经济学家撒克（S.Y.

---

① 参见《新帕尔格雷夫大辞典》第二卷（中译本），经济科学出版社，1992年，第861页。

Thaker)也把工业化理解为脱离农业的结构转变,即农业在国民收入和就业中的份额下降,制造业和服务业份额上升。这个定义强调的是非农业部门的不断扩大①。

2.工业化不仅是社会生产力的突破性变革,同时也包含着生产组织和国民经济结构各层次相应的调整和变动。工业化就是国民经济中一系列基要的生产函数(或生产要素组合方式)连续发生由低级到高级的突破性变化(或变革)的过程(张培刚:1949,1991)②。他认为基要生产函数的变化,最好是用交通运输、动力工业、机械工业、钢铁工业诸部门来说明。这个定义强调了两点:一是这种变化过程是由低级到高级,是不断前进的,是动态的;二是这种变化过程是突破性的,是一种社会生产力,包括一定的生产组织形式的变化。张培刚认为,工业化不仅是一场生产技术革命,工业化引起且包含了整个国民经济的进步和发展。这种变化将对农业、制造业等生产结构产生巨大影响,工业和服务业等部门的产值比重和劳动力就业比重都将在国民经济中达到优势地位,农业产业或部门的地位逐渐下降;工业化能够引起整个经济体制或社会制度的变化,以及人们的生活观念和文化素质的变化。

第二个定义强调的两点十分重要,一是强调了工业化是一个过程,它表明工业化是动态的,从一国开始工业化的那时起,它就

---

① 撒克(S.Y.Thaker):《工业化与经济发展》,1985年,转引自胡鞍钢等:《中国工业化理论和实践探索》,第7页。

② 张培刚对工业化的最早定义是在他的《农业与工业化》一书中,哈佛大学出版社,1949年(英文版),华中工学院出版社,1984年(中文版)。此最新定义见张培刚:《发展经济学通论:农业国工业化问题》,湖南人民出版社,1991年,第190—192页。参见张培刚:《发展经济学教程》,经济科学出版社,2001年,第29—30页。

是一个不断发展的,并且具有阶段性发展的过程。二是强调了工业化是(经济)结构变动的过程。在结构变动过程中,产业结构不断向高级化发展;城乡结构不断趋向城市化;投入结构趋向资本密集型和技术知识密集型产业;消费结构趋向多样化。

工业化是一个过程,同时它也是一个目的,强调它是一个过程并不能否定它也是一个目的。对于发达国家来说,通过工业化的每一个阶段,它实现工业化以后,还将延续到后工业化社会。又以工业化为始点,运用工业化所提供的物质基础推动经济的发展。对于发展中国家来说,工业化则是一个目的。对于经济发展这条长河来讲,它只是一个阶段性的目的,然而这个目的对于实现经济发展这个终极目标来说,是具有质的飞跃的目的。

从上述两种对工业化的解释看,两个方面的定义结合起来似乎更清晰、全面和深刻。工业化不仅包括生产力变革的内容,也包括了结构和制度等方面的深刻变化。本书希望在更广泛的工业化含义上来研究印度的工业化和产业结构变动的进程,即应看到工业化从广度和深度对经济发展产生的影响,工业化的作用不仅是工业部门自身的变化和发展,它会引起整个国民经济的进步和发展,还能引起制度的变化,以及人们的观念和素质等社会发展方面的变化。

二、工业化对发展中国家的意义及如何推进工业化

工业化理论的发展经历了半个多世纪,具有代表性的大致有以下不同的学派和理论观点。

(一)结构变革与工业化

1. 结构主义的理论基础

结构主义的发展理论兴起于20世纪50、60年代。持这一理论观点的发展经济学家深受凯恩斯关于对资本主义经济的非均衡分析、对就业问题的极端重视以及对国家干预主义的政策主张的影响,他们从结构变革的角度分析和研究发展中国家的经济不发达和向发达状况转化的问题。结构主义发展理论研究的核心问题是:不发达的经济利用什么样的经济机制,使国内经济结构得以从传统农业为主向制造业和服务业为主的结构转化。

2. 结构主义的观点

(1)强调结构变革的重要性和政府的作用。结构主义经济学家认为,发展中国家经济不同于发达国家经济,其结构具有特殊性。发展中国家普遍存在着以城市制造业为中心的现代经济部门和以农村的农业和手工业为主的传统经济部门,由于市场经济不发达,市场不完整,价格体系不健全,市场调节和价格机制的均衡作用不能实现,造成发展中国家的结构刚性,加剧结构差异和不均衡,导致扩大贫富差距和利益冲突。因而提出的结构改革和政策建议是:必须实施工业化战略,通过工业扩张使发展中国家从农业占主导的二元经济转向以工业和服务业为主的经济结构;强调计划化,主张政府强化对市场的作用;主张进口替代外贸战略,以实现国内生产结构的转变[①]。

(2)强调结构变化对经济增长的作用。新古典经济学的传统

---

① 参见张培刚:《发展经济学教程》,经济科学出版社,2001年,第86—89页。

观点认为,国民生产总值增长是资本积累、劳动力增加和技术变化长期作用的结果,这是在竞争均衡的假设条件下发生的。需求变化和部门间的资源流动则被认为是相对不重要的,因为所有部门的劳动和资本都能带来同样的边际收益。而结构主义的代表钱纳里(H. Chenery)则认为,经济增长是生产结构转变的一个方面,生产结构的变化应适应需求的变化,应能更有效地对技术加以利用。在预见力不足和要素流动有限制的既定条件下,结构转变极有可能在非均衡的条件下发生,在要素市场尤其如此。因此,劳动和资本从生产率较低的部门向生产率较高的部门转移,能够加速经济增长[1]。

新古典观点和结构主义观点的最重要的区别,体现在它们的全部假设上。新古典理论假设,无论从生产者还是消费者的观点来看,资源都存在着长期有效配置(帕累托最优)。在任何既定时点,部门间劳动和资本的转移不可能增加总产出,资源的重新配置仅仅发生在经济扩张时期。相反,结构主义观点没有假设充分的最优资源配置,其结果是劳动和资本使用在不同的方面,收益可能出现差别[2]。新古典理论假设,经济制度有足够的灵活性以维持均衡价格,而结构主义观点则认为存在着一些使完全调整成为不可能的条件。

(3)工业化的途径。在产业的优先发展上有不同的观点:不平衡增长理论的代表赫希曼认为,发展中国家最欠缺之处在于各工

---

[1] H.钱纳里、S.鲁宾逊、M.塞尔昆:《工业化和经济增长的比较研究》,上海三联书店,1989年,第23页。

[2] 同上书,第24页。

业部门之间缺乏联系,而不仅仅是缺乏资金。因而政府应集中投资于若干关键部门,发展这些主导部门以带动其他部门的发展。必须确定首要的投资部门以使其他部门由此获益。这就要求对工业部门的"前向联系"与"后向联系"的程度进行分析,作出优先投资的选择,其具体措施是应该先发展直接生产部门,再发展基础工业部门以及各种配套设施。赫希曼把农业放在次要地位,认为农业发展对带动相关产业起飞意义不大。而另一些学者则关注工业与农业部门之间的关系。在刘易斯"二元经济发展模式"中,不发达的本质被认为是由于一个国家中存在着先进的资本主义部分与落后的传统部分的缘故。当现代部分膨胀而传统部分消亡时,这种二元状态结束,发展也就成功了。工业化是摆脱二元状态的道路,只不过他们主张应更多注意农业发展对工业发展的刺激作用,并且认为只有在用技术改造提高农业生产率之后,农村劳动力的转移才有可能。农业部门可以无限地向工业发展提供劳动力,这种廉价劳动力可以作为发展的重要推动因素,而关键在于这种结构性的转变是否发生。

结构主义的观点更适于分析印度,印度独立后所采取的强化国家政权对经济的干预和调节的政策,建立混合经济体制,对主要工业部门实行国有化等,从某种程度上,是受到凯恩斯的国家"干预论"和英国工党的影响。实际上,直到20世纪90年代以前,印度经济还是属于中央集权下的命令经济,市场不能发挥应有的作用。

(二)中心—外围论、依附论与工业化

中心—外围论和依附论是首次站在发展中国家的立场上来研

究发展问题的理论。阿根廷经济学家劳尔·普雷维什(Raul Prebisch)是中心—外围论的代表。这一学派认为,资本主义世界已经形成了由中心(发达国家)与外围(发展中国家)组成的国际体系,它的构成、运转与各部分之间的相互关系,都从属于中心的利益。外围国家只能以中心国家的利益为转移,于是导致中心与外围之间的差距日益扩大。中心与外围的差异主要是中心拥有发达的制造工业,因此一旦外围进行工业化,生产率的增长将逐渐加速,国民经济将不断发展,中心与外围的差距将趋于缩小。发展中国家要摆脱国际贸易条件的恶化,也只有实现工业化。

持"依附论"的经济学家则认为,受支配的外围国家工业化的结果将是经济上的依附性和附属化的加深。而且那些主张把发达国家贸易金融政策自由化的建议即使被采纳,也无助于改变中心—外围模式的支配—依附关系。要使依附状况颠倒过来,就必须改变内部生产结构,改变制度和秩序[①]。

(三)资本积累与工业化

他们的观点是,在工业化过程中,资本稀缺是制约发展中国家经济增长的主要因素,资本积累是加速发展的关键。只有不断地进行资本积累和投入才能推动工业化,改变落后国家的状态。哈罗德·多马增长模式为突出资本重要性的观点提供了理论基础。这个模式从凯恩斯的收入决定论出发,认为为了维持某一时期的充分就业,必须以投资的扩大来提高有效需求。但是,在一个时期以维持充分就业的有效需求,将不足以保证下一时期的充分就业。

---

① 参见张培刚:《发展经济学教程》,经济科学出版社,2001年,第106页。

因为，前一时期由于投资扩大而形成的生产能力，将在下一时期提供比前一时期更多的产出，因此，为了维持下一时期的充分就业，必须进一步扩大投资以增加有效需求。由此，投资年年扩大，产出日益增加。哈罗德—多马模式得出的结论是：资本的不断形成是经济持续增长的决定性因素。

要加速资本积累，推进工业化，不能依靠市场机制和私营部门的自发行动。因为发展中国家的市场体系不完善，市场信息不灵敏，不能及时而正确地反映产品、劳务和资源的真实成本，价格机制扭曲，人们作为生产者或消费者的经济行为均不符合"经济人"逻辑。价格的变化对资源配置和收入分配的调节作用很小。发展中国家的经济发展不能依靠市场机制自动调节，需要国家计划安排和政府干预。

(四)新制度主义的发展理论与工业化

制度经济学形成于19世纪末20世纪初，这一学派的方法与历史学派的分析方法有许多类同之处，他们都把过程的变化和结构的变化当成是制度变动和社会经济发展的一个重要的原因。20世纪80年代中期，经济学家们开始注重制度分析的方法，研究发展中国家的实际问题。他们认为，发展中国家普遍面临两大难题：一是实际国民生产总值的增长率难以维持稳定的速度；二是生产过程难以用低投入高产出的方式来实现。这两大难题都与制度有关。他们认为，解决发展中国家经济发展缓慢和经济效率低下的重要措施是按照能使经济最有效发展的模式进行新的制度设计，以较小的经济和社会代价，并以较短的时间进行企业制度、政府与企业关系制度、分配制度和政府经济管理制度等方面的安排和改革。

制度的含义较广,制度形成的因素还可从人们的风俗习惯来说明,而风俗习惯的产生是由于人们的行为动机的心理因素所致。20世纪80年代以来,新制度学派更加重视体制、文化、法制和立宪在经济发展中的作用;将人力资本和制度因素视为经济发展的两个重要变量,从重新设计制度、进行制度改革和积累知识及技能入手寻求推动经济发展的动力[1]。新制度主义发展理论的核心在于:把制度作为一种内生因素来探讨经济社会落后的原因,其根本目标是消除贫困、追求发展、实现工业化。新古典主义把制度、政治、法律、文化等因素视为经济运行的外生变量或既定因素。而新制度主义认为,经济发展从来就是动态的过程,新古典的方法只能解释经济运行的静态和比较静态状况,正是新古典经济学假定不变的那些参数。

三、工业化的条件

从世界各国的工业化进程来看,在不同的历史时期,不同国家之间,有先进(或先起)工业国和后起工业国之分,对于先进的工业国和后起工业国,它们进入工业化的条件有一些是共同的,也有一些是不同的。应具备的共同条件是:

(一)必须是政治上独立、经济上自主的国家。对于先进工业化国家来说,主要是破除了封建制度,建立了资本主义制度。对原殖民地半殖民地国家来说,则主要是实现国家独立,要想发展民族

---

[1] 参见周天勇:《新发展经济学》,经济科学出版社,2003年,第22页。

的工业就必须取得独立,摆脱外国的统治,建立自主的民族国家政权,这是本国工业化的先决条件。殖民地、半殖民地和附属国是无所谓本国的工业化。它们只是宗主国的商品市场和原料供应地,其工业是宗主国工业体系的延伸,是从属或附属于他国工业体系的,因而其工业是脆弱的、不独立的、不完整的。

(二)市场制度的存在并不断完善。市场制度是引导工业化和推动工业化进程的基本经济制度。市场和交换是早在人类社会出现分工以来就产生了,而市场制度则是在15—18世纪发生的西欧商业革命过程中产生并逐步形成的。市场制度作为配置资源的主要方式是在资本主义制度确立之后才有效地发挥作用。它的优越性在于引导和约束资源配置方面,以及对于工业化时期提高资源配置效率和加快经济增长具有独特的效果。从亚当·斯密1776年在《国民财富的性质和原因的研究》一书中提出"看不见的手"的著名论断,到19世纪70年代后的A.马歇尔、L.瓦尔拉和V.帕累托为代表的新古典经济学说,历时一百多年,经济学家们都始终把市场制度描绘成一种完善的能够使资源配置达到最优的制度安排。而政府的作用仅只是通过立法的形式,将市场制度的基本内容法制化,并且凭借政府所特有的强制力对市场制度下的所有行为进行监督。即使以后人们逐渐认识到了市场失效的不可避免和市场竞争的不完全性,E.张伯伦、J.罗宾逊和J.克拉克相继提出了所谓不完全竞争和有效竞争的学说,市场制度无论是在实践还是在理论上仍是各国工业化进程的主导。市场制度所体现的公开、平等和自由的原则,既是工业化时代以工业为主导的经济增长的制度基础,同时也充分反映了工业化所造就的现代文明的内在精髓。

(三)一国的市场容量不断扩大。工业化的产生和发展的基础是市场需求,如果国内市场狭小,有效需求不足,就要依靠国际市场,如果一国没有能力打开国际市场或其产品没有国际市场竞争力,工业化是不可能起步和发展的。18世纪英国人口的增长和农业生产率的提高,为工业制成品提供了一个扩大的国内市场。在海外,英国不断扩张殖民地,越来越多的国家和地区成为英国的产品销售市场。英国传统的分散于农村的家庭手工业,尤其是纺织业,由于生产力低下,从原料的发放到成品的收购周期长,运输不便、工资支出大,资金周转慢,已越来越不能适应现实的需要,不能满足国内外日益增长的市场需求。在这种情况下,必须集中生产,建立工厂制,实现生产的机械化,提高生产率。面对不断扩大的市场需求,棉纺织业由于自身的种种优势,成了英国工业化的先导部门。

对于正在工业化进程中的国家来说,较大的生产规模和较强的国际竞争力是任何一个支柱和主导产业的基本要求。如果市场容量小,那么在幼小产业成长期内,就会面临本国市场有效需求不足的问题,从而使该产业成长缓慢,生产规模较小。而对于那些企业规模经济较为显著的产业,还会导致生产成本过高,以至于最终难以形成竞争力。因此,只有在市场需求不断扩张的条件下,工业化才能得以顺利推进。

从上述两个方面可以看出,对工业化的起步和发展来说,市场容量的大小都是至关重要的。

后起工业国除了必须具备上述条件外,还需在以下方面获得工业化起步所需的条件:

1.制度创新。尽管对于先进工业国和后起工业国来说,制度创新都是工业化的必要条件,但对于后起工业国家来说,制度创新更具有实质性意义。先进工业国由于其工业体系是自生的,新兴的工业资本主义制度是在本国的土壤上生长的,工业化所需的制度条件是基本适应其生产力变革需要的。而对大多数后起工业国来说,其工业体系是嵌入的,市场体系是扭曲的。殖民地、半殖民地国家的社会制度大多是半封建、半资本主义制度性质。封建社会自给自足的小农经济和资本主义社会的商品经济相互交织。第二次世界大战后独立的国家大多数是处于这样的状况。工业化的起步必须表现为一种新的生产方式的出现及其所导致的经济高速增长和结构的巨大变动,作为工业化起步重要前提的制度创新,集中地表现为适应这样一种生产力的巨大变革需要的一系列制度的创新上。除了前述的建立资本主义制度,消灭封建主义制度和建立市场经济制度外,还包括以下一些制度的创新。

第一,建立以有效竞争和市场导向为主的工业制度和体系。

第二,建立产权制度和企业制度。

第三,建立旨在推进和保障工业化进程的制度安排,例如,工业化起步时所需的贸易保护制度、鼓励制成品出口制度、保护本国的海外商业利益的制度、维护本国市场竞争秩序的制度等。

第四,民间各经济主体旨在降低日常生产经营活动费用或增加收益而形成的各种制度,如分工和专业化生产的不断深化以及企业管理体制的不断完善等。

2.国际贸易制度的公平和完善。工业化是与国际贸易的大发展紧密联系在一起的。然而对于后起工业国来说,国际贸易体系和贸易规则是倾向于发达工业国的,殖民和掠夺是绝大多数先进工业化国家国际贸易的重要方面,因此,所谓国际经济秩序,也就是由先进国家凭借其在国际竞争中的优势地位所主导的,并在国际经济利益和资源分配以及国际竞争规则等方面明显有利于先进国家,直至当今,世界贸易规则对大多数发展中国家来说仍是不公平,也是不完善的。后起国工业化的一个重要条件就是各国经济交往关系的平等化和国际贸易(制度)的一体化,包括国际贸易规则的订立、统一和完备;国际货币结算体系的不断完善;解决国际贸易纠纷的仲裁体制的发展和稳定等。特别是在当代国际经济一体化大潮的趋势下,国际市场秩序和制度创新是影响后起国工业化和经济发展的一个极为重要的方面。

3.政府的作用。从后起国工业化的成功经验和正在推进工业化进程的国家的实践看,政府在后起国工业化进程上的作用是极其重要的。一般认为,先进工业化国家的成就基本上是由市场机制这只看不见的手的作用促成的。而对大多数后起国家来说,在工业化起步初期,先进国家的工业化水平已相当高,有的已经实现了工业化。后起工业国家工业化的重要任务就是赶超先进工业化国家。由于后起工业国,特别是第二次世界大战后独立的一批国家,工业化的发起并不是一个自然的历史过程,在工业化发生的前提条件并不充分的状况下,实施工业化战略,推进工业化进程,就成了政府的一种主动行为,是政府主导发展的结果。如果有一个强势的政府、一个稳定的政府、一个明智的政府,就有可能在学习借鉴先进工业化国家成功经验的基础上,结合本国的具体实践,顺利地推进本国工业化。政府的作用在于用非常规的模式来实现先进国家工业化过程中带有普遍性和规律性的结果,缩短实现工业化的时间,最终实现经济上的赶超。

四、工业化战略和模式

(一)工业化战略

工业化战略是第二次世界大战以后的后起国政府为了使本国经济赶上或超过先进国而采取的非常规的发展计划。工业化战略的实质就是以实现工业化为主题的经济赶超战略。工业化战略对于绝大多数后起国工业化而言,是在缺乏应有的前提条件的基础上推行本国工业化的唯一途径。在本国条件不具备的情况下,工业化的发起就不可能是一个纯粹的自然历史过程,而只能是一种主动的过程。所以工业化战略一开始就或多或少是本国政府的意图,工业化战略一经制定,就是在政府的干预下进行的。它是以明确的目标、经过选择的途径和一系列政策安排不断推进的过程,同时也是一个不断进行历史和现实比较的过程。

工业化战略包括了两个层面的战略,一是建立工业体系和推进工业发展的途径或方式的战略,包括两种战略选择:平衡的大推进战略和不平衡的倾斜推进战略。二是强调开放经济条件下,利用国际贸易开拓国内国际市场,促进工业发展,实现工业化的战略,也有两种战略选择:进口替代战略和出口导向战略。

1. 平衡推进的工业化战略

最早出现的工业化战略理论是平衡增长和推进理论。1953年,罗森斯坦·罗丹发表《东欧及东南欧工业化问题》一文,提出了"大推进"的平衡增长工业化战略。其后,纳克斯、席托夫斯基、刘易斯等又对其理论进行了发展。平衡推进的工业化战略认为,为了实现工业化,摆脱发展的低水平"均衡陷阱",必须对各种工业同步地平衡地投入资本,并且投资的规模必须足够大,从而使各部门和各企业得到平衡增长。如果仅仅对一种工业投资而不对其他工业作相应的投资,则工业化肯定不会顺利实现。平衡增长论提出了三种工业化思路:

思路一:在消费品工业(轻工业)进行大规模全面投资,由于大批生产不同消费品的新企业同时建立,这些企业有可能出售各自产品,于是就业机会增加,总收入提高,这就是平衡增长的"收入效应"。在总收入提高的同时,生产规模不断扩大,现代工业企业将获得内在的规模经济,传统部门市场转变为现代部门市场。于是发展中国家的现代部门有可能突破狭小市场的限制而谋求进一步的发展。这种思路必须具备两个条件:(1)国家有能力从农产品出口换取资本和投入物品的进口,因此可以不考虑重工业的发展。(2)必须具备一定的交通运输、电力等基础设施的供应,因而对基础设施的投资可以不予考虑。如果只存在第一个条件,不存在第二个条件,就必须按照第二种思路推进工业化。

思路二:基础设施部门和消费部门平衡增长。

思路三:大推进方案。同时在消费品工业部门、基础设施部门和生产资本资料的工业部门进行大规模投资。由于生产资本设备的重工业是由处在各种不同生产阶段的各类企业构成,因而其内部各生产单位彼此提供产品,形成了一种全面的投入产出关系。并且重工业还为消费品工业和基础设施部门提供各种投入品。因此,"大推进"是实现工业化的有效思路。由于平衡增长所需要的大规模投资并非依靠民间力量运行,需要由政府制定统一内容的不同投资计划,以实现平衡增长的目标①。

2. 不平衡推进的工业化战略

不平衡推进论的代表是赫希曼,1958年他的《经济发展战略》一书出版,对平衡发展论进行了批判,提出了不平衡发展战略。认为经济发展实际上是循着由主导部门的发展带动其他部门的发展,由一个企业的发展引发另一个企业的发展方式进行的。不平衡发展战略认为必须选择投资的最佳主导部门和项目,至于投资应优先投向哪些部门和项目,经济学家提出了确立主导部门的基准:

第一,赫希曼基准,即主导部门的确定,主要依据投资是否对其他产业部门的生产活动有较大的诱发力量。从理论上说,前向和后向联系效应较大的产业,可以成为主导产业,但应该选择后向联系效应大的部门。赫希曼认为,任何一个部门(企业)的设立和发展,都会通过投入链和产出链对其他部门产生"联系效应",促使其他部门产生和发展。投资的联系效应通过各部门的投入产出关系,经由两条路线传导到其他部门:一是前向联系,即通过各部门对其他部门的供给联系发生作用(产品成为其他部门的中间投入品);二是后向联系,即通过各部门对其他部门的需求联系发生作用(从其他部门获得中间投入)。如果国内还不存在中间投入型制造业,那么一个国家只有两条可供选择的工业化道路:第一,发达国家工业化遵循的道路,即将国内生产或者进口的初级产品制造

---

① 参见周天勇:《新发展经济学》,经济科学出版社,2003年,第273页。

成最终产品,以这样的途径发展制造业,主要是利用本国资源和国外资源发展最终产品制造业。第二,直接引进资本设备,将进口的工业制成品加工成最终产品。等到国内中间产品市场足够大时,再开始从事中间产品制造,直到最后发展基本材料部门。整个国民经济的基本体系从而得以最后确定,工业化也就大功告成。对于矿产资源丰富的国家,还可以走第三条途径,即充分利用丰富的矿产等自然资源,首先从发展基础材料工业开始工业化。可以将矿产品出口换取外汇用来发展矿业和机械制造产业及其他产业,从而带动其他产业发展。

对于资源贫乏但开放程度高的发展中国家的小国,一般按照第二条道路进行工业化。对于矿产资源丰富的国家,如石油资源丰富的国家,则按照上述第三条途径推进工业化。对于发展中国家的大国一般是各种途径齐头并进,采取复合式的工业化方式[1]。

第二,收入弹性基准。

收入弹性是指收入增加后引起的对某产品的需求量增加的比率。当收入提高以后,对某种产品的需求量提高,收入越高,需求量就越大,这就是属于高收入弹性的产品或产业。当收入提高以后,对某种产品的需求量反而下降,其弹性值为负,这就属于低收入弹性的产品。选择投资项目或主导产业的标准就应根据不同产业产品的收入弹性大小来确定,应集中发展收入弹性高的产业。高收入弹性的产品有较大的市场潜力。

第三,生产率上升基准。

---

[1] 参见周天勇:《新发展经济学》,经济科学出版社,2003年,第281页。

这一基准的提出是基于提高产品在国际市场上的竞争能力。产品的国际竞争力强,成本就应较低,质量应较高,也就是说该产品生产率上升较快,技术提高的可能性较大。因此,必须把那些生产率上升快的产业或技术发展可能性大的产业作为主导产业。上述两个基准是由日本经济学家攸原三代平提出,所以又称为攸原二基准。

不平衡推进的工业化战略,关键在于主导产业的选择。各发展中工业在主导产业的选择上应根据具体国情,兼顾三基准。

3.进口替代和出口导向工业化战略

进口替代和出口导向工业化战略是在开放经济条件下,利用国际贸易推进工业化的两种不同方式。早期发展经济学家认为,发展中国家应当实行进口替代的工业化战略,但是在20世纪40—60年代的发展中,大多数实行进口替代工业化战略的国家并不成功。许多国家开始选择出口导向工业化战略,并获得了成功。对于印度、中国这样一些大国来说,如何在进口替代中不导致经济的封闭,在出口导向中保护好本国的民族工业,一直是一个值得研究的问题。

(1)进口替代工业化战略

进口替代是利用国际贸易开拓国内市场,实现工业化的一种方式。当工业制成品在国内形成了一定规模的市场时,一般开始发展国产的同类工业制成品,替代进口的工业产品。通过采取某些限制进口的政策,保护国内工业产品的市场,建立和发展国内同类商品的工业部门,替代进口商品的工业市场。很多国家,尤其是发展中国家在工业化初期,都曾经采取过进口替代的工业化战略。

进口替代工业化过程包括两个阶段。第一阶段是初级消费品的进口替代。通过从国外进口半成品和原材料进行加工组装,通过发展消费品工业,逐渐依靠自己的力量生产轻工业消费品,如纺织品、自行车、家庭日用品、电器产品等,不再依靠进口。第二阶段是把进口替代的范围扩大到消费品工业所必需的中间投入物品和资本品,建立本国的原材料工业和机器设备制造业。同时在进口替代的基础上发展消费品等工业制成品的出口,或者利用国内资源发展原料加工业并出口加工原料。

进口替代战略采取的政策措施有:第一,进口限额。通过限制数量,提高进口品在国内市场的价格,以排除其在价格和质量方面与国内同类产品的竞争。第二,外汇管制。政府集中使用外汇,并分配给进口替代部门较多的外汇份额。第三,高汇率政策。高汇率和货币升值,从而降低进口物品的国内价格,虽然这打击了出口的部门,但有利于保护进口替代部门。第四,关税。对进口商品课以不同的税收,对消费品的关税税率较高,资本品的关税税率较低,以保护进口替代部门。

(2)出口导向型工业化战略

工业制成品出口导向型工业化战略,即出口替代战略,是通过促进消费工业制成品的生产和出口,通过对自然资源的深加工发展原材料制成品的生产和出口,来替代传统的初级农矿产品的生产和出口,以此推动工业化和经济发展。较早推广者是韩国、中国台湾、中国香港、新加坡,并取得了成功,被称为"新兴工业化地区"。

出口替代战略所采取的政策主要是:1)国家对出口创汇企业

给予补贴、流转税减免、所得税优惠、出口退税、投入物品供给价格优惠和运费折让等多方面的优惠。2)外汇留成。在出口替代的初期，汇率一般偏高，在高汇率情况下，为确保出口产业部门的利益，政府规定出口部门按一定比例保留部分外汇，按市场汇率出售或用于进口所需投入物品，而不必按官方汇率将出口所得全部外汇出售给外汇管理部门。3)放松外汇管制，实现汇率合理化。在出口替代的后期阶段，由于官方汇率的下降，并逐渐接近市场均衡汇率，导致本国产品用外币表示的成本和价格逐渐降低，增强了在国际市场上的竞争能力。汇率下降的同时又减少了进口。4)设立出口加工区和自由贸易区，积极引进外资和先进技术，积极改善发展中国家自身在资本、技术、经营管理能力等方面的不足之处，以实现对制成品出口更有力的推动。5)政府着力扶植和培育有希望成为新的出口主导产业、代替以前处于主导地位的进口替代生产部门。

4. 钱纳里总结的四种发展战略

国外学者对发展中国家工业化类型的研究，从揭示经济结构主要特征和对资源分配有系统影响的政策决定的角度，分析战后发展中国家的发展经验作了不少贡献。这里的经济结构特征包括：初级产品出口的资源基础，国内市场的规模及二元劳动市场。而研究得最多的政策区别，则是根据出口歧视程度确定的内向型或外向型的贸易政策。一些研究根据结构变量和政策变量，对所分析的国家和时期进行了分类，从而引出了关于发展行为的局部分类方法。运用这种分类方法的例证包括：源于 W.A.刘易斯独创分析(1954)的二元经济模型、利特尔、西托夫斯基和斯科特

(1970)以及巴拉沙(1971)研究的工业化进口替代战略,以及克鲁格(1978)和伯格沃蒂(1978)提出的贸易体制理论。钱纳里的研究尽管在最终目的上与上述研究相似,但分析程序有所不同。他的研究以结构转变的统计分析为起点,而结构转变的重点是需求、贸易和生产领域中的变化。根据分析的问题和研究的目的,将政策方面同结构特征结合起来,设计可供选择的分类方法。分类的依据是内部政策(资源动员)还是外部政策(贸易战略)。钱纳里认为,早期的发展研究强调的是前者,然而在分析工业化模式的区别时,有理由把重点放在后者。第一,除了中央计划经济国家之外,其他各国政府贸易政策也都已成为资源配置的主要工具。第二,贸易政策的差异会使经济结构产生重大的差别。与此相反,不同国家资源动员政策的区别,同经济结构或经济实绩的差异仅有微弱的联系。为了阐明发展战略对经济结构和发展实绩的影响,钱纳里区分出了四种不同发展模式或发展战略的典型:外向型初级产品生产导向模式、内向型发展模式、中间型模式、外向型工业生产导向模式[1]。

第一种发展模式的国家都具有强烈的初级产品生产的比较优势,多数国家对制造业实行了保护政策,以加速经济增长。它们的出口收入完全依赖初级产品,这种战略对工业产出份额的消极影响表现得很明显。第二种模式的国家都以某种形式的大量保护政策为特征,它们实行有利于为国内市场而生产的保护政策已有很

---

[1] H.钱纳里、S.鲁宾逊、M.塞尔昆:《工业化和经济增长的比较研究》,上海三联书店,1989年,第127页。

长的历史。保护政策最终导致"第二阶段"的进口替代综合症,即在比较劣势日益突出的制造业部门推行制成品的国产化。第三种类型的国家属于中等保护水平的国家。第四种模式实施出口导向型发展战略,是外向型政策和初级产品出口缺乏比较优势相结合的产物。外向型的工业化战略常常伴随着大量的资本流入,后者意味着可交易商品生产向非交易产品生产的转变。

(二)工业化模式

从世界各国工业化的道路和模式看,大致有三类,第一类是先进的工业国模式,这种模式是本国经济自然成长的历史必然,是由自身的内在因素而触发了工业发展,进而开始了工业化进程,即随着资本主义制度的确立,新兴的工业资本主义经济和商品经济的发展,为生产技术的革命开辟了道路,从而启动了工业化进程,例如,英美的工业化道路。因而这种模式是一种内生的工业化模式。第二类是二战后的后起工业国的工业化模式,一般认为是一种模仿型的工业化模式。它们是在先进工业化国家的外部刺激下,采取强制手段,通过政府的力量,政治的形式和国家政策来逐步实现工业化的,例如日德模式。第三类是后起的发展中国家的工业化模式,其工业化动因不是自身经济内生的,而是一种外部力量影响下的工业化模式,或外部输入型模式。简而言之,世界各国的工业化模式有三类,第一类是内生型的工业化模式,这类模式中较典型的是英美模式。第二类是学习型和模仿型的工业化模式,较典型的是德日模式。第三类是外源型的工业化模式,主要是指二战后独立的后发展国家所采取的工业化模式。

1.内生型的工业化模式

内生型的工业化模式,即工业化的动因主要来自内部的压力,它是自身经济结构演变的产物。主要是英国和美国模式。

英国的工业化模式,是在已经相当发达的市场经济前提下发展起来的。在英国开始其工业化进程时,资本的积累和集中,以及靠工作生存的劳动大军的形成已经很久了。加上英国国内经过一系列政治变革,建立起了适合市场经济进一步发展的组织和机构,并已经开拓出了广阔的世界贸易市场,更为重要的是英国的农业革命对工业化的起步发挥了重要作用。英国模式的特点是靠农业和海外贸易积累资本,靠家庭工业提供了生产技术基础。随着地理大发现和新航道的开辟,城市及对外贸易对农产品需求的增加,英国农业迅速与市场相联系,农业率先实现了商品化生产。可以说,在英国开始其工业化进程时,各种条件已经具备。英国工业化主要是从社会自身不断产生出有利于工业化的因素来实现的,英国的工业革命是在既无外来压力,也无政府主导的状况下,自发地产生和进行的。其社会政治制度也在工业化不断深入发展的过程中,逐步进行改革,调节不适应经济发展的种种因素,以达到社会生活中的民主化,促进经济的进一步发展[1]。

美国的工业化也是一种内生型模式,可以看做是英国工业化模式的延伸。从经济上看,美国没有经历漫长的封建主义经济时期,而反倒是受到了英国自由主义传统的影响,北美作为英国的殖民地,成为英国社会变革中的经济、政治、思想、文化等新因素的承接地,英国在生产关系上的巨大变革迅速在北美殖民地造成影响,

---

[1] 参见陈晓律:《世界各国工业化模式》,南京出版社,1998年,第46、95页。

在封建残余还没有形成势力之时,资本主义生产关系就取代了封建主义的生产关系,从而避免了西欧国家普遍经历的封建束缚和传统阻碍,有利于美国快步进入资本主义经济运转的轨道,加之自身具备了丰富的自然资源和自然条件、广阔的市场空间、外来资本和技术,以及具有创业和开拓精神的移民等。独立战争的胜利,又使它摆脱了英国的殖民控制,从而能够自主地决定国家的大政方针。南北战争是北方工业资本主义的胜利,它不仅使国家得以统一,同时也为工业经济的发展扫清了障碍。适合市场经济运行的民主体制的建立几乎与市场经济的发展同步进行。所以,无论从经济上还是政治上都具备了催生工业化的内在因素,为工业化的快速推进奠定了强大的基础。

对英国工业化的理论总结,反映在古典经济学的理论中。古典经济学形成、发展和占主流的时期为 1662 年威廉·配第的《赋税论》到 1870 年杰文斯、门格尔、瓦尔拉斯等人的经济学的边际革命以前。这一时期正值英美发生工业革命、开始工业化进程的时期。特别是这一时期的斯密、李嘉图、穆勒等经济学家,他们研究的重点是经济增长和发展问题,他们的经济学理论无疑是对经济发展实践的总结,同时又指导着工业化发展的实践。相关的理论观点有以下方面:(1)他们十分强调市场的作用,认为市场这只看不见的手可以协调个人的行为和活动,从而使社会的福利达到最大化。他们主张自由放任的经济,为了使市场充分发挥功能,政府的力量必须受到限制,其作用只能是为市场体制提供一个法律的框架,确立私人的财产权。(2)认为资本积累是国民财富增长的根本原因,不断的资本积累和投入才推动了经济发展。这种理论观点成了第二次世界大战后工业化发展的一个学派——"资本积累与工业发展理论"。(3)他们主张自由贸易,认为自由贸易可以扩大市场,有利于劳动分工和生产专业化,从而促进经济增长。李嘉图提出了比较成本学说,发展了斯密的国际贸易分工论,并认为扩大对外贸易可以降低商品价格和工资,从而利润率相对提高,有利于资本积累的扩大和国民财富的增长。

美国在工业化进程中采取了既有自由放任又有政府保护的政策。由于它是步英国的后尘开始工业化的,它的经济发展一开始就带有"赶超"英国的性质。美国与英国不同的是,美国不能实行像英国那样的自由贸易,它必须实行保护关税,以扶持新兴的制造业,只有这样,美国的工业化才能实现。因此,政府在工业化的每一个发展阶段都发挥着重要的作用。美国工业化既受到了古典经济学强调的发挥市场机制的作用的影响,又受到了重商主义倡导的政府积极参与思想的指导。政府对新兴制造业的鼓励、对交通运输条件的改善、对金融业的控制、对国内工业的保护,都大大推动了工业化的进程①。

2. 模仿型工业化模式

德国和日本通常被作为工业化第二集团的追随者,在向第一集团国家学习和模仿中创立了成功的模式。这一模式的最大特点是政府主导工业化,学习和模仿先进工业国家的工业化。德国从工业化的起始条件看,与邻国大不一样,西欧邻国在18世纪末已经是统一的强国,但在19世纪初的德国还是一个分裂的德意志,

---

① 参见陈晓律:《世界各国工业化模式》,南京出版社,1998年,第83页。

保持着僵化的等级社会,封建贵族在这个社会中决定一切,占绝对的统治优势。85%的人口生活在农村,在分散的城镇中,手工业行会阻碍着经济自由发展,它们一开始就排斥一切竞争,垄断产品销售。19世纪30年代,德国开始了工业革命,政府积极干预是德国工业革命的一个突出特点。德国工业化的另一个特点是将重工业的发展放到突出的位置上,铁路建设和采矿业的发展使德国的工业化出现了飞跃发展的局面。铁路建设和工业本身作为德国推动工业化的动力。在亚当·斯密学说的影响下,在普鲁士实现了工业自由;1834年建立的德意志关税同盟建立了统一的国内市场;农民大军给工业的进一步发展提供了自由劳动力;城市的发展也冲破了行会的限制。这就使普鲁士能够发展起真正的制造工业。19世纪40—50年代随着铁路网的修建和鲁尔地区发现巨大矿藏,带动了钢铁、煤矿和机械工业的发展。德国充分利用其重工业发展的优势,迅速赶上并超过了英法等最早起步的工业国[1]。

日本在其工业化的过程中,基本上是模仿德国的工业模式,并且是成功模仿者。日本是在明治维新时期(1868年)开始工业革命的。在明治时期,日本鼓励向西方学习,在政治体制方面向德国学习,在日本建立集权主义专制统治。日本也效仿德国的政府干预,政府投资兴建各门类的工业,然后以十分优惠的条件转让给新兴工业家。鼓励从西方引进先进技术,采用进口机械设备和聘请外国技术人员。在对待引进问题上,日本对外国直接投资加以限制,或是有选择地引进外资,主要利用间接投资。但对科学技术的

---

[1] 参见陈晓律:《世界各国工业化模式》,南京出版社,1998年,第152—155页。

学习引进则是日本模仿型工业化成功的重要经验之一①。

德日模式是以政府干预为特点的工业化模式,这种模式的理论总结是凯恩斯主义及凯恩斯学说。凯恩斯学说政策主张的核心是反对自由放任,主张国家干预,要求扩大政府职能。这与后起工业化国家的实践是一致的。在完全市场竞争不存在的情况下,后起的工业国几乎不可能按照先进工业国,例如英国模式那样实行宽松的自由放任政策,因为那样已无法有效地动员全社会的人力、物力资源,并对其进行合理配置,调节经济发展过程中不时出现的紊乱失调现象,以保证工业化的顺利发展②。在自由放任主义的传统经济学受到了严重挑战的情况下,凯恩斯的国家干预主义应运而生,并且成为第二次世界大战后的后起国家工业化的理论基础。

3.外源型的工业化模式

外源型的工业化,是指由外部影响而引发的工业化过程,主要指二战后仍处于后起状态的国家,其中大多数国家至今仍处于落后地位。这类国家工业化的主要特征和表现是:(1)工业化的起步,不是自身经济结构变动的产物,不是自由经济社会演变的自然结果,而是外部环境所致,是先进工业化国家的全盘引入。这种引入往往包括产品、装备和技术,还需要依赖外国人力资源和资本,这就是工业的所谓"嵌入性"。(2)这类国家的大多数经济长期处于依附于先进工业化国家的状态。由于历史上先进工业化国家的

---

① 参见胡鞍钢:《中国工业化理论和实践探索》,第7页。《世界各国工业化模式》,第174页。

② 参见陈晓律:《世界各国工业化模式》,南京出版社,1998年,第95页。

殖民扩张和贸易掠夺,在制造出了"欠发达"国家的同时,也造就了彼此之间的主导与从属的关系。(3)政府干预和政府主导工业化。政府的干预和主导体现在以下方面的必要性:第一,市场机制不完善,导致在工业化初期要靠市场来合理地配置资源,完成工业化所需的资本积累存在障碍,只能靠政府干预来创造工业化进步的某些重要条件和重要环节;由政府干预来推进相关产业的发展,例如支柱产业、主导产业等。第二,产业结构的适时转换是推动甚至是加快工业化进程的基本因素之一。政府根据本国实际,依照先进工业化国家的普遍经验确定不同时期产业发展和结构转换的具体目标,可以使这一过程变得更有效率。第三,后起国工业化往往带有"赶超"性质,而"赶超"本身就意味着加快工业化进程,就要以非常规的速度发展,而非常规的发展模式只能依靠政府强有力的干预手段[①]。

1.3.2 产业结构的演变及其原因的相关理论

产业结构演变规律的研究集中于20世纪50年代以后,尽管在此之前已有经济学家关注这个问题,但真正从增长、结构和工业化的角度来进行深入的实证分析还是在20世纪50—80年代。至于结构变动的因素则主要体现在对供给因素或需求因素的不同强调上。

[①] 参见史东辉:《后起国工业化引论》,上海财经大学出版社,1999年,第57、73页。

一、产业结构演变的一般规律

(一)配第—克拉克定理

最早注意到产业结构演变规律的是英国经济学家威廉·配第。在17世纪,威廉·配第就发现了世界各国的国民收入水平差异及其形成不同的经济发展阶段,其关键在于产业结构的不同。他注意到,以制造业和商业为主的荷兰,其人均国民收入要比当时欧洲大陆其他国家高得多。这种产业间相对的收入差,会推动劳动力从低收入的产业向高收入的产业转移。他在《政治算术》书中,比较了英国农民的收入和船员的收入,发现后者是前者的4倍。他认为,工业的收入要比农业高,而商业的收入又比工业的高,说明工业比农业、服务业比工业具有更高的附加价值,这一发现被称为配第定理。英国经济学家科林·克拉克于1940年在《经济进步的条件》一书中,按照三次产业分类法,以若干国家在时间推移中发生的变化为依据,分析了劳动力在一、二、三次产业间移动的规律性,发现随着经济的发展,国民收入的提高,劳动力首先从第一产业向第二产业移动;当人均收入水平进一步提高时,劳动力便向第三产业移动。劳动力在产业之间的分布状况是:第一产业比重不断减少,第二产业和第三产业将顺次不断增加,劳动力在不同产业的流动原因在于不同产业之间收入的相对差异[①]。克拉克印证了配第的发现,因此被称为"配第—克拉克定理"。

(二)库兹涅茨的人均收入影响论

---

① 参见李悦:《产业经济学》,中国人民大学出版社,2004年,第167—169页。

继承克拉克的研究成果,库兹涅茨在1971年《各国的经济增长:总产值和生产结构》一书中对产业结构变动与经济发展的关系进行了全面考察。按截面分析,库兹涅茨把57个国家和地区按1958年人口平均的国内生产总值分为八组。最低收入为第一组,最高收入为第八组。然后计算每组国家A部门(农业)、I部门(工业)和S部门(服务业)在国内生产总值中的份额以及在劳动力就业结构中的份额。结果表明,国民生产总值结构变化的一般趋势是,在人均产值70美元至300美元收入的国家,A部门所占份额显著下降,而I+S部门的份额迅速上升。但是,此时I+S部门内部结构变动缓慢。在70美元时,I部门占I+S部门总和的40%,300美元时则占45%。然而,在人均产值300美元至1000美元的高收入国家,I部门占I+S部门的份额则从45%上升到55%[1]。

从纵向分析,库兹涅茨选择了13个发达国家和4个能取得长期记录的欠发达国家进行研究。显示的结果是:在所有发达国家,A部门在总产值中的份额在长期内都显著地下降了。在大多数国家,这种下降达到20—30个百分点。同时,大多数发达国家的I部门份额上升显著,而S部门的份额或稍有上升,或稍有下降,缺乏明显的趋势[2]。

所有国家劳动力在A部门的份额都在下降。发达国家从开初的50%—60%的水平下降到60年代初的10%以下到20%左右的水平。对欠发达国家,或人均产值较低的国家来说,劳动力在A

---

[1] 参见西蒙·库兹涅茨:《各国的经济增长:总产值与生产结构》,商务印书馆,1985年,第110、120页。

[2] 同上书,第150、161、165页。

部门份额的下降要比估算数低1/4,对人均产值高的国家来说,劳动力在A部门份额的下降要比估算数高1/4。相应的劳动力在I部门和S部门的份额都上升了。劳动力在S部门的份额,所有国家都上升了,这与总产值中S部门份额没有持续上升形成对照[①]。

这样,库兹涅茨根据人均国内生产总值从横向、纵向考察总产值结构变动和劳动力分布结构变动,揭示了产业结构变动的趋势,证明了克拉克定理。

(三)钱纳里的标准产业结构

钱纳里将开放型的产业结构理论规范化,提出了"发展型式"理论。在1960年发表的"工业增长的型式"一文中,他运用一般均衡性质的结构变化模型,通过国际比较,表明了经济增长是不同产业和经济部门生产结构的变化。1975年他出版了《发展的型式1950—1970》,描述了经济发展过程中结构转换的一般过程,通过运用统一的回归方程对100多个国家数据的处理,得出每一结构变量随人均收入增长而变化的逻辑曲线,从而得到了标准(常规)发展型式。见表1–1。

从表中可以看到,在人均国民生产总值100美元到1000美元发展区间,第一次产业附加价值的市场占有率从52.2%下降到13.8%;制造业的市场占有率则从12.5%上升到34.7%;公共服务业和一般服务业的市场占有率不断稳定上升。从制造业来说,人均300美元是重要的转折点,从此以后,制造业的市场占有率会超过第一次产业的市场占有率而不断发展。

---

① 参见西蒙·库兹涅茨:《各国的经济增长:总产值与生产结构》,商务印书馆,1985年,第331—333页。

表1-1 钱纳里标准产业结构

	国民生产总值的基准水平(1964年美元价格)								
	100以下(1)	100(2)	200(3)	300(4)	400(5)	500(6)	800(7)	1000(8)	1000以上(9)	总变化(1-9)(10)
第一产业市场占有率(%)	52.2	45.2	32.7	26.6	22.8	20.2	15.6	13.8	12.7	-39.5
制造业市场占有率(%)	12.5	14.9	21.5	25.1	27.6	29.4	33.1	34.7	37.9	25.4
公共服务业*市场占有率(%)	5.3	6.1	7.2	7.9	8.5	8.9	9.8	9.8	10.9	5.6
一般服务业市场占有率(%)	30.0	33.8	38.5	40.3	41.1	41.5	41.6	41.3	38.6	8.6

*公共服务业包含煤气、水、电等基础设施。

资料来源:钱纳里、赛尔昆:《发展的型式1950—1970》,经济科学出版社,1988年,第32页。转引自方甲:《产业结构问题研究》,中国人民大学出版社,1997年,第31页。

钱纳里等人为了提高标准产业结构模型分析的准确性,又对模型进行了改进。根据改进的市场占有模型,对1950年至1963年间1000万人口的国家测算的标准产业结构见表1-2。

表1-2 钱纳里标准产业结构(改进的市场占有模型)

人均国民生产总值(美元)	100以下	100	200	400	800	2000
第一产业市场占有率(%)	58.1	46.4	36.0	26.7	18.6	9.8
第二产业市场占有率(%)	7.3	13.5	19.6	25.5	31.4	38.9
第三产业市场占有率(%)	29.9	34.6	37.9	39.9	40.5	39.3

资料来源:转引自方甲:《产业结构问题研究》,中国人民大学出版社,1997年,第33页。

国内学者把不同时期西方学者研究的三次产业结构演变的国际标准模式进行了总结归纳,可以更清楚地看出产值结构和就业结构随人均GDP变动而变动的情况,见表1-3:

表1-3 三次产业结构演变的国际标准模式

三种研究结果	人均GDP	增加值比重			就业比重		
		第一产业	第二产业	第三产业	第一产业	第二产业	第三产业
库兹涅茨模式(1958年美元)	70	45.8	21.0	33.2	80.3	9.2	10.5
	150	36.1	28.4	35.5	63.7	17.0	19.3
	300	26.5	36.9	36.6	46.0	26.9	27.1
	500	19.4	42.5	38.1	31.4	36.2	32.4
	1000	10.9	48.4	40.7	17.7	45.3	37.0
钱纳里、艾金通和西姆斯模式(1964年美元)	100	46.3	13.5	40.1	68.1	9.6	22.3
	200	36.0	19.6	44.4	58.7	16.6	24.7
	300	30.4	23.1	46.5	49.9	20.5	29.6
	400	26.7	25.5	47.8	43.6	23.4	33.0
	600	21.8	29.0	49.2	34.8	27.6	37.6
	1000	18.6	31.3	50.0	28.6	30.7	40.7
	2000	16.3	33.2	49.5	23.7	33.2	43.1
	3000	9.8	38.9	48.7	8.3	40.1	51.6
赛尔奎因和钱纳里模式(1980年美元)	>300	48.0	21.0	31.0	81.0	7.0	12.0
	300	39.4	28.2	32.4	74.9	9.2	15.9
	500	31.7	33.4	34.6	65.1	13.2	21.7
	1000	22.8	39.4	37.8	51.7	19.2	29.1
	2000	15.4	43.4	41.2	38.1	25.6	36.3
	4000	9.7	45.6	44.7	24.2	32.6	43.2

资料来源:郭克莎、王延中:《中国产业结构变动趋势及政策研究》,经济管理出版社,1999年,第6页。

综上所述,随着工业化过程的推进,人均收入水平提高,第一产业在总产值和劳动力就业构成中的份额会显著下降,第二产业和第三产业的产值份额和就业构成份额都会增加。

二、工业部门内部结构变动的一般规律

在各国工业化过程中,工业部门之间的结构变动具有明显的阶段和规律性。一般是从轻工业起步,随着工业化的进行,开始向以基础工业为主的重工业转移,即进入原料工业和燃料动力工业为重心的发展阶段;在基础工业发展的基础上,重心又向加工组装工业转移,无论在轻工业还是在重工业中都同样发生,这意味着工业加工程度不断深化,产品附加价值不断提高。从工业部门结构转换来说,即从以原料为重心的重工业化阶段进入以加工组装工业为重心的高加工度化阶段。一般认为工业发展过程要经历三个阶段:第一阶段,初级消费品工业如食品加工、纺织、烟草、家具等工业是主要工业部门,并且比资本品工业部门发展更快。第二阶段,资本品工业迅速发展,如冶金、化学、机械、汽车、钢铁等部门加速发展。资本品工业产值在工业总产值中的比重趋于上升。但这时消费品工业在产值和速度上都仍然占主导地位。第三阶段,资本品工业比消费品工业以更快的速度增长,并逐步占据优势。

(一)霍夫曼工业化经验法则(重工业化阶段的结构)

法国经济学家霍夫曼对重工业化问题进行了开创性研究,提出了工业化阶段理论,被称之为"工业化经验法则"。他在其代表作《工业化的阶段和类型》(1931年)中对二十多个国家的工业化进行了实证分析,在1958年出版的《工业经济的成长》一书中,又

根据以后的工业化实践进一步阐述了工业部门间结构变动的一般类型。主要观点是：工业化过程中各工业部门的成长率并不相同，因而形成了工业部门间的特定的结构变化，并且具有一般倾向。这个不同的成长率是由以下因素的相互作用引起的：(1)生产要素(自然资源、资本、劳动力)的相对数量；(2)国内市场与国际市场的资源配置；(3)技术进步；(4)劳动者的技术熟练程度、消费者的兴趣爱好等。他选择了有代表性的八类产品进行观察分析，这八类产品分为消费品工业和资本品工业两大类产品。消费品工业包括：(1)食品、饮料、烟草；(2)布匹、制鞋；(3)皮革制品；(4)家具等。资本品工业包括：(1)生铁、有色金属；(2)机械；(3)车辆；(4)化工等。他提出一个基准——霍夫曼比率，即消费品工业净产值与资本品工业净产值之比，以公式表示为：

$$霍夫曼比率 = \frac{消费品工业净产值}{资本品工业净产值}$$

他根据这个比率观察了二十多个国家八类产品的消费品工业和资本品工业的比重变化情况，发现各国工业化虽然进行时间早晚不同且发展水平各异，但都表现出一个共同趋势，即资本品工业净产值在整个工业净产值中所占份额稳定上升，并呈现出大体相同的阶段性质。霍夫曼根据上述情况，将工业化过程分为四个阶段：

第一阶段：消费品工业占主要地位；

第二阶段：资本品工业快于消费品工业增长，达到消费品工业净产值的50%左右；

第三阶段：资本品工业继续迅速增长，并已达到和消费品工业

相平衡的状态;

第四阶段:资本品工业占主要地位,认为这个阶段实现了工业化。

日本经济学家利用产业关联理论,对霍夫曼工业化经验法则重新论证。他按消费资料和资本资料的产品分类,采用总产值进行数量统计,得出如下结论:(1)在较长时期内,霍夫曼比率稳步下降,资本资料工业比重上升是一普遍现象;(2)日本在重化工业化阶段,霍夫曼比率下降明显。但工业化水平较高的美国、瑞典,按最终产品划分的消费资料工业和资本资料工业两部门比率是较稳定的。所以霍夫曼所阐述的工业化阶段理论,仅是工业化过程中重工业化阶段的结构演变[①]。

(二)制造业内部结构变动规律

钱纳里根据标准产业结构模式考察了制造业内部结构变动的规律。在人均收入不同的基准上,得出一组制造业内部结构变动的标准值。

表1-4 钱纳里工业结构标准模式

单位:美元

人均附加价值＼人均收入＼工业部门	100	300	600
A.投资物品及相关产品			
机械	0.08	1.84	12.82

---

① 参见方甲等:《产业结构问题研究》,中国人民大学出版社,1997年,第35—36页。

运输设备	0.18	2.28	11.44
冶金	0.34	3.62	15.97
非金属矿物	0.39	2.30	7.05
小计	0.99	10.04	47.28
占制造业比重	12.0%	23.6%	34.5%
B.其他中间产品			
纸及纸制品	0.04	0.96	4.94
石油制品	0.01	0.13	0.59
橡胶	0.06	0.33	2.13
化工产品	0.51	3.16	9.95
纺织	1.00	3.90	13.31
小计	1.62	9.48	30.92
占制造业比重	19.7%	22.3%	22.6%
C.消费产品			
木材制品	0.35	2.46	8.36
印刷	0.32	2.06	6.71
服装	0.50	3.21	10.31
皮革、皮革制品	0.09	0.53	1.65
食品饮料	3.85	13.29	29.07
烟草	0.51	1.42	2.70
小计	5.62	22.97	58.80
占制造业比重	68.3%	54.0%	42.9%
人均附加值合计	8.23	42.49	137.00
占制造业比重合计	100	99.9	100

资料来源：Chenery, H., Patterns of Industrial Growth, American Economic Review, 1960.9，转引自方甲：《产业结构问题研究》，中国人民大学出版社，1997年，第37页。

从表中看到,在不同收入的所有国家中,低收入国家(人均收入100美元)投资品工业的比重最低(12%),而消费品工业比重最高(68.3%);高收入国家(人均收入600美元)投资品工业比重最高(34.5%),而消费品工业比重最低(42.9%)。从低收入到中等收入再到高收入国家,投资品工业在全部工业中的产值比重逐渐增加,而消费品工业产值比重则呈下降趋势。对其他中间产品而言,其比重不受收入水平的明显影响。在三类产业部门的比重变化中,除中间产品部门变动较小外,投资品部门一直保持上升且变动较大,尤其是机械、运输设备和冶金部门发展迅速,而消费品工业部门的比重持续下降,结构变动也极大。

三、工业化及产业结构变动的原因

工业化——经济结构的转变取决于两类主要因素的演化:总需求的水平和要素供给的结构。根据钱纳里的研究,他认为,工业化是经济结构转变的重要阶段,同资本积累和比较优势这样的供给因素变化相比较,需求因素变化对于工业化的作用同样重要。工业化即是以各种不同的要素供给组合去满足类似的各种需求增长格局的一种途径。但是,迄今为止,人们一直强调的是供给因素的变化。新古典理论揭示了要素供给和生产率变化的重要意义。然而钱纳里对于发展中国家的研究表明,需求和贸易的变化也同样重要。他的观点是:(1)工业特别是制造业产出在国民生产总值中所占份额增加的主要原因,是中间需求而不是国内最终需求的变动,因而必须对工业化主要源于恩格尔效应的公认观点加以重大修正;(2)贸易型式的变化,比起国内最终需求的变化来,对总产出中制造业份额增加的影响也更大;(3)在工业化的不同阶段,影响工业化的各种因素的相对重要性有所不同。他认为,分析这些问题时,必须认识到工业化初始条件和资源配置不同的重要性,这些因素又同一个国家的规模及其自然资源禀赋这样一些结构特征相联系。他对各个准工业国战后在增长和结构转变研究后得出结论:随人均收入增加而来的需求结构的变化,影响基本要素(土地、劳动和资本)投入和中间产品投入的技术变化。恩格尔定律——随着收入的增加,需求结构向有利于制造业的方向发生强有力的转变——对这些国家明显有效,这种需求的变化是工业化的一种强大力量。同样重要的是伴随着增长的中间投入需求的增加,这种增加同时源于生产结构变化和技术变化,这个生产结构是向那些作为中间投入的重要利用者的制造业分部门转化的,而技术变化则导致了一个更为专业化和复杂化的经济[1]。

莫罕默德·I.安萨里(Mohammed I. Ansari)认为,关于结构变化的原因,有四种被广泛认同的观点,那就是"剑桥观点"(Cambridge view)、"荷兰病观点"(the Dutch-disease view)、"贝肯—爱尔蒂斯观点"(the Bacon-Eltis view)、"长期趋势观点"(the secular trend view)。"剑桥观点"把非工业化归因于增长能力不足的出口部门去支付日益上升的进口(Cornwall, 1977; Singh, 1977; Thirlwall, 1978)。由于国际收支的限制使其有必要限制产出的增长,以平衡出口的增长。"荷兰病观点"认为,结构变化是由资源流动和支出效应引起的

---

[1] 参见 H. 钱纳里、S. 鲁宾逊、M. 塞尔昆:《工业化和经济增长的比较研究》,上海三联书店,1989年,第6、72、303页。

(Corden & Neary,1982)。在一个三部门的模型中,资源部门和制造业部门被认为是迅速发展的部门和滞后发展的部门,这两个部门合在一起构成了可贸易的部门。服务业被认为是不可贸易的部门。资源部门的发展会引起劳动的边际产品在该部门上升,这会导致资源从制造业和服务业流出。对服务业的过度需求导致资源从制造业流出,这种支出效应是由于发展引起快速上升的真实收入所导致的。它创造了对服务业的附加需求,使资源进一步从制造业流出。"贝肯—爱尔蒂斯观点"认为,结构变化是公共部门快速扩张的结果。因为政府支出往往有利于服务业,这就会使资源从产品部门包括工业部门转移出去。政府增加支出的净结果是储蓄、投资和净出口的下降。此时,公众不愿意以高税收支付政府增加的支出(这会使个人消费稳步下降)。所有这些会随着工会对更高工资的要求,对制造业形成重压,从而不利于制造业的发展。"长期趋势观点"认为,结构变化是社会试图重新分配可利用资源,以应对正在变化的需求和收入。当收入上升超过了最低生活费用时,对初级产品的消费,占其收入的比例会下降[1]。在这个阶段,第二产业和第三产业的增长主要是以第一产业为代价的。

1.3.3 印度的工业化和产业结构的相关研究

涉及印度工业化和经济发展的研究多见于20世纪60—90年

---

[1] Mohammed I. Ansari, Explaining The Service Sector Growth: An Empirical Study of India, Pakistan and Sri Lankar, *Journal of Asian Economics*, Vol. 6, No. 2(1995), pp. 233—246, published by JIA Press, Inc.

代。有鲁达尔·达特、K.P.M.桑达拉姆著于1965年的再版30次的《印度经济》；S.Y.撒克著于1985年的《工业化与经济发展》；乌马·卡彼拉(Uma Kapila)著的再版15次的《独立以来的印度经济》等，这些著作都涉及到印度的工业化和结构问题。90年代以来，大多研究成果反映印度经济改革和开放取得的成效、面临的问题和挑战，专门研究产业结构的成果不多见，但是对印度工业、农业、IT产业和服务业的单向研究较多。对涉及本书研究内容的较新研究成果有以下方面。

一、印度的工业化战略

T.N.斯瑞尼瓦桑(T.N.Srinivasan)在其书中扼要重述1991年改革以前印度的工业政策时说，通过进口替代和强调重工业为主的公营部门发展来实现工业化，是印度发展计划的重要目标。这可以说是对印度独立以后实施的工业化战略的准确解释[1]。M.维斯伟思沃拉亚(M.Visveswaraya)认为，没有工业化印度不可能繁荣，印度要么是一个工业发达的国家，要么成为外部世界制造品的市场，两者不可兼得。尼赫鲁1946年在印度国会上说，贫困问题、失业问题、国防和经济的新生，没有工业化一般是无法解决的。要发展工业，印度有三个基本要求：重型工程和机器制造工业；科学研究机构；电力。这些必须成为一切计划的基础。印度政府在"二五计划"中明确提出，迅速实现工业化，特别要发展基本工业和重

---

[1] T.N.Srinivasan, *Eight Lectures on India's Economic Reforms*, New Delhi, Oxford University Press, 2000.

工业。"二五计划"的设计师 P.C.马哈拉诺比斯提出了以苏联经验为基础的发展战略。这项战略强调对重工业投资以实现工业化,而工业化被认为是经济迅速发展的基本条件。对尼赫鲁来说,发展重工业和工业化是同义词。他认为,如果印度要工业化,头等重要的就是必须有制造机器的重工业①。从"二五计划"开始,历次五年计划和一系列政策实施中,可以看出印度工业化的模式。只是这个模式还没有使印度获得成功,由于过分强调工业尤其是重工业的发展,到60年代中期粮食问题已十分严重。从那时起,国大党政府开始强调农业的重要性,对原来的发展战略进行了调整。90年代的经济改革和开放政策,以及信息产业的异军突起,使印度的发展模式发生转变,它有可能走出原有的工业化模式,而在一个新型工业化道路上获得成功。

克莱夫·彼尔和皮特·L.娄休(Clive Bell and Peter L. Rousseau)在"独立后的印度:金融导向工业化的一个案例"(Post-Independence India: A Case of Finance-led Industrialization)一文中认为金融部门的活动对独立后印度的经济发展发挥了重要作用。首先,金融部门的扩张对资本的积累产生了推动作用。与这种作用相一致的是,金融总量的增加先于投资和总产量的增加。第二,金融总量的增加导致产出向工业部门转移。这为我们提供了又一种看待印度工业化的视角②。

---

① 参见〔印度〕鲁达尔·达特、K.P.M.桑达拉姆:《印度经济》上册(中译本),四川大学出版社,1994年,第252页。

② Clive Bell and Peter L. Rousseau, Post-independence India: a case of finance-led industrialization?, *Journal of Development Economics*, Vol.65, (2001), pp.153—175, published by Elsevier Science B.V..

二、解释服务业的增长

Mohammed I. Ansari 在解释印度、巴基斯坦、斯里兰卡服务业增长一文中,认为"剑桥观点"与此项研究几乎没有直接关联,因为它的重点是解释制造业的下降。"荷兰病模式"也与这些国家没有太多关联,原因有二:首先,这些国家不是以资源为基础,它们没有经历过任何资源的发展,而这正是"荷兰病模式"的核心。第二,在荷兰模式中,由于服务业增长的净结果是模棱两可的,它取决于相对的资源流动和支出效应。资源流动效应可以引起服务部门的收缩,支出效应可以导致服务部门的扩张。"长期趋势观点"和"贝肯—爱尔蒂斯观点"似乎与这些国家的结构变化过程有关联。近些年,这些国家人均收入的增长已经超过了最低生活维持水平。服务业部门的增长率已经超过了非服务业部门的增长率。人均收入的上升超过了对服务业增长的均衡作用。"贝肯—爱尔蒂斯观点"对服务业的增长也有重要意义。因为从上述三国的统计数据表明,政府支出的增长超过了经济增长。公共部门对 GDP 的贡献近年来是相当高的。总之,人均收入的上升和政府支出的快速增长,解释了服务部门的快速增长。这些国家近年来所作出的控制政府支出以限制财政赤字的努力,也许会减慢服务业的扩张。但另一方面,经济日益发展和人均收入的上升也许意味着服务业比过去更快地扩张。最后,这三国采取的稳定和自由化的政策,有望刺激工业的发展,有利于非服务业部门的快速增长,特别是制造业部门。总的来说,服务业的相对增长将继续,虽然会以一个较慢的步伐进行①。

杰姆·戈登和波纳姆·古布塔(Jim Gordon and Poonam Gupta)在"理解印度服务业的革命"一文中提出,除了文献中的解释,即由于对服务的需求收入弹性较大,因此随着收入的提高,对服务的最终需求的增长要快于对商品和日用品需求的增长。还有另一种对服务业快速增长的解释,即随着经济体中技术和结构的变化,原来在工业中的服务业从工业活动中分离出来,这种形式被称为工业活动的分离(splintering)。这种分离导致来自工业部门对服务业需求的增加,这样,服务产业相对其他产业的增长也相应加快。该文的研究表明,分离和需求的高收入弹性都刺激了印度服务业的增长②。Rubina Verma 在"印度服务业增长——一个'新的'革命"一文中证明了服务业产出增长的驱动力是全要素生产率的增长,而贸易不是解释服务业增长和结构变化的主要因素③。

三、印度工业发展的困境

拉斐尔·盖普里斯基(Raphael Kaplinsky)在文章中谈到,比较研究已经表明,工业发展与高水平的人均收入之间有相当紧密的

---

① Mohammed I. Ansari, Explaining The Service Sector Growth: An Empirical Study of India, Pakistan and Sri Lanka, *Journal of Asian Economics*, Vol.6, No.2(1995), pp.233—246, Published by JAI Press, Inc.

② Jim Gordon and Poonam Gupta, paper for the Conference, A tale of Two Giants: India's and China's Experience with Reform, organized by International Monetary Fund and the National Council of Applied Economic Research in India, 2003.

③ Rubina Verma, India's Service Sector Growth a – A "New" Revolution, DEGIT Conference Paper, June 2006.

联系(Syrquin and Chenery,1989),这使很多国家都积极培育工业化。可是,并不是所有工业增长都导致收入增加。原因有二:第一,正如过去的命令经济(command economies)已经表明的经验一样,当国内工业生产处于严重的保护壁垒之下,"边界价格"(border price)的价值会加到工业上。这就是说,当工业产量的价值是以进口等值的成本来计算时,它可能比起用国内价格计算价值,然后转移到国际计账单位中要低得多。第二,工业发展的一些形式,尤其是那些以廉价劳动力为基础的工业,只有在汇率贬值的情况下才是可持续的,这种汇率是国家通过竞争性的贬值过程去降低美元工资率(Kaplinsky,1993)。在这种情况下,国际购买力是由中长期的工业生产提供的,它有可能导致所谓的"不糟糕的工业发展"(immiserizing industrial development)。上述两方面的情况都说明,在开放贸易的世界里工业发展的复杂性。一方面,在封闭的边界后面,可能会对可实现的收入有一个误导的估计。另一方面,"开放"不会导致可持续的产出增长,尤其是与高就业水平和合理的分配模式一致的增长。然而在全球政治经济中起作用的外部力量,取消了在封闭边界和日益开放经济后面的工业化选择权。这是工业发展的计划者不得不面对的现实。需要指出的是,存在着与全球经济一体化不同的结构,每一种都会有不同的后果。为了满足经济社会目标,有必要以复杂的思维对工业政策进行调整。在印度实行了半个世纪的进口替代工业化政策后,全球化趋势下更大的自由化和开放度迫使工业部门面对新的价格标准和产品竞争标准。参与国际竞争不再是一个选择与否的问题,它只是时间问题。与此同时,正如很多结构经济学家已经发现的那样,自由化的过程导致工业结构调整的深化,而调整是有重大社会成本的。例如印度政府许诺的分配问题长期以来是工业发展的重要目标,它确实是宪法所要求的。在需要平衡收入的持续增长、国际竞争力、国内政治内聚力和分配问题时,确实形成了具有战略意义的特殊挑战[1]。

拉斐尔·盖普里斯基(Raphael Kaplinsky)认为,印度的工业战略及其措施是在宏观层面和产业层面上实施,很少在微观层面上提出具有决定意义的举措。他作出的一些相关结论是:直到近期(1997年),印度工业增长几乎还是在较强的保护水平下、内向的、从国内制造业获取利益的情况下取得的。工业生产在产品和要素市场上都还有进入和流出的障碍。印度工业生产率的提高十分缓慢,严重滞后于工业化。印度工业的增长,需要在发展步伐上和质量上有重大变化。在开放经济中,要维持一个收入增长的工业增长,关键是要在微观工业结构的重建上找到具有决定意义的途径[2]。

乌马·卡彼拉(Uma Kapila)在书中概述了工业增长的阶段并分析了原因[3]。他认为印度的工业增长在计划经济时代有三个明显的阶段,第一阶段是1956—1965年的快速增长阶段。第二阶段是从1965—1966年度到1979—1980年度的缓慢增长和减速增长时期。第三阶段是80年代的恢复增长时期。80年代后半期,制造业显示出上升的趋势。对于计划经济时期的工业发展走势的原因

---

[1] Raphael Kaplinsky, India's Industrial Development: An Interpretative Survey, *World Development*, Vol. 25, No. 5, pp. 681—694, 1997, Elsevier Science Ltd.

[2] Raphael Kaplinsky, India's Industrial Development: An Interpretative Survey, *World Development*, Vol. 25, No. 5(1997), pp. 681—694, edited by Elsevier Science Ltd.

[3] Uma Kapila, "Indian Economy Since Independence, New, Revised & Enlarged, Fifteenth edition, 2003—2004", (2003), Academic Foundation, New Delhi.

分析,阿尔鲁瓦利亚(Ahluwalia,1985)认为有四个因素:一是公共投资下降;二是基础设施部门缺乏管理;三是农业收入缓慢增长;四是限制工业和贸易的政策。但阿尔鲁瓦利亚没有用计量经济学进行实证。而兰格拉简(Rangarajan,1982)、拉希里(lahiri et al,1984)、雷(Ray,1991)、莫克霍帕特亚(Mukhopadhyay,1992)、卡维塔·拉奥(kavita Rao,1993)和巴拉克里希南(Balakrishnan,1995)都引入了计量经济学对各种假设进行实证,这些验证是建立在下列一个或多个因素上:公共投资、农业表现、基础设施、进口替代政策和国内进出口交换比率。从各类不同的研究得出的总体结论是,需求约束比供给约束重要得多。在90年代改革一开始的阶段,增长率是低的,但很快得以恢复。1999—2002年印度工业开始减速,其原因是由于大量的结构和周期性因素,例如正常的商业和投资周期、缺乏国内和外部需求、持续的高利率、电力交通等基础设施瓶颈、缺乏土地和劳动力市场的改革、内部调整滞后,以及在一些关键部门建立合理的制度和规章迟缓等因素造成的。上述对工业增长状况及其原因的分析,尽管不是对产业结构的分析,还是为研究印度产业结构形成的历史原因提供了重要参考。

四、影响印度经济的政治及其他因素

(一)选举周期对印度政府经济政策的影响

Kausik Chaudhuri and Sugato Dasgupta 在印度发展报告第15章专门讨论了这一问题。他们直接提出印度国民议会的选举如何影响政府政策,尤其是考察了在四个广泛的政策层面选举周期的影响,包括中央政府的税收收入、政府经常项目的支出、中央政府的预算、中央政府在基础设施上的财政赤字。通过研究有四点发现：(1)中央政府的税收在有选举的年份比没有选举的年份征收少。特别是它们的直接税明显受选举周期的影响。(2)一般来说，中央政府的经常项目支出，有大量消费的成分，不受选举的影响。但是，通过公共分配体系，按人均粮食分配衡量的转移支出就受选举周期的影响。(3)财政和预算赤字占净国民生产总值的比例，在选举的年份比没有选举的年份高。(1)—(3)的结果同 Rogoff and Sibert (1988) 提出的理论是一致的。(4)与 Rogoff 的模式(1990)一致，中央政府在选举年对基础设施的各类投资，要低于在无选举年的投资。总之，有大量的证据表明，中央政府的经济政策是对选举压力的反应。

(二)印度经济政策决策中的政治因素

世界银行的迪纳·R.卡特克哈特(Deena R. Khatkhate)在《世界发展》上发表了一篇"印度的经济增长率：一个难题"的文章[1]，在对《印度：宏观经济和政治经济 1964—1991》、《印度经济改革 1991—2001》、《我的经济事务》三本著作的评价中，提出了关于印度经济政策的政治和制度前景的论题。认为印度经济增长有两个谜：一是为什么稳定的宏观经济政策不能导致经济的快速增长；二是为什么决策者要从保持经济增长势头和不间断地调整结构上退缩。对第一个谜的解释是：不合理的微观经济但良好的宏观经济，换句话说，政府的控制导致了微观经济的低效率，但其很容易获得

---

[1] Deena R. Khatkhate, "India's Economic Growth: A Conundrum", *World Development*, Vol.25, No.9, pp.1551—1559, 1997.

宏观经济的平衡。对第二个谜的解释是,政治家不愿使自身的改革成为政治体制和政治过程的动力。印度的经济政策经常是摇摆的。当政治家需要人民支持时,他们很容易倾向于"左"的经济政策。一旦政治家稳固地执政后,政策上的"左派"主义光环就慢慢开始退去。经济政策上的这种机会主义是政治力量集中在中央造成的。这种状况只有用政治过程的激进化来改变,这样做能够保证政治权力的分散。

(三)印度利益集团对政府决策的影响

罗伯·杰金斯(Rob Jenkins)在他的《印度的民主政治和经济改革》一书中,研究了印度90年代自由化的经济改革为什么能够坚持和怎样坚持,尤其是这样的改革是在拉吉夫·甘地80年代末改革失败的背景下进行的。他重新思考了经济自由化与民主之间的关系,以及市民社会和政治制度的作用,他反对关于既得利益集团和院外集团阻碍民主变革而政府透明和政府推销商品才是重要的观点。他认为,权力集团的分裂和复杂的影响源,使得巧妙的政治家们可以在暗中实施改革。

印度对利益集团的研究见诸于20世纪70、80年代,在斯坦利·A.考查奈克(Stanley A. Kochanek)著的《印度的工商业与政治》(Business and Politics in India)一书中,研究了政治文化、决策的结构、公共政策的模式,以及印度独立后的企业、印度外国资本的组织、印度资本的组织,包括地区性的和著名的印度工商联盟(FICCI)等,从公共选择与企业、政治选举与企业、国会与企业、行政与企业等方面对企业影响决策的渠道和进入方式进行了研究。他指出,印度的企业不同于其他功能性集团,如工会、学生组织、农民集团,它是非常发达的、独立于政党的联盟。印度利益集团行动的特点是由四个方面的因素决定的,即政治文化、社会的现代化水平、决策结构和公共政策的要求。在利益集团如何进入和影响政府决策方面,他用了一个成功的案例和一个失败的案例进行研究,成功的案例是棉花贸易商成功说服印度政府降低对棉花价格的控制,这种努力的成功主要是因为棉花行业的代表有能力形成了一个以广泛的贸易商、种植者、地主、工厂主为基础的联盟,他们强迫政府改变政策。另一个案例是印度政府不管私人部门的持续反对,经过20年努力,终于修改了专利立法。反对专利法修改运动失败的原因是,来自印度左派的强大压力一时间由于公众针对工业价格的骚动而得到了支援。这说明印度利益集团对政府决策的影响是较大的,各种利益集团的交互作用也是复杂的。该书认为,企业联盟对政治体制来说,履行着几个积极的功能:首先,他们提供了一个有用的平台,政府可利用这个平台教育企业和公众,他们使政府决策者解释现行政府政策并使之公正,回答对这些政策的批评等;第二,企业联盟发挥着集体代理人和反馈机制的作用。第三,在对企业的批评作出反应时,政府必须评议政策决定,评估其结果,使他们的行动公正。没有这种有组织的集团提供这样的激励,就不会有这样的评议,对产生相反效果的政策也不会识别得这样快。第四,企业联盟是有利的,因为它们提供了一种富有成效的咨询机制。第五,这种咨询会使企业界感到了一种参与意识,即使其建议不被采纳。参与意识有助于消除不满和疏远。第六,企业与国外私人资本有着重要联系,有助于为印度建立利用外国投资和技术的渠道。最后,没有私人部门在广泛领域的合作,政府的运作就不会成功。总之,在印度,有组织的企业联盟的存在,对于一个有计划的、民主的政治体制长期的成功运作是具有重要作用的[①]。

五、关于印度模式:比较研究

有关印度模式的比较研究的一部代表作应是陈峰均著的《东亚与印度——亚洲两种现代化模式》。该书对印度的现代化模式与东亚模式的比较是从经济、政治、文化三个方面进行的,对印度模式的分析,是从印度社会特点、宗教文化和现代化的思想基础出发,对印度的政治体制、经济发展及模式分别进行了研究。提出了20世纪90年代前印度经济发展模式的基本特征是计划经济、公营企业、消除贫困+混合经济体制+土地改革、绿色革命+进口替代发展战略。政治模式的特征是西方议会民主政体+东方权威特色。文化模式的特征是发扬印度教传统文明和甘地主义+世俗非教派主义+西方先进教育与科技。指出印度在20世纪90年代后经济体制由带有社会主义色彩的混合经济模式向东亚政府主导下的自由市场经济模式转型。政治体制从以国大党为主轴的一党制向两党制或三党制过渡[②]。这样的研究为这一领域的研究提供了一种视角。而该书研究的是现代化模式而不是工业化模式,从经济角度对印度发展模式的研究似乎缺乏经济理论支撑,只是对历史事实和所实施的政策的总结。对此的研究还有待用经济学的方法进行剖析和理论分析。

---

① Stanley A. Kochanek, *Business and Politics in India*, University of California Press, 1974.

② 参见陈峰君:《东亚与印度:亚洲两种现代化模式》,经济科学出版社,2000年。

另一本进行比较研究的著作是孙培钧主编的《中印经济比较研究》。它是国内第一部对中印两国经济发展进行比较研究的著作。该书对中印两国的自然条件和社会条件、社会经济结构、战略目标、宏观经济管理、工业、农业、财政金融、外贸外资、人民生活等方面都进行了比较。在宏观经济管理一章中,对两国的计划管理机构、计划内容及其编制、计划的贯彻执行,以及市场调节等进行了比较,展示了印度的宏观经济管理方式。对宏观经济管理手段的比较,如对财政、金融、价格、法律、行政等手段的比较,是对印度经济运行方式的说明,也是本书不同于以往和现在印度经济研究成果只注意历史发展过程的最重要的特点之一①。但由于这项研究是从1983年开始,整个研究过程主要是在80年代完成的,这一时期正是中国对市场经济的承认和认识逐步形成和完善的时期,因而在分析中难免带有当时的认识水平的痕迹。本书主要是两国经济在80年代的比较,而90年代印度开始了史无前例的经济改革,中国在90年代经济改革和对外开放也取得了前所未有的成就,两国在90年代对亚洲乃至世界经济都产生了重要影响,经济体制都发生了重要转型,这方面的研究显然不能在这本书中反映出来。

1.3.4 对文献的简要评论

就前人的研究看,关于工业化和产业结构变动的理论总结是

---

① 参见孙培钧:《中印经济比较研究》,社会科学出版社,1991年。

丰富的。工业化问题是发展问题,因而是发展经济学研究的主题。但工业化又是发达国家开启的,这些国家的工业化实践早于发展经济学中的工业化理论。它们是在古典经济学自由放任经济理论和凯恩斯政府干预经济理论时期推进工业化进程的。这些理论既是对实践的总结,无疑又对实践产生了重要的指导和影响。第二次世界大战后,发展经济学的兴起,又形成了针对刚刚独立的发展中国家的工业化问题的研究。此外制度经济学尤其是新制度经济学也对工业化理论作出了贡献。因此工业化的理论实际上包含在各个理论学派中。

关于结构变动的理论,是发展经济学的一个重要组成部分。发展经济学家进行了大量实证分析,探索出了产业结构在经济发展过程中的一般规律,那就是随着人均国民收入或人均GDP的增长,第一产业产值在国民经济中的比重下降;第二产业、制造业的产值比重上升;第三产业的产值比重总体趋势略有上升,但不像制造业那样明显。劳动力就业结构的比重则是第一产业大幅度下降,在第二、三产业上升。并且按库兹涅茨的研究结果看,人均产值高的国家,其劳动力就业在农业部门的份额的下降与产值份额的下降是同步的,二者同样显著。

对于产业结构变动的原因的研究有两个主要的不同方向,一个是强调供给因素的影响,另一个是强调需求因素的影响。同新古典理论强调要素供给的重要意义不同的是,结构主义的代表钱纳里则认为,需求和贸易的因素对于工业化进程中的结构变动也同样重要。

关于印度产业的研究近年来较多集中在IT产业和服务业上,

也有对工业和农业的研究,但从三次产业结构的角度综合研究印度产业的成果并不多见,尤其是把产业结构的变动放到工业化进程中来考察,这样的成果也尚未见到。对工业发展缓慢的原因分析,现有文献主要集中在工业政策方面,而没有注意农业与工业的互动方面。对服务业快速增长的解释,又侧重在需求方面,对供给方面的分析也显不足。有关产业发展的研究都缺乏对非经济因素的分析,而对印度这样一个历史和文化积淀深厚的古老国家,又是一个世界上最大的民主化国家,非经济因素对发展道路和模式的影响是存在的。

关于印度模式和经济的比较研究,总体看并不多。在这类研究中,有同中国的比较,也有同东亚、东南亚国家的比较。国内对印度经济及其模式的研究,从专著中看,多是从发展史的角度来进行比较和描述的。对印度经济的研究一般是对各个时期"五年计划"、经济政策、混合经济体制,以及经济改革和开放历程的阐述,缺乏经济理论和方法的支撑。近年来开始出现从经济学的角度比较中印经济模式的论文,中印比较研究逐步受到关注。不论从何种角度用何种方法的研究成果,都对本书的研究有启发和帮助。

1.4 本书的分析框架

本书研究是以印度工业化进程中的产业结构演进为剖析对象,进而分析其内在机理,解读印度发展模式和工业化道路,并对其优劣势进行分析和评价,以对中国模式提供一种借鉴和启示。本书将运用发展经济学中的结构主义发展理论、产业经济学理论和新制度学派等理论和观点作为分析研究的理论支撑体系。通过实证的方法对印度独立以来五十多年的数据进行分析,实事求是地反映印度产业演进的过程,探讨其内在机理,评价其发展模式,提出可供借鉴和启示的方面。

1.4.1 本书所涉及的几个逻辑关系

一、工业化与产业结构的关系

工业化过程是产业结构不断变动和调整的过程,是经济结构转变的重要阶段,而产业结构的变动是工业化最实质性的内容。印度的产业结构是在工业化战略框架下演进的,它的变动与工业化模式和其实施的战略有密切联系。印度的工业化不是内生的,不是来源于自身经济发展的需要,而是外生的、外源型的发展模式。印度在独立前,其工业是从属于英国的工业体系的,英国殖民者首先是把印度变为英国的商品市场和原料产地,为了这一目的,就需要对印度传统的自给自足的经济进行改造,使之适应向印度输出商品和掠夺原料的需要。但英国殖民政权不希望印度工业化,而希望其永远保持在农业附属的地位上。尽管殖民剥削的需要和客观进程会不可避免地引起印度工业的发展和机器工业的出现,但在殖民统治下的印度,绝不可能发展大机器工业和装备工业。当时的英印当局对向印度进口机械设备一直采取控制措施,人为阻挠这一核心部门的发展,以确保印度未来始终依赖英国,受英国控制。所以,当一个国家处于殖民统治的条件下,是无工业化可言的。殖民统治时期的印度并没有开启自己的工业化进程,而至多只是开始有了工业发展。政治上的独立是工业化的一个重要条件。

独立后的印度尽管实施了追赶型的工业化战略,但其经济基础依然是一个殖民经济的基础,是一个从外部植入的工业体系。大量的人口在农村,传统的农业仍然是国民经济的支柱。这种外源型的工业化发展模式对产业结构的演变,以至于经济发展模式形成了重大影响。所以研究印度的产业结构不能离开工业化的初始基础和发展模式,二者是密切相关的。

二、产业结构与经济发展模式的关系

产业结构尽管不是经济发展的全部内容,但产业结构不断向高级化的演进的过程就是发展的过程,产业结构是经济结构中最重要的结构。因为经济发展不仅是由量的增加所带来的,更重要的是由结构的变化所带来的。从这个意义上说,产业结构的变化才是经济发展模式的质的内容。因此可以说产业结构的变动是经济发展的推动力,产业结构的变动趋势和方向代表着经济发展模式的走向,是经济发展模式的核心。本书在产业结构研究的基础上,对发展模式也进行了研究和比较。

三、经济和非经济因素的关系

本书在对印度产业结构演变的内在机理的分析中,加进了非经济因素分析。新古典主义把制度、政治、法律、文化等因素视为经济运行的外生变量或既定因素。在分析方法上,要么把制度变

迁完全抽象掉,要么把它视为外生因素。而新制度主义认为,经济发展从来就是动态的过程,新古典的方法只能解释经济运行的静态和比较静态状况。正是新古典经济学假定不变的那些参数,才是长期经济发展的主要源泉。新制度主义认为,影响一国经济发展的因素有产权制度、市场制度、国家制度和意识形态等。强调非正规制度安排对一国的经济发展有着重要的影响,而作为非正规制度安排中核心部分的意识形态对经济发展有着重要的影响[①]。对印度这样一个有着悠久历史文化的国家来说,对它的历史形成的制度安排、政治文化、宗教文化等非经济因素的分析是必要的。非经济因素的分析与经济因素的分析共同构成了完整的对印度经济发展的解读。

1.4.2 本书的研究框架

一、运用结构分析理论和统计方法对印度产业结构的演变进行实证分析,印证相关理论对印度的适用性,探究印度的产业结构演变规律。

本书分析产业结构变动轨迹是以克拉克、库兹涅茨和钱纳里关于产业结构变动的理论为分析框架。前人关于工业化和产业结构变动的理论主要是在总结发达国家工业化和战后准工业化国家工业化进程的基础上形成的。经济学家们总结的工业化常规模式

---

① 参见张培刚:《发展经济学教程》,经济科学出版社,2001年,第174—176页。

和产业结构变动的规律,无疑对工业化已经完成的国家是正确的,当以印度这样一个正在处于工业化进程中的国家为案例来印证这些理论时,才能发现其发展轨迹的特殊性。

二、对三次产业内部结构进行分析,以观察其内部结构的高级化和协调性问题。

本书运用产业经济学中的相关理论作为分析框架,对各个产业内部结构进行剖析,按照产业高级化的一般趋势对农业产业内部结构进行实证分析,观察其是否具有高级化的趋势。农业结构中存在的问题将对工业的发展及结构的提升产生影响。对制造业内部结构的高级化分析采用了库兹涅茨的分析方法,即根据各行业在制造业中所占的份额和增长率分组进行分析,从产业增长速度的变动来了解其高级化的状况。对第三产业的分析也注重其传统服务业和现代服务业的结构变动与转换问题。

从对农业的内部结构的分析可以看出,印度工业化初期的道路是按照发达国家牺牲农业发展工业的工业化道路来设计自己的工业化战略的,但是印度所处的国际大环境显然与率先进行工业化的国家完全不同。当按这样的道路推进工业化时遇到了前所未有的障碍。农业的薄弱和落后对工业的发展产生了不利的影响。而工业结构过早的重型化又影响了劳动密集型制造业的发展,从而不利于解决就业问题。印度第三产业快速发展的合理性就在于其制造业处于明显的弱势。

三、分析产业外因素,从经济总量结构的层面分析影响产业结构的原因。

在钱纳里的研究中,把结构转变定义为各种经济总量结构的变化。认为工业化过程是和结构转变联系在一起的,决不限于制造业在总产出中比重的简单增加。对于一个国家的发展来说,最终需求结构、国际贸易和中间投入使用等方面的变化都起作用。结构转变不仅仅反映在制造业份额的变化之中,而且反映在投入—产出技术、需求和贸易的变化之中[1]。这一理论观点成为本部分的重要理论支撑。经济总量的增长与产业结构的变动是相互促进和相互影响的,产业发展是经济总量增长的基础,经济总量的快速增长又会加快产业结构的升级和转换。另外需求结构、国际贸易和投资、技术等供给和政策因素也对产业结构的变动发挥着重要作用。

四、对非经济因素进行必要的分析

本部分的分析框架是以新制度经济学和新政治经济学的相关理论和观点为指导,本书分析的非经济因素包括历史、政治、宗教和文化等。非经济因素是产业发展的大环境和制度因素。它们为经济发展种子的生根发芽开花结果提供着必不可少的社会气候。正如卡恩克罗斯在强调非经济因素时写道:任何国家的发展都不

---

[1] H.钱纳里、S.鲁宾逊、M.塞尔昆:《工业化和经济增长的比较研究》,上海三联书店,1989年,第261、266页。

会仅受其经济力量的支配,国家越落后,情况越是如此。发展的关键在于人们的精神,在于表达他们思想的体制,在于在观念和制度方面的机会的运用发挥[①]。通过这一章的分析可以看到印度的工业化背负着沉重的历史包袱。历史因素的分析可以看到印度工业化的基础,在这样的条件下开启工业化进程需要的是政府这只强有力的手,而印度的政治体制有双重性质,一方面是议会民主政体,印度是世界上最大的民主国家,不同的利益集团的博弈和冗长的决策过程降低了决策效率;另一方面沿袭几个世纪的旧的封建规范难以打破。这种封建结构产生了印度精英阶层的利益。精英们以中世纪社会经济结构为其工具,维护其支配地位。独立后的印度致力于资源再分配基础上的民主发展。为实现该目标,成立了以总理为主席的计划委员会。然而,政府所制定的这些目标却冲不破庞大的封建官僚的桎梏。

五、分析印度发展模式的可持续性和前景

本部分在上述研究的基础上,对印度的发展模式从两个方面进行分析和判断。一方面,对印度产业结构演进中存在的问题进行了分析,指出其发展模式的缺陷和面临的困难。另一方面从国际竞争力评价和印度自身的后发优势的角度对印度的未来发展作出判断。

---

① A.K.卡恩克罗斯:《影响经济发展的因素》,第229页。转引自〔印度〕鲁达尔·达特、K.P.M.桑达拉姆:《印度经济》上册(中译本),四川大学出版社,1994年,第23页。

六、中印两国发展模式的相互借鉴

中印同是发展中大国,两国正在走出发挥自身具有比较优势的产业发展道路,中国以制造业发展为突破口,印度以信息产业发展为突破口,都获得了经济的快速增长。两国的发展目标是一致的,那就是工业化和现代化。两国的发展模式都将成为21世纪世界发展模式的典型。本书对两国的发展道路和模式进行了比较,在此基础上提出了相互借鉴和启示的方面。

本书分析框架图

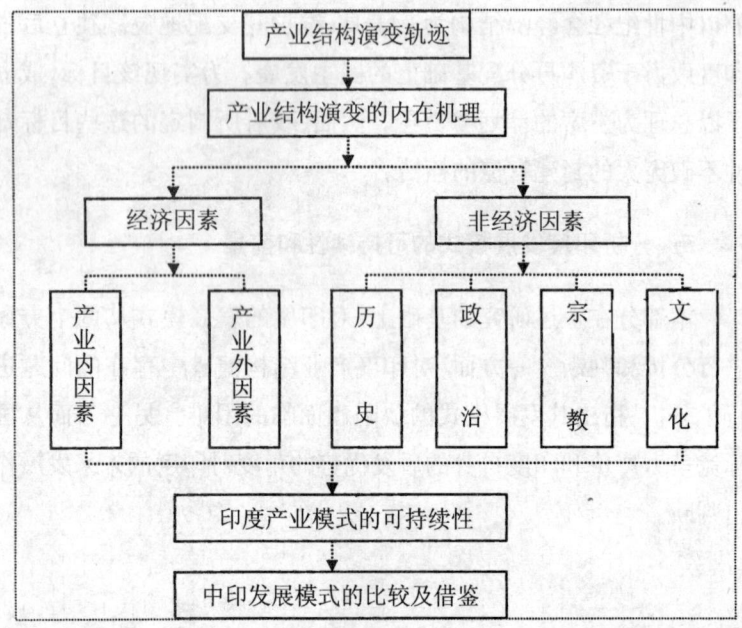

```
          产业结构演变轨迹
                ↓
        产业结构演变的内在机理
           ↓           ↓
        经济因素      非经济因素
         ↓   ↓      ↓   ↓   ↓   ↓
      产业  产业   历   政   宗   文
      内    外    史   治   教   化
      因    因
      素    素
                ↓
        印度产业模式的可持续性
                ↓
        中印发展模式的比较及借鉴
```

本 章 小 结

本章在阐述了选题背景、意义、研究内容及结构的基础上,对文献进行了评述。从检索的文献看,对于印度产业结构演进没有现成的成果,与这一内容相关的研究也是分散的。但是本书可以运用的理论是丰富的,这些理论也是相对成熟的,这为进行实证分析提供了很好的理论支撑。当用这些理论来作印度的实证分析时,会发现印度的产业结构演进和发展模式的特殊性在哪里,而对这种特殊性形成的原因作进一步深究和解剖时,又会发现它是一个非常复杂的体系,有单个产业结构内部变化对三次产业结构形成的影响;有产业外部宏观经济及政策对产业结构变动造成的影响;甚至超越了经济因素,如政治、宗教、文化的综合作用对产业结构和经济发展模式产生的间接影响。这些都是本书希望做出的一点与众不同的工作。

工业化问题是一个老问题,但也是一个不断有新发展、新变化,需要不断研究和总结的新课题。工业化是一个目的,但实现这一目的的途径和发展模式是根据不同的发展条件和国情可以有所不同的。本书把工业化和产业结构的变动联系起来研究,可以通过对产业结构变动方向和轨迹的研究,对工业化道路和发展模式提供有依据、有价值的分析和判断,从而对印度的特殊道路和发展模式进行科学总结,这无论是吸取其经验,还是借鉴其成功,对于中国和世界都是有意义的。

第2章 印度工业化战略及产业结构的演进

印度工业化战略的确立是在印度独立为一个主权国家之后开始的。尽管印度近代工业的发展是在19世纪英国殖民统治下开始的,但作为一种实施工业化战略的主观行为,是印度独立以后出现的。印度独立前的工业发展带有强烈的殖民色彩,是完全服务于英国殖民扩张政策的经济,是畸形发展的工业经济。独立后的印度采取了工业化战略来实现真正意义上的政治经济的独立自主。

2.1 印度工业化战略的确立

印度在独立前,其工业是从属于英国的工业体系的,英国殖民者首先是把印度变为英国的商品市场和原料产地,为了这一目的,就需要对印度传统的自给自足的经济进行改造,使之适应向印度输出商品和掠夺原料的需要。商品的冲击、原料的掠夺,加上殖民政权的政策措施,使印度的自然经济逐步解体,向商品经济转变。同时,利用廉价劳动力、原料、土地投资办工业比纯粹经商更有利可图。但英国殖民政权不希望印度工业化,而希望其永远保持在农业附属的地位上。尽管殖民剥削的需要和客观进程会不可避免地引起印度工业的发展和机器工业的出现,但在殖民统治下的印度,绝不可能发展大机器工业和装备工业。机械制造业是大工业的心脏,要具有自力更生的装备能力,就要有强大的机械制造业。而当时的英印当局对向印度进口机械设备一直采取控制措施,人为阻挠这一核心部门的发展,以确保印度未来始终依赖英国,受英国控制。所以,当一个国家处于殖民统治的条件下,是无独立自主的工业化可言的。从这个意义上说,殖民统治时期的印度并没有开启自己的工业化进程,而至多只是开始了近代工业发展。

2.1.1 工业化问题的提出

印度并不是一独立后就有了清晰的工业化战略思路,其工业化作为有意识的、有计划的发展战略,在第二个"五年计划"编制过程中确立的。换句话说,独立之初,经济恢复是首要问题,正常的生产生活秩序是一切发展的先决条件,是新政权的基础。印度刚独立时实行的农业政策和工业政策都带有明显的恢复工农业生产、整顿经济秩序的目的。

由于独立之初政府要解决的首要问题是严重的经济困难、医治印巴分治所造成的创伤,解决粮食和工业原料的短缺问题,制止通货膨胀,稳定政治经济局势。所以在"一五计划"中没有明确的发展战略。"一五计划"的重点是放在农业上,主要解决粮食问题。对农业及其相关部门的投资占投资总额的42%,工业投资只占7.9%,而实际投资只有5%。由于独立前的增长基数就很低,所以"一五计划"时期,工业年均增长达到了 7%。工业生产的增长主要是靠轻工业实现的。尽管钢铁工业增长也较快(22%),但是作为一个国家独立的经济基础——重工业却发展得十分缓慢。1951 年国家对机械制造、冶金、化工和水泥工业等重工业的投资,仅占整个工业投资的 24.3%[①]。"一五计划"完成后,印度经济仍然存在三个严重问题:一是印度殖民地性质的经济结构改变不大,轻工业和原料工业畸形发展,重工业十分落后,英国垄断资本仍然控制着许多经济部门,国有企业薄弱,还未形成独立的工业体系。尽管实行了以废除农村柴明达尔地主制(租佃制)为主要内容的土地改革,但封建的生产关系仍起支配作用。二是"一五计划"期间工业投资少,工业再生产扩大有限。而同期人口增长速度很快。社会失业问题严重。三是社会贫富分化严重,"一五计划"提出的"财富平等分配",实现"社会公正"的目标没有实现。

  正是因为"一五计划"的实施效果没有达到政府期望的目标,尤其是殖民地经济结构没有发生变化,这就促使政府把工业化作为一种有意识的、有计划的发展战略,提上了议事日程。当然作为一种工业化的思想意识,包括尼赫鲁在内的早期领导人和思想家都不断地进行过探索。19 世纪下半叶,当印度的民族主义力量的代表和早期思想家看到殖民当局无意促进工业发展时,他们便开始探索实现印度工业化的道路。他们的努力像接力赛一样一棒传一棒,使印度的一些社会精英和有识之士对殖民统治的性质、印度国情和发展道路有了越来越深入的认识。印度国民经济学的创始

[①] 培伦等:《印度通史》,黑龙江人民出版社,1990 年,第 767 页。

人瑙罗吉和伦纳德第一次揭示了印度贫困的根源,指出了经济发展的出路。瑙罗吉提出了印度"财富外流论",用大量的事实说明了英国统治者在不让外来者入侵的同时源源不断地偷走了印度的财富。印度流出的财富有三大项:一项是英国人在印度做官、经商所得的薪金、利润、利息、津贴及各种非法收入等,每年绝大部分收入要汇回国内。第二项是殖民地贡赋,即以印度政府名义向英国政府缴纳所谓"国内费用"。第三项是印度人因无力全部支付前两项而向英国银行借款所造成的巨额国债利息。仅此三大项构成了印度财富的外流。这种外流,大伤印度元气,致使工商业无法正常发展,导致贫困和灾难[1]。因此印度应要求降低税收,实行保护关税,发展民族工业。

伦纳德第一次提出印度经济的根本出路在于发展民族工业,实现工业化。他认为印度贫困的根源不在于财富外流,而主要是英国把印度变成了农业附庸国,压制了工业的发展。印度成为英国的大种植地,种植的原料供英国加工成工业品后,再运回印度销售。这样,印度的原料和市场都被夺走,工业无法发展,迫使印度主要靠农业生存。农业本身又落后,税负重,条件差,落后的农业,反过来又影响了工业的发展。因此他号召印度人大胆投资,兴办民族工商业。他的经济思想的核心是发展印度资本主义,搞实业救国,抵制外资,争取民族市场。这两位国民经济学派的创始人,一位强调减轻殖民剥削,积聚资本;另一位强调要投资工商业,发展工业生产。二者构成一个完整的理论体系,这些理论和思想成

---

[1] 参见培伦等:《印度通史》,黑龙江人民出版社,1990年,第396页。

为国大党制定工业化战略方针的重要理论依据①。

国大党激进派领袖提拉克等旗帜鲜明地提出先独立、后改革的政治主张。他们认为,政治自由是一个民族的生命,不首先争取政治自由,一味地空谈社会改革、发展实业、教育改革是愚蠢的,只有推翻殖民政权才有真正实现工业化的可能②。

20世纪40年代,尼赫鲁在《印度的发现》一书中写道,显然印度一直都拥有着发展工业所需要的丰富资源——管理和技术才能、熟练工人,甚至还有一些资金,尽管这些资金继续不断地从印度外流出去。尼赫鲁引用历史学家蒙哥麦利·马丁(Montgomery Martin)在1840年向英国议会的一个调查委员会作证时的一段话:印度是一个农业国,同样也是个工业国,要想将它降为农业国,就是想降低它的文明水平。尼赫鲁认为:这正是英国人所不断坚持着想要做的事情。他强烈地提出,任何人今天要在印度反对工业发展是困难的。而英国人总是在远大的计划被提出来的时候就警告说,一定不要忽视农业,并且它必须占第一位。尼赫鲁强调,农业上的危机虽然严重,但它是与工业上的危机互相联系着,而且是由工业危机引起来的。两者不可分开,重要的是要纠正两者的不平衡③。尼赫鲁早在独立前就有了发展工业的强烈意识。这是他在"二五计划"中坚定地实施工业化战略的思想基础。

印度独立后,在印度经济发展道路的选择上,受到了前苏联通

---

① 参见培伦等:《印度通史》,黑龙江人民出版社,1990年,第397页。
② 参见林承节:《印度现代化的发展道路》,北京大学出版社,2001年,第14页。
③ 同上书,第76—83页。培伦等:《印度通史》,黑龙江人民出版社,1990年,第766—769页。

过经济计划发展重工业的模式和中国农村合作化运动的影响。在政治发展道路的选择上,接受了西方议会民主制,在经济上以发展公营经济为主导,把社会主义的计划经济搬过来,试图解决社会不公平和资本主义的固有矛盾,解决贫富差别问题。政治上实行民主自由。其目标是建立一个工农业生产高速发展、既有政治上的民主自由,又有经济上的平等的理想社会。

2.1.2 马哈拉诺比斯工业化战略 (Mahalanobis Strategy)

尼赫鲁从第二次世界大战后世界科技和经济的迅速发展中,认识到重工业对一个发展中国家维护政治上的独立,摆脱帝国主义在经济上的控制,实现国家现代化,是至关重要的。1952年12月他在议会的演说中指出:"我不怀疑,一个国家没有大工业的发展,就不能提高人民现有的生活水平,没有大工业的发展,我们就不能维护国家的自由"[①]。1954年11月在印度统计学院开始了经济发展新战略的研究工作。著名的统计学家 P.C.马哈拉诺比斯教授承担了这项任务,这个新战略被认为是印度独立后制定的第一个工业化战略。因为这个新战略的原则是发展国营重工业和基础工业,迅速建立起完整的工业体系。在这个原则指导下,开始编制经济发展计划。首先把国民经济分为两大部门,即资本货物生产部门和消费品生产部门。然后确定优先发展的产业。该计划首

---

① 转引自培伦等:《印度通史》,黑龙江人民出版社,1990年,第770页。

先要建立起先进的机械制造工业,为国内提供具有国际先进技术水平的工业产品。把生产工艺不复杂的消费品生产,留给私营企业和手工业。为了最大限度地增加国民收入,把投资重点放在资本货物工业部门,尤其是先进的重工业上。在重工业和基础工业上主要发展公营经济,使公营成分占主导地位。资本货物和中间产品应逐渐实现自给,减少进口或不再进口。让私营部门去发展轻工业,保证消费品的市场供应。鼓励发展劳动密集型的小型工业和乡村工业,以补充消费品供应的不足,并着重解决就业问题。这是一个以发展重工业、发展公营工业为重点,强调进口替代的战略。"二五计划"、"三五计划"都是按此模式制定的。"四五计划"至"六五计划"时期该模式虽然有一些变化,但都没有发生根本性的转变。这个新战略提出后,引起了国内经济界的争论,主要有两个问题:一是认为政府正在向集权计划靠拢,提出的新战略计划纲领大部分是从苏联和它的卫星国抄来的。二是认为计划投资额的规模超出国家能力。从"一五计划"的年均85亿卢比,增加到160亿卢比,将近翻一番。对国营部门的投资增加1.34倍,对国营工矿业的投资增加十多倍[①]。

"二五计划"于1956年2月正式公布。之所以说它是一个工业化战略的实施计划,是因为它把发展重点从农业转移到工业上,特别是重工业上。它希望通过政府的作用,通过发展公营经济,加快工业化的速度,迅速建立起完整的工业体系。"二五计划"的主要目标是:(1)加速国家工业化步伐,扩大钢铁等基础工业和重工

---

① 参见培伦等:《印度通史》,黑龙江人民出版社,1990年,第772页。

业的生产;(2)国民收入5年内增加25%;(3)"二五计划"期间提供1000万个就业机会。为了完成上述计划,加大了政府投资,5年期间政府投资占总投资额的60.71%[①]。第一次在公私营投资比例上超过私营经济,公私投资比例由"一五计划"的48:50变为"二五计划"的61:39。在国家开支中,投入工矿业的资本总额,从"一五计划"占投资总额的7.6%猛增到18.5%。仅钢铁工业在1956年一年内就有3座100万吨级的新厂同时兴建,还动工扩建两座私营钢铁厂,而投入农业方面的资金由"一五计划"的43.2%骤降为30.8%,可以看出印度政府发展重工业和基础工业的决心。"二五计划"规定,到1961年计划完成时,印度的发电能力将从原有340万千瓦增加到690万千瓦,煤年产量则从3800万吨增达6000万吨,钢年产量从130万吨增达430万吨,水泥年产量由430万吨增至1300万吨,机织棉布由68亿码增加到85亿码[②]。"二五计划"标志着印度工业化战略的确立。正是在这样的工业化战略框架下,开始了印度产业结构的演进。在此之后的半个世纪的发展,印度产业结构的变化是循着一条怎样的路线发展,印度工业化战略是否成功。这样一些问题有待下面分析。

2.2 印度产业结构演进的轨迹和特点

产业结构的变动可以检验工业化战略实施的状况和效果,工

---

① 参见培伦等:《印度通史》,黑龙江人民出版社,1990年,第773页。
② 同上书,第774页。

业化的过程就是产业结构不断由低级向高级转化的过程。从产业结构的变动轨迹可以看出印度经济发展模式的独特性。

把社会经济部门划分为三次产业,已成为国际上通用的产业分类的基本方法。也是应用经济分析上采用较多的分类法。本书也采用这样的产业分类法对印度的三次产业结构及产业内部结构进行分析。印度产业的划分比较复杂,不同的统计资料有不同的划分。属于中央统计组织所作出的划分就有两种分类:在财政部公布的统计中,把矿业和采掘业归于第一产业,正如 Economic survey 提供的分类。而在印度储备银行的统计中,矿业和采掘业又被归类到第二产业中。本书在分析就业结构时分别对两种分类的情况作了分析。在分析产业结构时是按照矿业和采掘业归为第二产业的分类法。

分析印度三次产业结构的变动趋势,我们运用克拉克和库兹涅茨的相关理论,对印度的产业结构变动趋势进行实证。运用两类指标:一是各产业的就业人数及在总就业人数中所占比例;二是各产业的产值及在 GDP 中所占比重。

2.2.1 就业在一、二、三产业中所占比重变化分析

根据配第—克拉克定律:随着全社会人均国民收入水平的提高,就业人口首先由第一产业向第二产业转移;当人均国民收入水平有了进一步提高时,就业人口便大量向第三产业转移。根据收集到的数据,对印度劳动力就业在三个产业之间的转移和流动,作以下分析。

一、根据国际劳工组织的统计资料分析

（一）矿业劳动力含在第一产业的情况

按照数据可以整理出表2-1：不同水平的GDP下各产业就业人口所占份额计算表如下：

表2-1 不同水平的GDP下各产业就业人口所占份额表(%)

	1950—1951	1960—1961	1970—1971	1980—1981	1990—1991
GDP(千万卢比)	140466	206103	296278	401128	692871
所有就业人口	**1950**	**1960**	**1970**	**1980**	**1990**
农业	79.55	75.37	72.64	69.53	64.02
工业(总)	7.97	10.53	11.82	13.06	16.02
其中:制造业				10.69	13.18
服务业	12.48	14.1	15.54	17.41	19.96
男性就业人口	**1950**	**1960**	**1970**	**1980**	**1990**
农业	73.54	69.99	66.44	62.89	59.34
工业(总)	10.4	11.94	13.48	15.03	16.57
其中:制造业				12.02	13.25
服务业	16.06	18.07	20.08	22.08	24.09
女性就业人口	**1950**	**1960**	**1970**	**1980**	**1990**
农业	91.04	85.64	84.56	82.58	74.34
工业(总)	3.32	8.64	7.84	9.19	14.8
其中:制造业				8.09	13.02
服务业	5.64	6.52	6.8	8.23	10.86

资料来源:国际劳工组织统计报告。其矿业含在农业或第一产业中。www.ilo.org.

假设 1950 年与 1951 年、1960 年与 1961 年、1970 年与 1971 年、1980 年与 1981 年、1990 年与 1991 年这些相邻的连续两年内就业结构没有变化，则 1950 年—1951 年的就业结构就是 1950 年的就业结构。那么，对上表中的数据，可以得出下图：

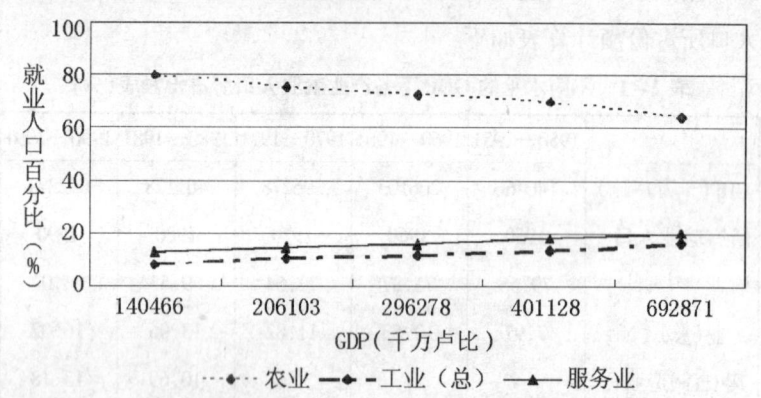

图 2.1　不同水平的 GDP 下各产业就业人口所占份额变化图

表 2-1 和图 2.1 的总趋势是第一产业的就业人数比重下降，二、三产业的就业人数比重增加。如果不看女性就业人数，第二产业的就业人数比重小于第三产业的就业人数比重。与男性就业比重不同的是，印度女性走向第二产业的人数略高于走向第三产业的人数。印度女性从事农业的比重即使在 90 年代，也高于 50 年代男性从事农业的比重。印度女性主要从事第一、二产业，传统服务业中女性较少，按印度习俗，女性几乎不从事餐饮、宾馆、公交车司机等职业，在现代服务业中受限于教育程度，女性就业比例也不高。这就是为什么女性在一、二产业就业比重高于在第三产业就业的部分原因。

(二)矿业劳动力含在第二产业的情况

按照数据可以整理出表2-2：

表2-2 不同水平的GDP下各产业劳动力所占份额(%)

	1950—1951	1960—1961	1970—1971	1980—1981	1990—1991
GDP(千万卢比)	140466	206103	296278	401128	692871
所有劳动力	**1950**	**1960**	**1970**	**1980**	**1990**
农业	79.05	74.87	72.14	68.93	63.42
工业(总)	8.47	11.03	12.32	13.66	16.62
其中:制造业				10.69	13.18
服务业	12.48	14.10	15.54	17.41	19.96

资料来源：国际劳工组织统计报告。其矿业含在工业或第二产业中。www.ilo.org.

根据表格绘制成图2.2：

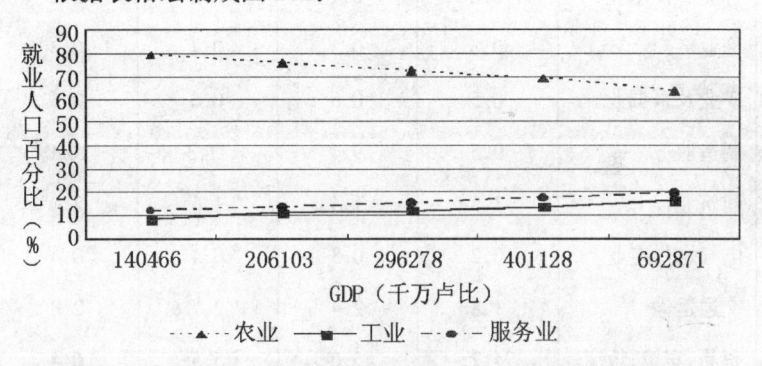

图2.2 不同水平的GDP下各产业就业人口所占份额变化图

图2.2同样反映了农业就业人口的下降,工业和服务业就业比重的上升。不同的是在70年代以前,矿业含在第一产业与矿业

含在第二产业,在农业和工业中就业比重的差距只有 0.5,70 年代以后,这个差距就扩大到了 0.6。这说明矿业在 70 年代以后逐步发展,吸纳的就业人数逐年增多。

二、根据印度统计资料的分析

根据不同的资料来源,对印度劳动力就业在不同行业中的比重变化进行分析。

(一)1961—1991 年劳动力就业在各产业分布状况

表 2-3　印度劳动力在各产业的分布情况(%)

产业 \ 年份	1961	1971	1981	1991
农业	71.5	71.6	66.5	66.5
林业和伐木业	0.2	0.1	0.2	0.2
渔业	0.3	0.3	0.4	0.3
矿业及采掘业	0.5	0.5	0.6	0.6
制造业	9.5	9.4	11.3	10.0
建筑业	1.5	1.4	1.6	2.0
电气水供应业	0.2	0.3	0.4	0.4
交通运输	1.8	2.4	2.7	2.8
贸易、宾馆、饭店	4.7	5.0	5.5	6.4
银行保险	0.2	0.3	0.5	0.6
房地产和商务	0.1	0.2	0.2	0.4
公共管理和国防	2.0	2.8	2.7	3.1

其他服务业	7.7	5.7	7.4	6.7
总额	100	100	100	100

资料来源：Table2.9: Percentage distribution of workers by industry. *Selected Socio-Economic Statistics India 2002*, central statistical organization, Ministry of Statistics and Programme Implementation, Government of India.

从表2-3看，第一产业中农业劳动力比重下降仅5个百分点，林业和伐木业、渔业、矿业及采掘业的劳动力比重几乎没有变动；第二产业中，包括制造业、建筑业、电气水供应等产业的劳动力比重的上升十分微弱。而第三产业各行业的劳动力就业比重上升趋势相对明显。

(二)对近20年的情况进行分析

按照统计资料提供的20世纪80年代到2000年的数据，分析最近20年来人均GDP的增长与就业结构变动的关系。

表2-4 印度劳动力在各产业的数量及分布(百万、%)

年份	1983	1987—1988	1993—1994	1999—2000
总就业人数(百万)	239.57	272.39	315.84	336.75
第一产业人数(农业)	151.35	163.82	190.72	190.94
比例(%)	63.18	60.14	60.3	56.70
第二产业人数	37.43	47.85	49.99	59.15
比例(%)	15.62	17.57	15.83	17.56
第三产业人数	50.78	60.72	75.11	86.65
比例(%)	21.20	22.29	23.78	25.73

资料来源：根据India Development Report 2004—2005, Indira Gandhi Institute, p.278计算得出。

随着人均 GDP 的增长，劳动力在印度产业细分中所占份额的变化情况如下：

表 2-5　各产业内部的就业变动情况(百万、%)

人均 GDP（卢比）	就业份额(%)				1983—2000 就业增长率(%)
	1983	1987—1988	1993—1994	1999—2000	
	6491	6998	8624	11357	
农业(%)	151.35 63.18%	163.82 60.14%	190.72 60.39%	190.94 56.70%	1.46
制造业(%)	11.53%	11.94%	11.08%	12.11%	2.30
矿业和采掘业	1.74	2.40	2.54	2.26	1.65
制造业	27.69	32.53	35.00	40.79	2.45
电力、煤气、供水	0.83	0.94	1.43	1.15	2.06
建筑业	7.17	11.98	11.02	14.95	4.70
服务业(%)	18.17 21.20%	22.53 22.29%	26.88 23.78%	37.54 25.73%	3.40
贸易、宾馆、饭店	18.17	22.53	26.88	37.54	4.64
交通、仓储、通讯	6.99	8.05	9.88	13.65	4.27
金融、保险、房地产和商业服务	2.10	2.59	3.37	4.62	5.05
社区、社会和个人服务	23.52	27.55	34.98	30.84	1.71
所有产业	239.57	272.39	315.84	336.75	2.15

资料来源：根据 India Developrent Report 2004—2005, Indira Gandhi Institute, p.231、278 整理得出。

从表 2-5 可看出，第一产业就业人数比重趋于下降，从 1983 年的 63.18%，下降到 2000 年的 56.70%，下降了 6.48 个百分点。这显示了劳动力产业构成的重心逐渐向第二、三次产业转移。制造业就业人数比重有升有降，上升缓慢，幅度也较小，从 1983 年的

11.53%上升为2000年的12.11%,上升了0.58个百分点。第三产业就业人数比重从1983年的21.20%上升到2000年的25.73%,上升了4.53个百分点,第三产业就业人数比重的上升快于第二产业就业比重的上升,高2.59个百分点。

分析结论

通过上述的分析可以看到,随着人均GDP的变动,印度劳动力在三次产业中的转移导致的产业就业构成的变动有如下特点:

(1)印度独立50年来,第一产业劳动力就业比重随着人均GDP的增长,呈现出不断下降的趋势,下降了15.53个百分点(矿业含在第一产业)。从近20年的情况看,第一产业劳动力就业的绝对值略有上升,可是就业比重是下降的,这仍然表明劳动力在向二、三产业转移。

(2)50年来,第二产业劳动力就业比重随人均GDP的增长上升的趋势不理想。从长期趋势看,有两个阶段上升相对较快,一个是20世纪50—60年代,上升了2.56个百分点,另一个是80—90年代,上升了2.96个百分点。但是从1961年到1991年,制造业劳动力比重仅上升了0.5个百分点。第二产业在近20年中,劳动力就业绝对值上升了,就业比重的变动却有波动,1987年就业比重已达17.57%,1994年下降为15.83%,下降到1983年时的水平,2000年才回复到17.56,达到1987年的水平。可以说近十多年来,第二产业吸纳的劳动力相对量是下降的。

(3)50年来,第三产业就业人数,无论是绝对值还是比重都在稳步上升,并且就业增长速度明显快于一、二产业。近20年来,其增长速度比第一产业快1.94个百分点,比第二产业快0.5个百分点。

(4)就三次产业的劳动力产业构成的重心移动来看,不符合克拉克定律所揭示的规律,即随着人均GDP的增长,劳动力的转移顺序是从第一产业向第二产业转移,再从第二产业向第三产业转移。印度劳动力的流动或转移,不显示依次转移趋势,即不是首先向第二产业转移,而是同时向第二和第三产业转移,并且重要的是,向第三产业转移的速度大于向第二产业转移的速度,导致第三产业的就业比重一直高于第二产业,这说明印度劳动力随着人均GDP的增长首先向第三产业转移,由此形成了一三二产业的劳动力格局。这一点是印度劳动力产业构成变化的重要特点。

2.2.2 国民生产总值的产业构成分析

国民生产总值是从生产的角度计算一国在一定时期内生产的全部产品和服务的总值,综合反映一国社会经济发展的水平和生产能力。并可衡量一国经济构成中各部门间的比例关系及其变动趋势。按照库兹涅茨的人均收入影响论,随着总产值和人均产值的增长,其对不同产业产生的影响也是不一样的。第一产业即农业部门实现的国民生产总值在整个国民生产总值中的比重处于不断下降的过程,一般而言,在近代,农业部门的比重占近一半,有时甚至高达2/3。经过长期发展后,多数国家农业部门所占的比重不超过20%,少数国家少于10%;第二产业即工业部门实现的国民生产总值在整个国民生产总值中所占的比重上升。在发展的早期阶段,比重介于20%—30%之间。到了后期大多数国家的工业部门的比重上升了 20 个或更多的百分点,介于 40%—50% 以上;第三产业即服务业所占比重的变动多数国家趋势不明显,微微的但不是始终如一地上升。有的国家上升(如加拿大、日本),有的国家下降(如瑞典、澳大利亚)。结论是农业部门比重的下降,由工业部门比重上升而抵消,所以服务业没有明显变动[①]。

印度的三次产业随人均 GDP 的增长所占 GDP 份额的变化,也呈现出不同于一般规律的变动情况。根据印度 Economic Survey 中的人口数和 GDP 数值,计算出 1951—2004 年的人均 GDP,以及三次产业在各年的产值比重,对数据进行分析处理可得出在不同水平的人均 GDP 下,三次产业所占份额表和印度三次产业结构变动与人均 GDP 关系表和轨迹图(详见附表 2-1 和下面图表)。

一、第一、二、三产业所占 GDP 比重变化趋势

1. 第一产业(用 p1 表示)

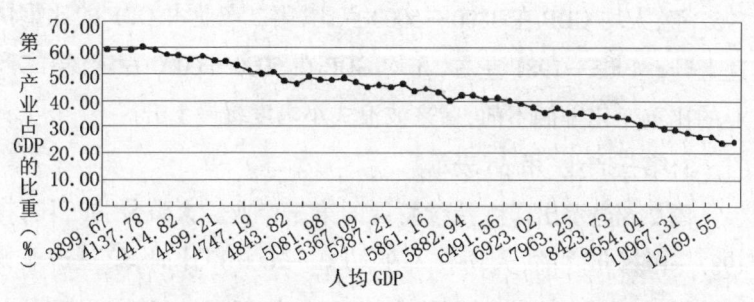

图 2.3 第一产业占 GDP 的比重与人均 GDP 的关系图

[①] 参见库兹涅茨:《现代经济增长》,北京经济学院出版社,1991 年,第 87—88 页。

第一产业占 GDP 的比重随着人均 GDP 的增加逐年下降,下降大致可分两个阶段,在人均 GDP 7000 卢比时,也就是 1987—1988 年是个拐点。在此之前下降幅度较大,近似一条直线;在此之后下降幅度相对较小,且以 20% 为极限。

2. 第二产业(用 p2 表示)

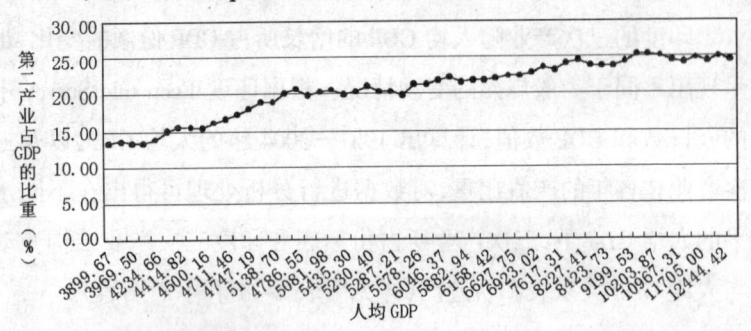

图 2.4　第二产业占 GDP 的比重与人均 GDP 的关系图

上图粗略地显现了印度第二产业比重变化的走势。1950—1965 年,人均 GDP 在 3800—5000 卢比,第二产业占 GDP 的比重快速上升。1965—1981 左右,人均 GDP 在 5000—6000 卢比,第二产业的比重变化徘徊不前,后来波浪式小幅度缓慢上升。

3. 第三产业(用 p3 表示)

图 2.5 显示出印度持续发展的第三产业。大致分为三段:在 1987—1988 年之前,人均收入在 4000—7000 卢比时,第三产业快速发展;在 1988—1996 年间,人均 GDP 在 7000—9500 卢比期间,平稳上升;在 1996—1997 人均 GDP 达到 9600 卢比后,第三产业进一步上升。

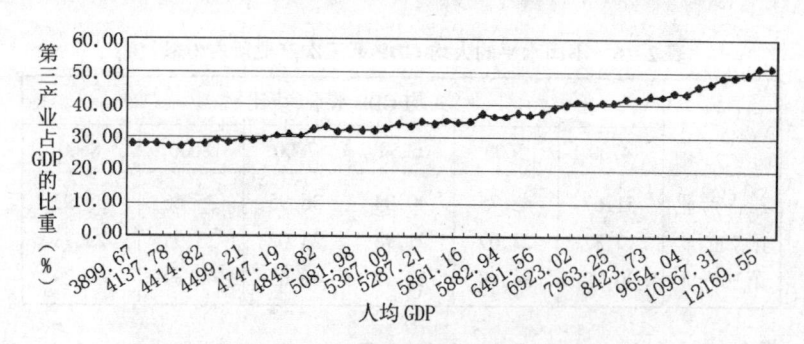

第2章 印度工业化战略及产业结构的演进 93

[图：第三产业占GDP的比重(%)纵轴0.00-60.00，人均GDP横轴3899.67至12169.55]

图2.5 第三产业占GDP的比重与人均GDP的关系图

二、三次产业结构变动与人均GDP增长的关系

为了更清楚地看到三次产业与GDP的关系,将GDP数值按"GDP<30000、300000<GDP<400000、400000<GDP<500000、500000<GDP<600000、600000<GDP<700000、700000<GDP<800000、800000<GDP<900000、900000<GDP<1000000、1000000<GDP<1100000、1100000<GDP<1200000、1200000<GDP<1300000、1300000<GDP<1400000、1400000<GDP<1500000"分成十三组。分别计算对应年份的GDP均值、第一产业均值、第二产业均值、第三产业均值,然后计算与附表2-1对应的p1、p2、p3的值。p1:第一产业占GDP的比重;p2:第二产业占GDP的比重;p3:第三产业占GDP的比重。计算结果可整理成表2-6:不同水平的人均GDP下三次产业所占份额表。

根据表2-6,可明显地看到第一、二、三产业产值占GDP的比重变化趋势,如图2.6。

表 2-6　不同水平的人均 GDP 下三次产业所占份额(%)

	人均 GDP 水平(卢比)					
	4700	5600	6250	7000	8000	8500
第一产业	51.67	43.75	40.94	36.95	35.66	33.93
第二产业	17.87	21.09	21.98	23.02	23.95	23.78
第三产业	30.70	34.98	37.07	40.03	40.39	42.29

表 2-6 续表

	人均 GDP 水平(卢比)						
	9500	10200	10700	12000	12200	12500	13300
第一产业	31.72	30.87	28.94	26.79	26.28	23.86	24.03
第二产业	24.93	25.45	24.87	24.61	24.41	24.97	24.54
第三产业	43.35	43.68	46.19	48.60	49.30	51.17	51.43

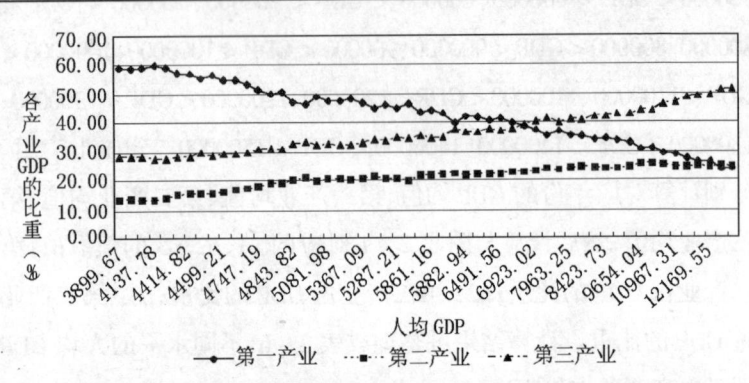

图 2.6　不同水平的人均 GDP 下三次产业所占份额变化趋势图

从表 2-6 和图 2.6 可以得出如下结论:五十多年来,印度国内生产总值变化的一般趋势是:随着人均 GDP 的增加,第一产业比重在逐步下降,第二产业缓慢上升且略有波动。第三产业高速发展。再按重要年度作出下表,可更清楚地看出印度三次产业结构在不同时期的变动。

表2-7 印度产业结构占GDP的比重(%)

时间(年)	第一产业	第二产业	第三产业
1950—1951	55.4	16.1	28.5
1960—1961	50.9	20.0	29.1
1970—1971	44.5	23.6	31.9
1980—1981	38.1	25.9	36.0
1990—1991	34.9	24.5	40.6
2000—2001	26.2	24.9	48.9
2001—2002	26.3	24.4	49.3
2002—2003	23.8	25.0	51.2
2003—2004	24.0	24.6	51.4
2004—2005	22.8	24.8	52.4

数据来源:Statistical Outline of India 2005—2006, p.14, Department of Economics and Statistics,TaTa Services limited,Bombay House, Feb.2006.(At 1993—1994 price)

根据表2-7分析,印度三次产业结构变动的主要特点如下:

1.第一产业随人均GDP的增长,其产值占GDP的比重持续下降,从1950—1951年度(期初)的55.40%下降到2004—2005年度(期末)的22.8%,下降了32.6个百分点,下降的幅度与库兹涅茨分析的国际变动幅度相比(25%—70%)[①],属于中间水平,符合大

---

① 参见库兹涅茨:《各国的经济增长:总产值与生产结构》,商务印书馆,1985年,第160页。

多数国家的状况。

2.第二产业随人均GDP的增长,其产值占GDP的比重从1950—1951年度的16.1%上升到2004—2005年度的24.8%,上升了8.7个百分点。而按库兹涅茨分析的典型趋势是,在这一部门上升的幅度为25—30以上百分点,显然上升幅度过小,与国际变动幅度相比差距较大。

3.第三产业随人均GDP的增长,其产值占GDP的比重从1950—1951年度的28.5%上升到2004—2005年度的52.4%,上升了23.9百分点,上升的情况与库兹涅茨分析的情况不同,按照其分析的结论,有的国家服务业份额上升,有的下降。在所有的欧洲国家,服务业部门的增长甚微,在美国和加拿大的增长显著,在20世纪60年代中期,美国服务业份额超过50%,而瑞典约占GDP的4/10[1]。印度第三产业上升势头强劲,上升幅度大,而且是没有波动地稳步上升。这一点与国际变动趋势形成强烈对照。

这组数据还表明以下问题:

1.尽管印度独立后就开始实施工业化战略,但印度第二产业的发展在国民经济中始终没有占过主导地位,既没有超过第一产业,也没有超过第三产业,相反其比重低于第一产业和第三产业。20世纪90年代以来,第二产业的比重仍没有明显提高。工业制造业的低水平发展说明印度还处于工业化的初级阶段,至多只能是一个农业—工业国。

---

[1] 参见库兹涅茨:《各国的经济增长:总产值与生产结构》,商务印书馆,1985年,第166页。

2. 印度产业结构的演进并未遵循常规模式和一般规律：即随着人均国民生产总值的增长，制造业在总产出和就业中所占份额超过第一和第三产业。当人均国民收入水平进一步提高时，服务业和第三产业占 GDP 的比重和就业比重将超过第一和第二产业。印度则走了一条特殊的路径，在 90 年代实施经济改革和开放政策以前和以后，人均国民生产总值的增长并没有带来第二产业所占比重的提高，而反倒是服务业成了对国民经济贡献最大的产业之一。

3. 印度第三产业在印度的发展是传统性的。它在国民经济中所占的比重几乎在独立以来的各主要时期都高于第二产业，即使在尼赫鲁强调发展国营重工业和基础工业，迅速建立完整的工业体系的时期，工业制造业的比重也没有超过第三产业。

2.2.3 劳动力的部门份额和国内生产总值部门份额的比较

按照库兹涅茨的分析，劳动力的 A 部门（农业部门）的份额，一般地高于产值中 A 部门份额。前者的变动范围为 80%—18%；后者的变动范围为 48%—12%。相反地，劳动力的 I 部门（工业部门）份额和 S 部门（服务业部门）份额，却明显地低于产值中的 I 部门份额和 S 部门份额。从变动的角度看，随着人均产值的变动，劳动力的部门份额的变动高于产值的部门份额变动。尤其是 I 部门更为显著。由初始水平移动到较高水平时，劳动力的部门份额上升了36个百分点,而产值的部门份额只上升了28点①。根据本章表2-1和本章附表2-1的数据,印度在不同水平的GDP下,三次产业劳动力就业人口所占份额与产值所占份额的比较见表2-8。

表2-8 三次产业劳动力就业比重与产值比重变动的比较

占GDP比重%	1950—1951	1960—1961	1970—1971	1980—1981	1990—1991	2000—2001
农业	59.20	54.75	48.12	41.82	34.93	26.25
工业	13.29	16.61	19.91	21.59	24.49	24.90
服务业	28.03	29.01	32.18	36.59	40.58	48.85
劳动力比重%						
农业	79.55	75.37	72.64	69.53	64.02	
工业	7.97	10.53	11.82	13.06	16.02	
服务业	12.48	14.10	15.54	17.41	19.96	

数据来源:国际劳工组织统计报告 www.ilo.org,矿业含在农业中;http://indiabuget.nic.in。

从表2-8可看出,印度的农业、工业和服务部门劳动力比重和产值比重的比较符合库兹涅茨分析的一般规律。但是从变动的角度看,印度的情况与库兹涅茨分析的上述情况完全不同,劳动力的部门份额的变动大大低于产值的部门份额变动。从1950年到1990年,农业部门产值比重的变动为24个百分点,劳动力比重的变动是15个百分点。工业部门的产值比重变动为11个百分点,劳动力比重的变动仅为8个百分点。服务业的产值比重变动为13个百分点,劳动力比重的变动为7个百分点。这些说明印度劳

---

① 参见库兹涅茨:《各国的经济增长:总产值与生产结构》,商务印书馆,1985年,第212页。

动力流动的刚性特征十分突出,这是印度产业结构演变中的一大特点,这也是印度工业化进程中的一大问题,这个问题对其后的发展模式产生了重要的影响。

工业化的最终目的就是农业国变为工业国,城乡二元结构日益缩小,城市化率不断提高,其前提就是农村劳动力大量被第二、三产业吸纳,而印度的状况与各国的一般规律相反,产值的部门份额的变动高于劳动力的部门份额的变动,它无疑对工业化进程产生重大影响。

这种状况不是单方面的原因形成的,从最基础的方面看,由于印度的工业化是外源型的,它并不是经济发展已经对工业化提出了要求,而是国家独立的需要,是政治需要。与内生型和模仿型的工业化国家完全不同,那些国家是从经济上、制度上已经具备了工业化的条件。那些国家劳动力的部门份额的变动高于产值的部门份额的变动,尤其是农业劳动力比重的下降和制造业劳动力比重的上升都是十分突出的,可以说是一个同步的过程。而印度表现出来的是不同步的。除了上述原因外,印度工业化采取的重工业为主导的战略和一系列政策等也是重要的方面,这些因素将在后面的分析中涉及到。

本章小结

本章主要是对印度在工业化进程中,三次产业随人均 GDP 的变动所发生的产值比重和就业比重变化的情况同国际变动趋势作比较。从而揭示印度产业结构和三次产业变动的特殊性,正是这种特殊性构成了印度发展模式的基础。从对三次产业在国民生产总值和劳动力两方面的分布状况的分析中，可以清楚地看到产业结构的变动特点。

(1)从第一产业看，其实现的产值在整个 GDP 的比重下降过程中，劳动力的就业比重也在下降，但绝对量还在上升。第一产业产值的相对比重下降幅度超过劳动力相对比重下降幅度，说明第一产业劳动生产率的低下。同时也说明农业在印度经济社会发展中的作用还比较大。

(2)第二产业随着人均 GDP 的增长，其实现的产值占整个 GDP 的比重在上升，但上升的幅度没有第一产业比重的下降幅度大。劳动力的上升幅度从时间序列分析来看，有升有降，不确定，从横断面分析来看，略有上升。这种状况一方面说明第二产业不能大量吸纳劳动力，第二产业的扩张性发展没有出现，或是受制于资本，或是受制于市场。另一方面，第二产业所实现的 GDP 比重在上升，说明第二产业对 GDP 尤其是人均 GDP 的增长有贡献。

(3)第三产业的情况尤其独特。按照一般规律，第三产业实现的国民生产总值随经济增长略有上升但不是稳定上升。从时间序列分析看，第三产业的相对国民收入是下降的，劳动力的相对比重是上升的。但印度的情况是，第三产业无论从时间序列分析还是横截面分析，其产值所占比重和劳动力就业所占比重都是上升的，这就说明，不仅第三产业具有很强的吸纳劳动力的能力，而且对印度经济增长的贡献是最大的。

第3章 产业结构演变的产业内因素

印度产业结构演变的非顺序发展的因素是多方面的,从印度的国情出发,可以大致把产业结构演变的内在机理分为两类,一类是经济因素;另一类是非经济因素。产业结构的演变是经济的和非经济的因素共同作用的结果,应该说一切影响经济发展的因素,都直接或间接影响产业结构,推进或制约产业结构的发展变化。从经济因素看,有产业内部的因素也有产业外部的因素,它们都与产业结构的发展变化密切相关,产业内部的因素对产业结构的发展起主要的推动作用,产业外因素则从外部对产业结构的演变产生影响。因而本书对经济因素的分析分为两方面,一方面是分析产业内部因素,另一方面分析产业外部因素。本章分析产业内部因素,下章分析产业外部因素。

本章通过对三次产业内部结构的动态分析,来揭示印度产业结构演变的内部因素。因为三次产业之间的变动首先是基于各产业内部结构的变动,由此引发三次产业之间的变动。对产业内部原因的分析,主要从本产业内部结构看其高级化的趋势,是哪些行业在推动本产业发展?哪些行业在影响本产业发展?以及本产业内部是否协调等问题。

3.1 第一产业内部结构演变及其影响

第一产业内部结构演变的一般趋势是:(1)传统农业向现代农业转移,即产业结构从技术水平低下的粗放型农业向技术性较高的集约型农业发展;(2)农业中的种植业、畜牧业、林业协调发展。从世界各国农业发展趋势看,种植型农业向畜牧型农业发展,畜牧业生产占有越来越大的比重,要求农业生产的专门化与一定程度的多部门经营相结合。种植业中,经济作物的比重不断提高。这一趋势就要求农业专业化和多部门的经营发展规模、速度与粮食生产发展水平适应;(3)农业由分散化经营向产业化方向发展,即以农户为基础,市场为导向,企业或农民自主决策的合作社等中介组织为纽带,通过将农业再生产过程的产前、产中、产后诸环节连为一个完整的产业系统。

3.1.1 传统农业向现代农业转化情况

1. 生产资料的现代化情况

化肥的生产和消费:1960—1961年,化肥的生产量为15万吨,进口41.9万吨,消费29.2万吨。1970—1971年,生产量为105.9万吨,进口62.9万吨,消费217.7万吨。1980—1981年,生产量为300.5万吨,进口275.9万吨,消费551.6万吨。1990—1991年,生产量为904.5万吨,进口为275.8万吨,消费为1254.6万吨。2000—2001年,生产量为1475.2万吨,进口239.9万吨,消费

1670.2万吨,详见表3-1。

表3-1 化肥的生产、进口和消费

单位(千吨)

年份	1960—1961	1970—1971	1980—1981	1990—1991	1997—1998	1998—1999	1999—2000	2000—2001	2001—2002	2002—2003	2003—2004
氮肥											
生产	98	830	2164	6993	10086	10480	10890	11004	107771	10562	10634
进口	399	477	1510	414	1361	635	833	154	269	67	132
消费	210	1487	3678	7997	10901	11354	11592	10920	11310	10474	11078
磷肥											
生产	52	229	841	2052	2976	3141	3399	3748	3861	3906	3631
进口		32	452	1311	672	968	1503	396	429	170	338
消费	53	462	1214	3221	3914	4112	4799	4215	4382	4019	4124
钾肥											
进口	20	120	797	1328	1140	1542	1739	1541	1701	1520	1548
消费	29	228	624	1328	1373	1332	1687	1567	1667	1601	1598
所有化肥											
生产	150	1059	3005	9045	13062	13621	14289	14752	14632	14468	14265
进口	419	629	2759	2758	3174	3145	4075	2090	2399	1757	2018
消费	292	2177	5516	12546	16188	16798	18069	16702	17360	16094	16798

资料来源:①Economic Survey 2004—2005,S-24 表1.20;②Ministry of Chemicals & Fertilizers,Department of Fertilizers;③Department of Agriculture & Cooperation Provisional.

从表3-1可看出,化肥的生产和消费在自70年代迈上一个台阶后,就进入了一个快速发展时期。但生产仍不能满足消费的增长,而就消费来看,尽管自1950—1951年以来印度每公顷耕地消费的化肥有了明显的提高,但进行国际对比时,就仍然是很低的,例如,1990—1991年,印度每公顷耕地消费化肥76公斤,而一些发达国家的相应数字是,日本380公斤,荷兰315公斤,南朝鲜405公斤,比利时275公斤[①]。

水利资源:印度的雨水灌溉面积占耕种面积的70%,因此农业主要是靠天吃饭。虽然在各个五年计划时期都对灌溉给予了高度重视,但在灌溉方面取得的进展是很慢的。

2.机械化情况。

自第五个五年计划草案提出建议采用有选择的机械化政策以来,经过40年发展,农业机械化取得了成就,详见下表。

表3-2 印度农业机械化进展情况

项目	1961	1970	1980	1990
1.作物总面积(万公顷)	15280	16580	17500	18250
2.拖拉机累计总数(万台)	3.1	10.0	47.3	129.7
每10万公顷作物面积拥有台数	20	60	279	710
3.柴油发动机				
累计总数(万台)	23.0	23.0	290.0	470.0
每10万公顷作物面积拥有台数	151		1657	2575
4.电动管井和灌溉水泵	131	217	2286	4658
5.每千公顷农作物				
消耗电力(千瓦/小时)	5.5	23.0	71.0	196.7

资料来源:印度经济监测中心:《有关印度经济的基本统计》第1卷,1990年8月。转引自〔印度〕鲁达尔·达特、K.P.M.桑达拉姆:《印度经济》下册(中译本),第49页。

---

① 参见〔印度〕鲁达尔·达特、K.P.M.桑达拉姆:《印度经济》下册(中译本),四川大学出版社,1994年,第37页。

就绝对数值和纵向比较看,印度农业机械化的发展是显著的。但就相对意义和横向比较看,无论同先进国家机械化相比还是同印度农业部门的规模相比,差距都是很大的。机械化的推广方面,地区差距是很大的,对于绿色革命实施彻底的,如旁遮普和哈里亚纳邦,机械化发展的速度快得多。但对其他邦,尤其是土地规模较小、土地较分散的地区,机械化的程度是很低的。印度的土地占有规模一般在3—12英亩之间,并且很分散。而机械化的基本条件就是土地占有规模必须大而且成片。美国的土地平均占有规模是600公顷,加拿大是90公顷①。相比之下印度土地占有规模过小,不利于机械化发展。

由于非农业部门不能吸收大量劳动力,使机械化的推行遇到了障碍。如果完全由机械化代替人力,印度将有千百万农民被排挤出农业,必须有大量的就业机会提供给剩余劳动力。印度对待机械化的考虑是:印度的情况不同于美国、加拿大这些国家,它们的实际问题是劳动力短缺,所以要使用机器以提高劳动生产率。而印度有充足的劳动力,印度的实际情况是要提高土地的生产率,这比提高劳动生产率更为重要。因此,机械化对劳动力的取代应保持在最小限度,重要的是靠集约耕作最大限度地提高土地的单位面积产量。

而且印度是缺油的国家,农业机械需要汽油、柴油和煤油。国内生产的这类矿物油大量缺乏,无法满足需要,因此印度不可能使

---

① 参见〔印度〕鲁达尔·达特、K.P.M.桑达拉姆:《印度经济》下册(中译本),四川大学出版社,1994年,第46页。

用大量耗油的农业机械。

从上述分析得出的结论是,在政府实施的有选择的机械化政策下,印度农业总体的机械化水平是不高的,传统的耕作方式在印度还占主导。印度的传统农业向现代农业的转化没有完成。

3.1.2 农业内部结构的协调问题

农业内部结构的协调主要指种植业内部结构,以及种植业、畜牧业、林业之间的结构协调问题。种植业结构的优化主要是看粮食作物和经济作物的比重的合理化。如果粮食作物在种植业中的比重过大或没有太多变化,那么农业的商品化的程度就是比较低下的,并且支持工业的发展是有限的。农业结构高级化的趋势是种植型农业向畜牧型农业发展。农业的发展要求农业各部门全面发展,包括种植业内部结构,以及畜牧业、林业的平衡发展。

按照印度统计部的资料和数据,对第一产业(分为农业、林业、渔业)50年的数据进行了分析(详见附表3-1),计算其产值和比重,根据计算结果,绘制成图3.1。

第一产业中,农业的比重逐步上升,比重从1950—1951年度的81%,到2003—2004年度上升为91%。林业比重逐步下降,渔业比重逐步升高,这两个行业目前几乎齐平,都各占4%左右(详见附表3-1)。

农业在第一产业中占有过大的比重,因而有必要对农业进一步作分析。农业分为种植业和畜牧业两部分,53年来,种植业虽然有下降,但幅度很小。畜牧业虽然有上升,但同样是上升幅度太

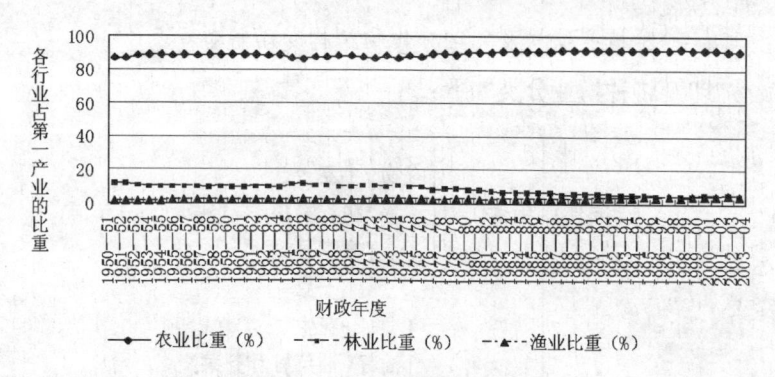

图 3.1 第一产业结构变动图

小。1950—1951年度种植业的比重为76.24%,畜牧业的比重为24.17%。2003—2004年度种植业的比重下降为72.50%,下降了3.74个百分点。畜牧业的比重上升为27.50%,上升了3.33个百分点(详见附表3-2),从下图可看到这一状况。因此畜牧业的发展速度还远没有显示出使农业结构向高级化转换的趋势。畜牧型农业的发展远没有形成。畜牧业的问题下面还要详述。

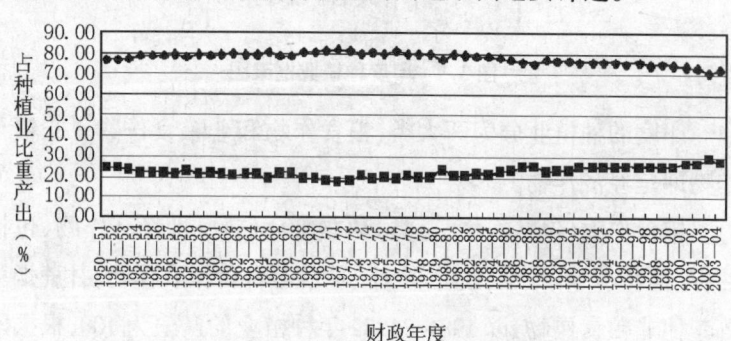

图 3.2 农业结构图

(一)种植业结构及其细分作物结构变动趋势

印度将种植业分类如下:

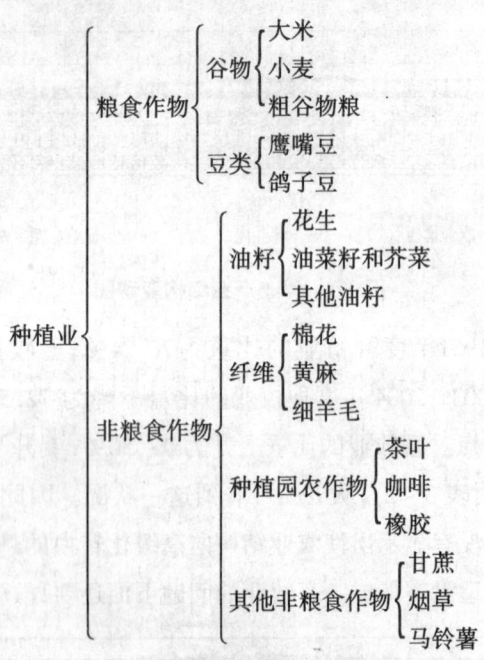

```
                    ┌─ 谷物 ┬─ 大米
                    │       ├─ 小麦
         ┌ 粮食作物 ┤       └─ 粗谷物粮
         │          │
         │          └─ 豆类 ┬─ 鹰嘴豆
         │                  └─ 鸽子豆
         │
         │          ┌─ 油籽 ┬─ 花生
         │          │       ├─ 油菜籽和芥菜
         │          │       └─ 其他油籽
种植业 ──┤          │
         │          │       ┌─ 棉花
         │          ├─ 纤维 ┼─ 黄麻
         │          │       └─ 细羊毛
         └ 非粮食作物┤
                    │                ┌─ 茶叶
                    ├─ 种植园农作物 ──┼─ 咖啡
                    │                └─ 橡胶
                    │
                    │                  ┌─ 甘蔗
                    └─ 其他非粮食作物 ─┼─ 烟草
                                       └─ 马铃薯
```

图 3.3 印度种植业框架图

印度的种植业分为两大类:粮食作物和非粮食作物。非粮食作物即是经济作物。

粮食作物(包括谷物、豆类)和非粮食作物(即经济作物,包括油籽、棉花、黄麻纤维、茶叶、咖啡、橡胶等种植园农作物,甘蔗烟草等其他非粮食作物)以 1981—1982 年种植业的产值为 100,根据印度 1970—1971 年度到 2003—2004 年度的数据,可以计算出种植业结构变动表(见附表 3-3)和非粮食作物产值结构变动表(见附表

3-4)。

从表中可以看出印度的种植业总产值稳步上升，2003—2004财政年度的产值是1970—1971财政年度的产值的2.1倍，年平均增长速度为2.26%，种植业中，粮食产值的比重从64.4%降到了60%，非粮食作物产值的比重从35.6%升到了40%，可以看出经济作物的比重变动不大。非粮食作物产值占种植业总产值的比重从35.6%升到了40%，是由于油籽的比重上升了2.18%，纤维的比重上升了1.11%，种植园农作物的比重上升了0.64%，其他非粮食作物的比重上升了0.48%引起的。整个纤维比重的变化依赖于棉花比重的变化。棉花占种植业的比重起起伏伏，缓慢上升。34年来上升了1.2%。在种植园农作物中，橡胶比重上升较快，从1970—1971年的0.28%上升到2003—2004年的0.91%，产值从1970—1971年的0.24上升到2003—2004年的1.63(以1981—1982年种植业的产值为100)，增长了5.79倍，年均增长速度为5.98%。茶叶比重略有下降，咖啡比重略有上升，总的来说，种植园比重呈上升趋势。

从种植业上述的分析，可以作以下小结：

(1)从农作物生产由粮食作物向经济作物转移的趋势看，还是反映了印度农业从自给自足的农业向商品农业的变化。但直至2003年，粮食作物还是占全部种植业产值比重的60%左右，经济作物占40%左右。粮食作物比重仅略有下降，经济作物比重仍然低下，一是表明印度的粮食问题是首要问题，解决吃饭问题的压力较大。粮食作物比重下降的原因主要是豆类作物比重下降导致。在谷物结构中，稻谷比重几乎没有变化，小麦的比重则上升十分明显,这有可能是国际市场需求的拉动。二是表明商品农业和为轻工业服务的农业发展不足,对以农业为原料的轻工业支持不足。一定程度上影响了轻工业的发展。

(2)经济作物比重小幅上升,对经济作物产值贡献较大的作物是油籽和纤维,棉花作为纤维类的作物,其对种植业的贡献超过黄麻,但发展不甚稳定,上升缓慢。在种植园作物中,橡胶的比重上升较快,咖啡作为印度传统作物和出口产品,比重略有上升。其他非粮食作物,如甘蔗、烟草所占比重均是下降趋势。这一方面说明,印度的剩余农产品的出口基本是以初级产品出口为主,传统出口产品受国际市场的影响较大。另一方面,国内没有形成大规模的产业化经营的农产品加工业,高附加值的产品不多。以农业为原料的轻工业发展受到影响。

(二)畜牧业发展情况

畜牧业在印度国民经济中占有重要地位,印度是世界牲畜存栏数最多的国家,占世界总头数 1/6,其中牛占近 1/5,水牛占一半,山羊和绵羊都超过 1/5。但是畜牧业占农业总产值的比重为 30% 左右。相对于巨大的牲畜资源,畜牧业占农业总产值的比例是相当小的。而世界先进国家牲畜在农业收入中的贡献都超过 50%,其中北欧国家如丹麦、瑞典、挪威等国家更高,约占 75%—85%。

印度统计中将家畜分为牛奶、肉类、蛋类、羊毛等。从对家畜产出结构的分析(见附表 3-5、3-6)可得出如下结果:

在整个家畜业结构中,牛奶、蛋类的比重变化呈上升趋势,肉类比重变化呈下降趋势,羊毛类产出有一个较大下降幅度,蚕茧类产出趋于上升,但不平稳。产出占家畜产出的比重见下图:牛奶、肉类、蛋类、羊毛、蚕茧等产出占家畜产出的比重变化图。

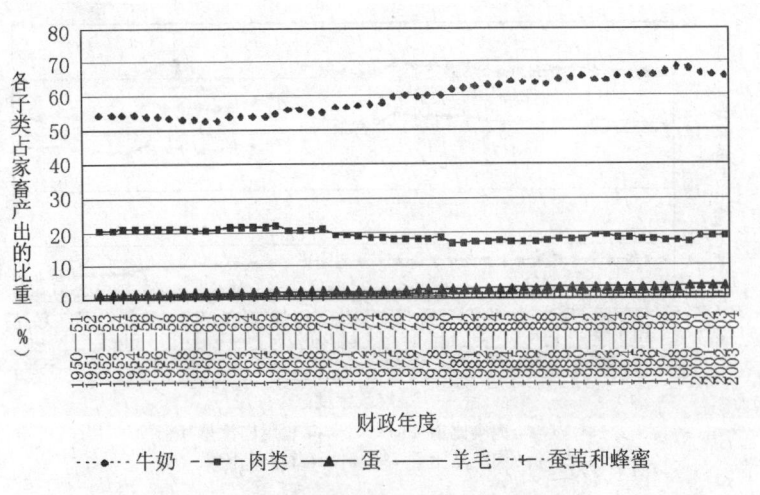

图 3.4 牛奶、肉类、蛋类、羊毛、蚕茧等产出占家畜产出的比重变化图

进一步对肉类产品细分结构中发现,肉类副产品的比重很低,说明肉制品的加工工业不发达,高附加值产品不多。食用肉在肉类产品中比重较大。当进一步细分食用肉产出的结构时,可以看出,20世纪80年代以前印度肉食类消费以羊肉为主,80年代以后以家禽肉为主。猪肉和牛肉在印度消费量很小。这种消费习惯与宗教文化有关。印度教把牛视为神牛,不杀牛不吃牛肉。所以印度人蛋白质的摄取主要靠奶、蛋和植物蛋白。因此印度畜牧业贡献不大的原因不完全在于经济方面,还在于宗教和社会方面,大量的牛包括相当数量老化的牲畜消耗了有限的资源。在家畜业中,牛奶和蛋的比重就占了 69.72%,而肉类只占 18.14%,其中牛肉仅占 1.60%，羊肉 5.05%，猪肉 1.17%，家禽 8.40%。详见下图和肉类产出结构表(附表 3-7、3-8)。

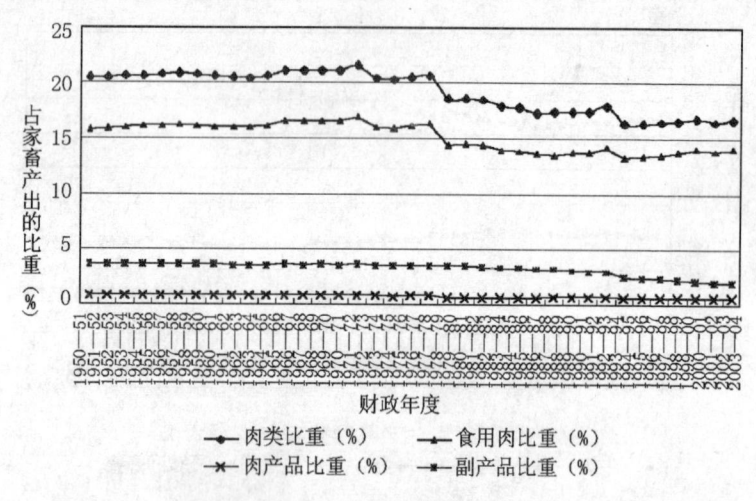

图 3.5 肉类产出结构图

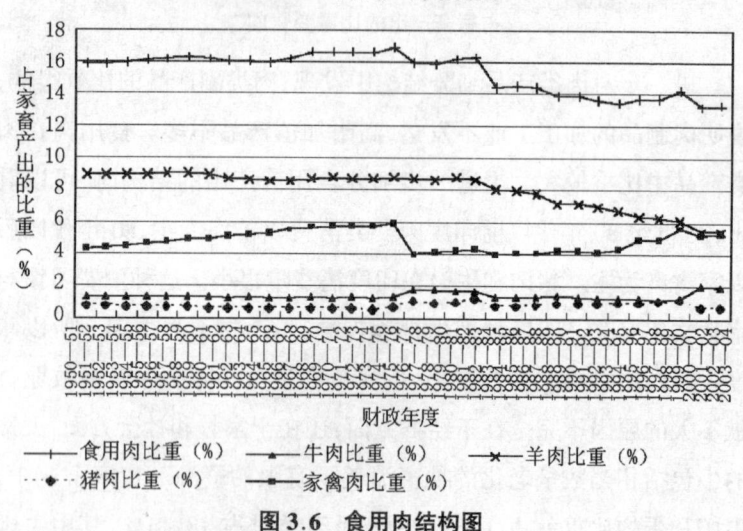

图 3.6 食用肉结构图

(三)农业由分散经营向产业化方向发展的趋势

印度的平均持有土地规模同世界其他国家相比是相当小的。从20世纪70年代—80年代,平均持有土地的规模从2.28公顷下降到1.68公顷。有以下四类持有者:第一类是边际占有者,直到80年代中期,持有土地的经营者中,有5700万持有者占有的土地少于1公顷,这类占有者经营的土地面积占总面积的13%。这类持有者称为边际占有者。第二类为小占有者,平均占有规模为1—4公顷。80年代中期,有3100万持有者占有面积6200万公顷,占总面积的38%。第三类为中等占有者,平均占有规模为6公顷。80年代中期,有800万以上持有者占有面积4700万公顷土地,占总面积的29%。前三类中小土地持有者共计占有印度土地总面积的80%。第四类大占有者为大型占有者,到80年代,数量下降,经营面积也下降,平均规模为17.2公顷,经营面积为总面积20%左右。

从上述平均土地持有规模来看,印度仍然属于分散经营的传统小农业为主导,对比部分国家在70年代的水平,澳大利亚的平均土地持有规模为1993公顷,美国为158公顷,英国为55公顷。相比之下,印度的土地经营规模过小。印度土地持有规模趋向缩小的原因有以下方面:一是人口增长,土地在大量人口中进行分割再分割。二是根据印度教和伊斯兰教继承法,所有儿子(和女儿)都有权平等享有祖先的一份财产,结果,大量的农业资产受到分割,并代代分割。三是家庭制的解体。过去大家庭成员生活在一起,土地共同持有,全部农业活动共同管理。随着城市化工业化的发展,受西方文化的影响,家庭制逐步解体,导致土地持有的不断分割。四是手工业和乡村工业受到来自大机器制造业的竞争,手工业者被迫离开祖先的职业而依靠农业。五是农村高利贷者向农民贷款收取很高利息,而农民要重新得到高利贷贷款的唯一方式是以农业土地作抵押,最终小块土地从农民手中转到高利贷者手中,以代替债务偿还。土地的分割和破碎不利于农业产业化发展。因为土地分割的破碎是改良农业技术的障碍,如优良种子、化肥、先进农具的使用、作物病虫害的防治以及改造排洪系统等。

对于土地的分割,印度也曾采取相应对策,如提高持有规模,建立经济持有;合并土地持有,把全村分散的小块土地合在一起;搞合作农业等。这些措施都遇到了相应的困难,没有实现初衷。所以从总体上看,印度的农业仍然是保持传统农业的发展模式,虽然有现代农业的成分,但占主导的还是传统农业。

从总体上看,印度第一产业的高级化趋势不明显,农业仍然是保持传统农业的发展模式。在农业中种植业占的比重很大,而畜牧业比重上升不快,50年来一直在25%—30%之间徘徊。在种植业中,主要是粮食作物、经济作物发展缓慢。尽管通过绿色革命在引进农业新技术、提高单位产量,改变靠面积的扩大实现产量的增长等方面取得了成效,但是农业的条件没有多大变化,农业的劳动生产率仍然较为低下,农业仍然是粗放式的经营占主导,增长缓慢。

3.2 第二产业内部结构变动及其影响

如前所述,印度工业在整个五十多年工业化进程中表现不佳,增长非常缓慢,其对 GDP 中的贡献也是最低的,在国民经济中没有占过主导地位。在 20 世纪 50 年代—60 年代中期这一阶段,工业化战略和以重工业为主导的工业化政策的实施,工业的增长相对较快。60 年代中期以后工业发展一直不景气。工业发展的缓慢就其内部看究竟是哪个部门在拖后腿,有必要对工业内部结构的变动作出分析。印度第二产业或广义工业包括采矿业、制造业、电力工业和建筑业。狭义的工业仅指制造业,制造业内部有 15 个主要行业。

对印度第二产业内部结构的分析,一是对广义的工业结构进行分析,二是对狭义的工业即制造业内部结构进行分析。

3.2.1 第二产业(广义工业)结构变动趋势

根据印度统计部的数据计算出第二产业的结构变动表(见附表 3-9),根据此表制图如下:

从附表和图 3.7 看出,制造业占第二产业产值的比重最大,50 年来一直在 60% 左右徘徊,目前为 63%;建筑业占第二产业的比重在 50 年代初最高,为 27%,90 年代以来在 19% 左右;采矿业的比重在 20 世纪 50 年代、60 年代最高,在 10% 左右,现在仅为 8.64% 左右;电、气、水供应业在第二产业中的比重最低,50 年代仅占 2%,现在也只有 8.54%,从增长情况看,从 1950—1951 年度到 2003—2004 年度,制造业的平均增长率为 5.65%,电力为 8.24%,采矿业为 5.26%,建筑业为 4.88%。从上述比重情况看,在印度第二产业中,一是基础工业和原料工业十分薄弱,尤其是电力

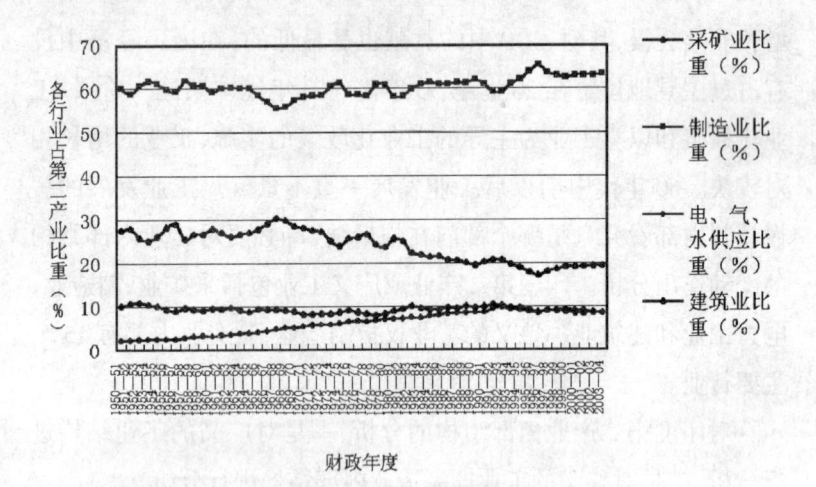

图 3.7 第二产业结构变动图

供应的短缺,已经成为第二产业和制造业发展的瓶颈和主要障碍之一。二是建筑业无论从比重还是增长速度,都是比较低的,而建筑业是城市化水平的指标,建筑业比重低说明城市化水平低,而城市化水平本身也是衡量工业化水平的指标之一。同时建筑业对于带动制造业,解决大量农村人口的就业,拉动 GDP 的增长都是十分重要的。在上述两方面长期处于低水平的状况下,制造业的发展也只能在低水平上运行。

3.2.2 制造业内部结构及变动趋势

制造业被细分为 15 个行业:食品、饮料烟草、棉花羊毛丝绸黄麻及纺织品、木材家具、造纸和印刷、毛皮、化工、橡胶和石油、非金属矿物、基本金属、金属产品、非电力机器工具和零件、电力机器、运输设备及其他制造业。为了用较齐全的数据,统一用 1970—1971 年度到 2003—2004 年度数据进行分析。这里将棉花制品、羊毛丝绸、黄麻制品、纺织品这四个行业合并为一个整体(棉纺织业)。制造业的细分子行业的产出值和年均增长速度见(附表 3-10)。15 个行业的变动特点如下:

(1)食品业

图 3.8　1970—1971 至 2003—2004 各财政年度内食品业产出的发展趋势图

可以看出,这 34 年内,70 年代到 80 年代初,食品业几乎没有增长,80 年代以后开始稳步发展,2003—2004 年的产值为 1970—1971 年产值的 4.45 倍,增长了 3.45 倍,年平均增长速度为 4.49%。在 15 个行业中,平均增长率的排序为第 12 位;其产值在制造业中所占比重,1970—1971 年度为第 3 位,2003—2004 年度为第 4 位。

(2) 饮料、烟草业

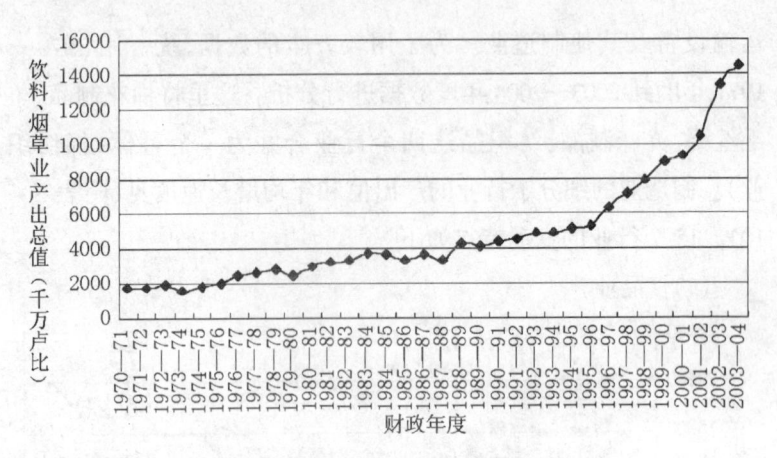

118　印度工业化进程中产业结构的演变

图3.9　1970—1971至2003—2004各财政年度内饮料、
烟草业产出的发展趋势图

饮料、烟草业从70年代到90年代中后期发展缓慢,90年代末上升速度极快,以至于形成一个明显的转折。2003—2004年的产值为1970—1971年产值的8.24倍,增长了7.24倍,年平均增长速度为6.39%。在15个行业中,平均增长率的排序为第4位;其产值在制造业中所占比重,1970—1971年度为第10位,2003—2004年度为第9位。

(3) 棉花制品、羊毛、丝绸、黄麻制品、纺织品

棉花制品、羊毛、丝绸、黄麻制品、纺织品业稳步发展,90年代初到2000年增长较快,2000年以来增速放慢。2003—2004年的产值为1970—1971年产值的5.00倍,增长了4倍,年平均增长速度为4.84%。在15个行业中,平均增长率的排序为第10位;其产值在制造业中所占比重,1970—1971年度为第2位,2003—2004年度为第2位。

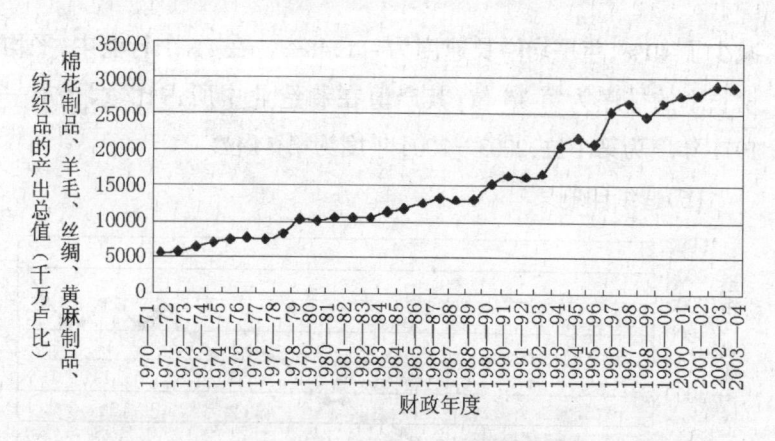

第3章 产业结构演变的产业内因素　119

图3.10　1970—1971至2003—2004各财政年度内棉花制品、羊毛、丝绸、黄麻、纺织品产出的发展趋势图

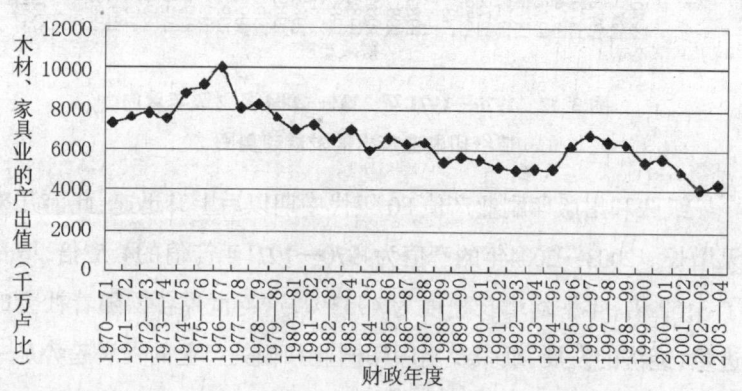

(4)木材家具

图3.11　1970—1971至2003—2004各财政年度内木材、家具业产出的发展趋势图

可以看出,木材、家具行业增长呈持续下降趋势,现在已低于基期水平。2003—2004年的产值仅为1970—1971年产值的60%,

减少了40%,年平均增长速度为-1.48%。在15个行业中,平均增长率的排序为第15位;其产值在制造业中所占比重,1970—1971年度为第1位,2003—2004年度为第14位。

(5)造纸印刷

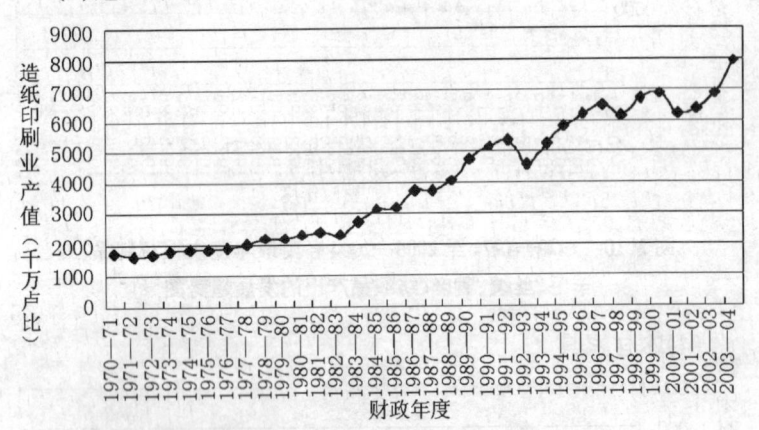

图3.12 1970—1971至2003—2004各财政年度内造纸印刷业产出的发展趋势图

纸张和出版印刷业产值80年代中期以后上升迅速,此前几乎无增长。2003—2004年的产值为1970—1971年产值的4.52倍,增长了3.52倍,年平均增长速度为4.53%,这与世界各国随着社会的进步,经济的发展,纸张及出版印刷业和相关产业的发展趋势是一样的。在15个行业中,平均增长率的排序为第11位;其产值在制造业中所占比重,1970—1971年度为第11位,2003—2004年度为第13位。

(6)毛皮产品

毛皮行业在90年代以前增长十分缓慢,90年代初突然上升,

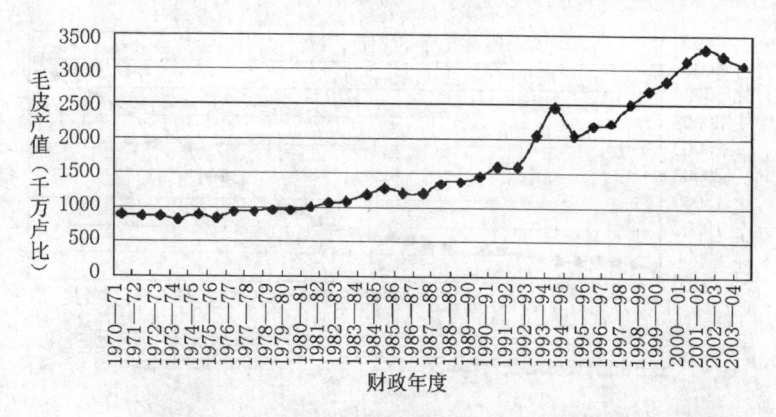

第3章 产业结构演变的产业内因素　121

**图 3.13　1970—1971 至 2003—2004 各财政年度内
毛皮产出的发展趋势图**

中期开始回落后稳步上升,近几年又有回落。2003—2004 年的毛皮产值为 1970—1971 年产值的 3.44 倍,增长了 2.44 倍,这 34 年的年平均增长速度为 3.70%。在 15 个行业中,平均增长率的排序为第 14 位;其产值在制造业中所占比重,1970—1971 年度为第 15 位,2003—2004 年度为第 15 位。

(7)化工

70 年代到 80 年代中期增长平缓,90 年代以后进入快速增长阶段。2003—2004 年的化工产值为 1970—1971 年产值的 12.79 倍,增长了 11.79 倍,这 34 年内年平均增长速度为 7.78%。在 15 个行业中,平均增长率的排序为第 2 位;其产值在制造业中所占比重,1970—1971 年度为第 5 位,2003—2004 年度为第 1 位。

(8)橡胶石油等(橡胶、塑料、石油和煤炭)

该行业在 80 年代中期以后一路上扬,到 90 年代末回落,近些年又迅速增长。2003—2004 年的橡胶石油等产值为 1970—1971

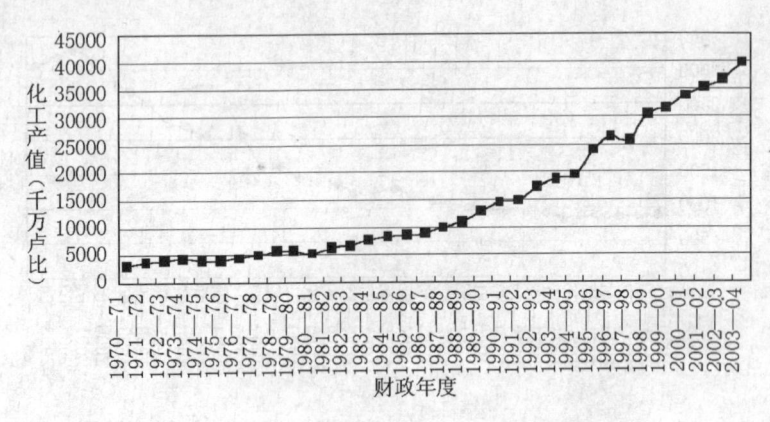

图 3.14　1970—1971 至 2003—2004 各财政年度内
化工产出的发展趋势图

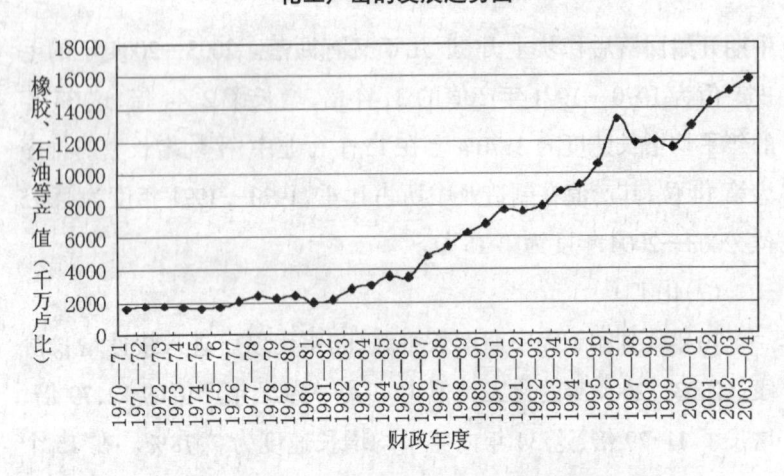

图 3.15　1970—1971 至 2003—2004 各财政年度内
橡胶、石油等产出的发展趋势图

年产值的 9.58 倍,增加了 8.58 倍,年平均增长速度为 6.87%。在 15 个行业中,平均增长率的排序为第 3 位;其产值在制造业中所占比重,1970—1971 年度为第 13 位,2003—2004 年度为第 7 位。

(9) 非金属产品

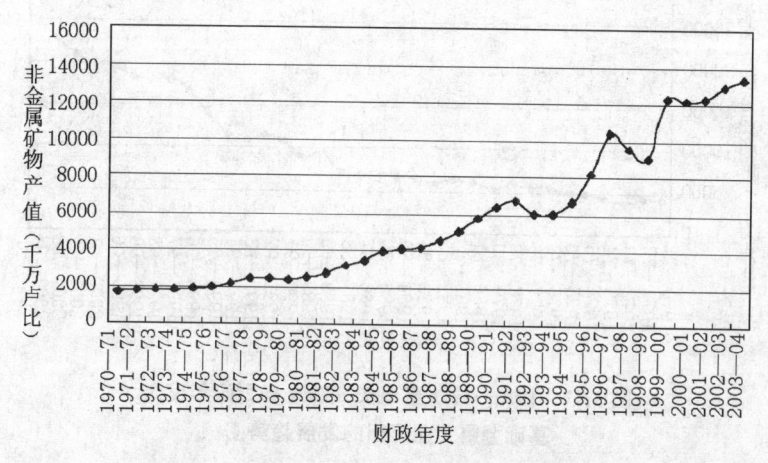

图 3.16　1970—1971 至 2003—2004 各财政年度内
非金属矿物产出的发展趋势图

70 年代到 80 年代中期几乎停滞，此后逐步增长，90 年代发展不稳定，近年来在高位增长。2003—2004 年的非金属矿物的产值为 1970—1971 年产值的 7.86 倍，增加了 6.86 倍，年平均增长速度 6.25%。在 15 个行业中，平均增长率的排序为第 5 位；其产值在制造业中所占比重，1970—1971 年度为第 12 位，2003—2004 年度为第 11 位。

(10) 基础金属工业

从 70 年代直到 80 年代末都是慢速增长，90 年代以后快速稳定增长。2003—2004 年的基础金属工业的产值为 1970—1971 年产值的 5.79 倍，增长了 4.79 倍，年平均增长速度为 5.30%。在 15 个行业中，平均增长率的排序为第 9 位；其产值在制造业中所占比重，1970—1971 年度为第 4 位，2003—2004 年度为第 3 位。

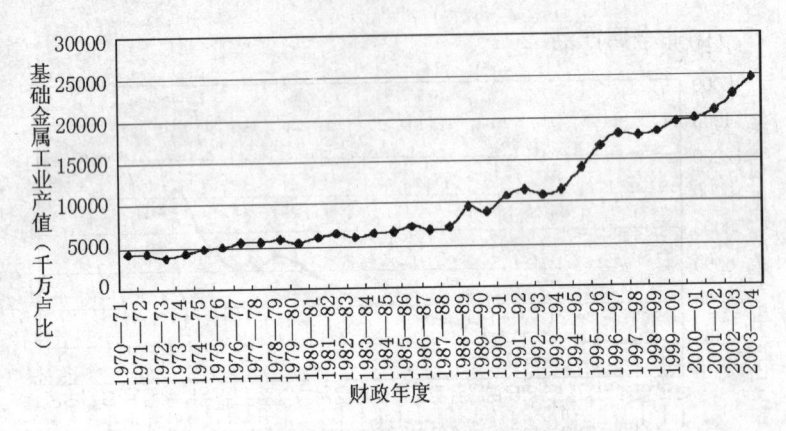

图 3.17　1970—1971 至 2003—2004 各财政年度内
基础金属工业产出的发展趋势图

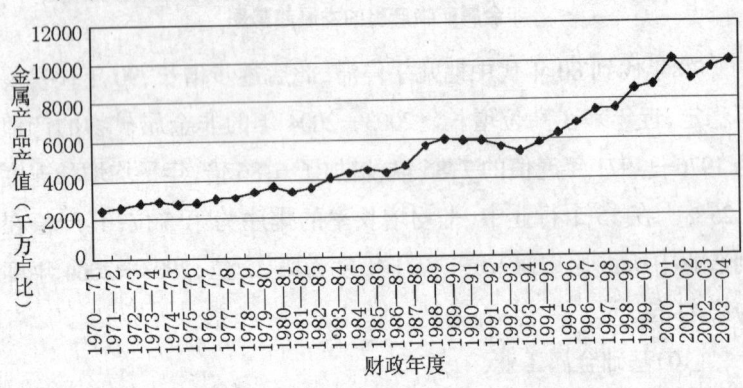

(11) 金属产品

图 3.18　1970—1971 至 2003—2004 各财政年度内
金属产品产出的发展趋势图

70 年代到 80 年代末平稳慢速增长,90 年代增长加快,但有起伏。2003—2004 年的金属产品的产值为 1970—1971 年产值的 3.99 倍,增长了 2.99 倍,年平均增长速度为 4.16%。在 15 个行业中,平均增长率的排序为第13位;其产值在制造业中所占比重,1970—1971年度为第6位,2003—2004年度为第12位。

(12)非电力的机器工具和零件

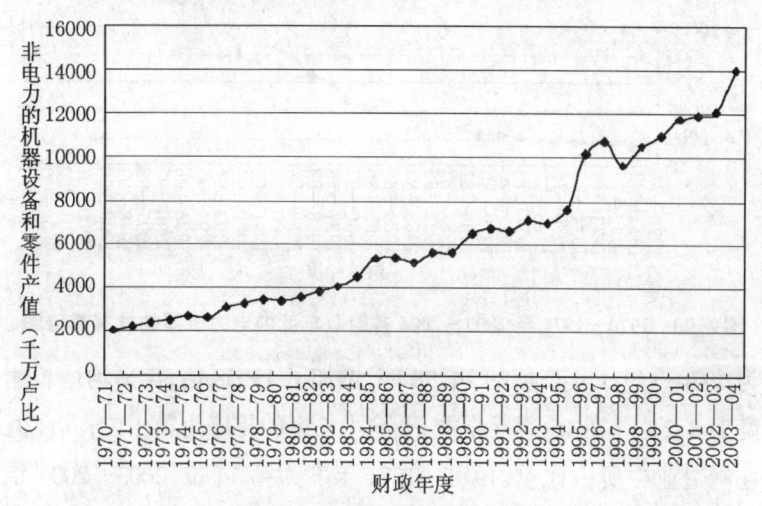

图3.19 1970—1971至2003—2004各财政年度内非电力的机器工具和零件产出的发展趋势图

从70年代到90年代中期稳定增长,90年代中后期达到最高点,之后稍有回落,再继续走高,近年再次摸高。2003—2004年的非电力的机器工具和零件的产值为1970—1971年产值的6.91倍,增长了5.91倍,年平均增长率为5.85%。在15个行业中,平均增长率的排序为第8位;其产值在制造业中所占比重,1970—1971年度为第8位,2003—2004年度为第10位。

(13)电力机器

70年代到80年代中期平缓增长,80年代末开始快速增长,90年代中期以后上了一个新台阶。2003—2004年的电力设备的产值

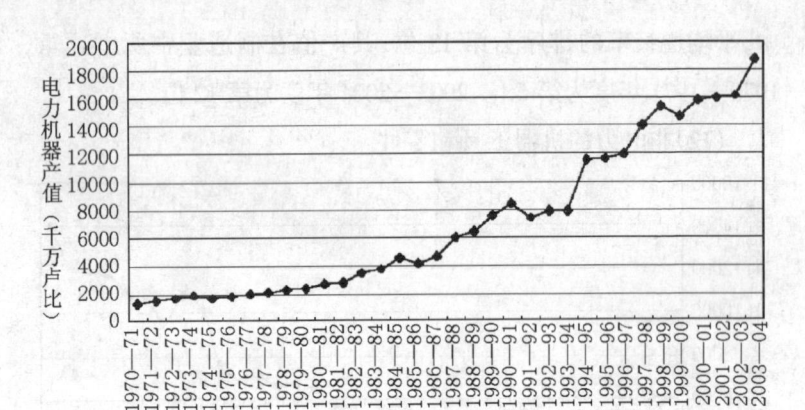

图 3.20 1970—1971 至 2003—2004 各财政年度内电力机器的发展趋势图

为 1970—1971 年产值的 14.58 倍,增加了 13.58 倍,年平均增长速度为 8.2%。在 15 个行业中,平均增长率的排序为第 1 位;其产值在制造业中所占比重,1970—1971 年度为第 14 位,2003—2004 年度为第 5 位。

(14)运输设备

70 年代到 80 年代中期慢速增长,80 年代末逐步进入快速增长期,90 年代中期达到一个最高点,之后有所回落,进入 21 世纪一路攀升。2003—2004 年的运输设备的产值为 1970—1971 年产值的 7.57 倍,增长了 6.57 倍,年平均增长速度为 6.14%。在 15 个行业中,平均增长率的排序为第 6 位;其产值在制造业中所占比重,1970—1971 年度为第 7 位,2003—2004 年度为第 6 位。

(15)其他制造业

70 年代到 80 年代初略有增长,80 年代中期开始迅猛发展,90 年代初有所回落,此后高速增长。2003—2004 年的产值为 1970—

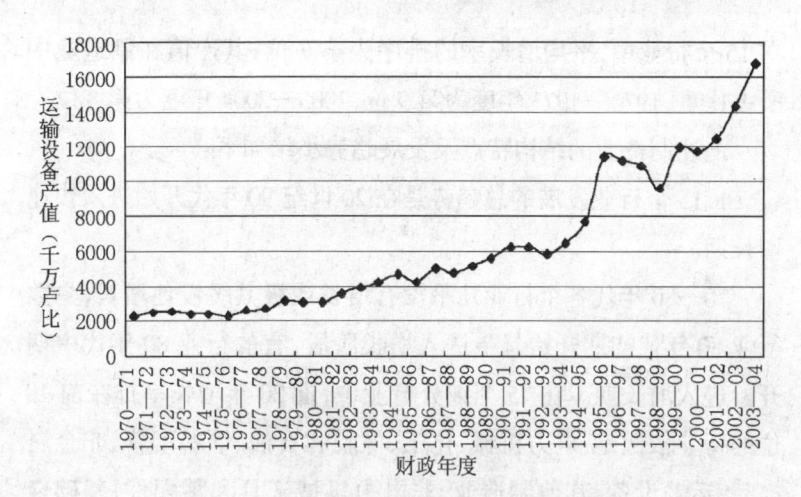

**图 3.21　1970—1971 至 2003—2004 各财政年度内
运输设备的发展趋势图**

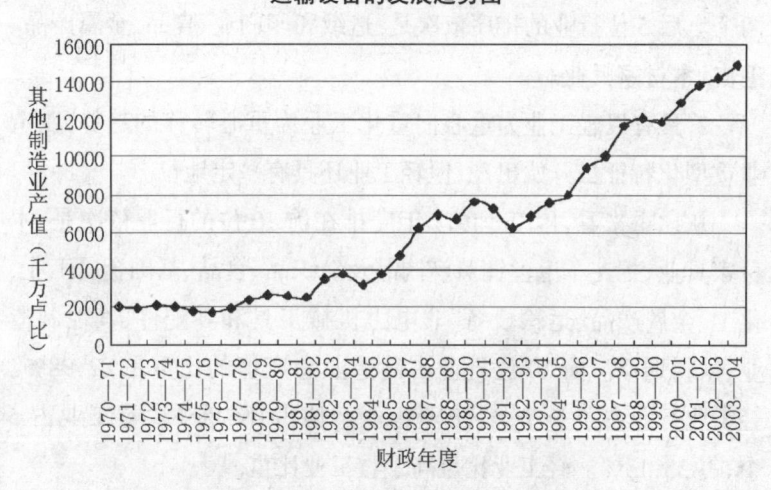

**图 3.22　1970—1971 至 2003—2004 各财政年度内
其他制造业产出值的发展趋势图**

1971年产值的 7.57 倍,增长了 6.57 倍,年平均增长速度为6.13%。

在15个行业中,平均增长率的排序为第7位;其产值在制造业中所占比重,1970—1971年度为第9位,2003—2004年度为第8位。

上述制造业的结构特点及发展趋势小结如下:

1.15个行业发展的总趋势是在20世纪90年代开始进入快速增长期。

70—80年代各个行业几乎没有增长或极其缓慢地增长,少数行业80年代初期开始起步进入增长阶段,有的行业80年代中期开始进入增长期。在15个细分行业中,近30年增长率排在前10位的行业依次是:电力机械、化工、橡胶和石油、饮料烟草、非金属产品、运输设备、其他制造业、非电力机械工具和零配件、基础金属、棉花羊毛丝绸黄麻制品及纺织品。重化工业占8个,轻工业占两个。后5位行业的排序依次是:造纸和印刷业、食品、金属产品、毛皮、木材家具业。

2.具有以轻工业为重心向重化工业为重心转移的趋势,制造业重型化特征虽开始出现,但轻工业还具有一定地位。

从比重来看,1970—1971年度排在前10位的行业依次是:木材家具业、棉花羊毛丝绸黄麻制品及纺织品、食品、基础金属工业、化工、金属产品、运输设备、非电力机械工具和零配件、其他制造业、饮料烟草。前10位行业占制造业总产值的比重是82.98%。轻工业行业占了5个,轻工业行业产值占49.85%。重工业占5个,占33.13%。轻工业比重高于重工业比重。

2003—2004年度排在前10位的行业依次是:化工、棉花羊毛丝绸黄麻制品及纺织品、基础金属、食品、电力机械、运输设备、橡胶和石油、其他制造业、饮料烟草、非电力机械工具和零配件。轻工业占了 4 个,占比重为 29.84%,重工业占了 6 个,占比重为 52.61%。

从制造业的全部 15 个行业来看,1970—1971 年度,轻工业占制造业的比重为 56.03%,重工业占 43.98%。2003—2004 年度,轻工业的比重下降为 37.92%,重工业的比重上升为 62.08%。三十多年的发展轨迹表明,重工业比重上升了 18.10 个百分点;轻工业降了 18.11 个百分点。在比重排在前 10 位的行业中,棉毛纺织业排在第 2 位,食品工业排在第 4 位。其他两个行业排在第 8 和第 9 位。

3. 制造业内部结构的变动呈现出重心由劳动密集型行业向资本密集型行业转移的趋势。

在 15 个细分行业中,棉纺、食品、饮料和烟草、皮革、羊毛和人造纤维、黄麻、纺织品服装、木材和家具等劳动密集型行业的比重趋于下降,从 1980—1981 年度的 36.04% 下降到 2002—2003 年度的 26.64%。机电和机械工业、化工、运输设备、金属及合金等资本密集型行业从 1980—1981 年度的 66.88% 上升为 2002—2003 年度的 71.99%。

3.2.3 制造业结构的高级化及工业发展的阶段

产业结构的高级化是产业结构从低级向高级转换的过程,它通过各产业比重的变化来反映高级化的趋势。所谓高级化过程,就是在产业技术创新的基础上,发挥主导产业作用,使产业结构的素质不断得到提高,产业快速增长、协调发展和创造更高的附加价值的过程。产业结构的高级化同时推进着工业化不断向更高阶段发展。

(一)制造业结构高级化的趋势分析

产业结构高级化与产业增长速度密切相关,从一个较长的时间系列看,产业增长速度随着该产业成长、成熟到衰落而处于高速增长、平均增长和低速增长的变动中。如果从任何一个时点看,总会看到三种不同增长速度的产业同时存在,并可发现即将进入高速增长的潜在高增长产业。它们是一个连续变动的过程,当某个产业增长减速,便会为新的高增长产业所取代,潜在的高增长产业会成为现实的高增长产业[1]。

库兹涅茨研究了产业增长速度和结构变化的关系,他根据美国制造业各行业在制造业总产值所占份额和一定时段的增长率,分析产业高级化的趋势[2]。这里运用库兹涅茨方法判断印度产业的高级化趋势和工业化发展阶段。

根据上述各行业的增长和结构情况,整理出表3-3。

据此,以1970—1971至2003—2004年度这34个财政年度内各行业的增长率和1970—1971年度各行业在制造业中所占比重为标准,将制造业各行业划分为如下六类:

组类A:1970—1971年度产值占制造业总产值的10%以上,1970—1971至2003—2004年度增长在500%以上的行业,包括基础金属工业。

---

[1] 参见周振华:《产业结构优化论》,上海人民出版社,1992年,第71页。
[2] 参见库兹涅茨:《各国的经济增长》,商务印书馆,1985年,第335—344页。

表 3-3 制造业各行业定基发展速度、平均增长率和各行业占制造业的比重及其排序表

	定基发展速度（1970—71=100）	平均增长速度（%）	平均增长速度排序	1970—71年各行业占制造业产值比重（%）	1970—71年各行业占制造业产值比重排序	2003—04年各行业占制造业产值比重（%）	2003—04年各行业占制造业产值比重排序
电力机器	1457.54	8.2	1	3.02	14	7.61	5
化工	1278.64	7.78	2	7.28	5	16.1	1
橡胶石油	958.2	6.87	3	3.85	13	6.38	7
饮料烟草	823.73	6.4	4	4.14	10	5.9	9
非金属产品	785.77	6.25	5	3.99	12	5.42	11
运输设备	757.49	6.14	6	5.2	7	6.81	6
其他制造业	756.57	6.13	7	4.61	9	6.03	8
非电力机器工具和零件	690.66	5.85	8	4.75	8	5.67	10
基础金属工业	578.91	5.3	9	10.02	4	10.03	3
棉花制品、羊毛、丝绸等纺织品	499.56	4.84	10	13.46	2	11.63	2
造纸印刷	451.6	4.53	11	4.1	11	3.2	13
食品业	445.31	4.49	12	10.58	3	8.15	4
金属产品	399.44	4.16	13	5.86	6	4.05	12
毛皮产品	344.17	3.7	14	2.09	15	1.25	15
木材家具	60.17	-1.48	15	17.05	1	1.77	14

组类 B：1970—1971 年度产值占制造业总产值的 10% 以上，1970—1971 至 2003—2004 年度增长在 400%—500% 之间的行业，包括(1)棉花制品、羊毛丝绸、黄麻制品、纺织品；(2)食品业。

组类 C：1970—1971 年度产值占制造业总产值的 10% 以下，1970—1971 至 2003—2004 年度增长在 900% 以上的行业，包括电

力机器、化工、橡胶石油。

组类 D:1970—1971 年度产值占制造业总产值的 10% 以下，1970—1971 至 2003—2004 年度增长在 500%—900% 之间的行业，包括运输设备、非电力机器工具和零件、其他制造业、饮料烟草、非金属产品。

组类 E:1970—1971 年度产值占制造业总产值的 10% 以下，1970—1971 至 2003—2004 年度增长在 300%—500% 之间的行业，包括造纸印刷、毛皮产品、金属产品。

组类 F:木材家具业，这个行业较特殊，1970—1971 年度产值占制造业总产值的 10% 以上，但 1970—1971 至 2003—2004 年度为负增长，2003—2004 年度其占制造业比重仅为 1.77%。

将上述六个组类资料进一步整理，可得出制造业六组类行业产值及其占制造业的比重(见附表 3-11)。

绘制成面积图为：

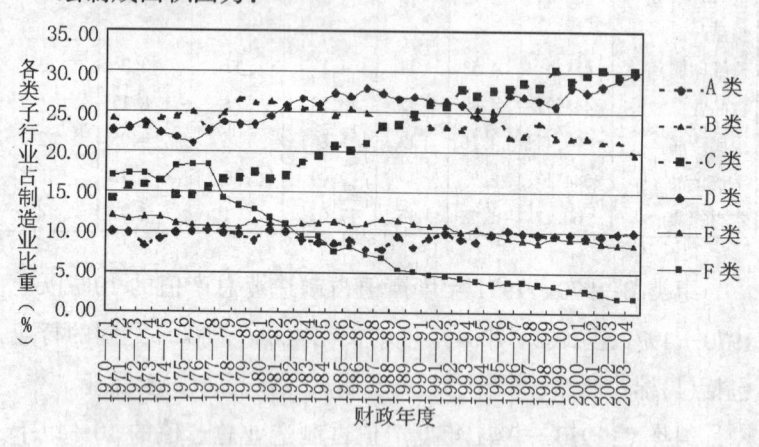

图 3.23 制造业六组类在制造业中所占比例图

可以看出,1970—1971 至 2003—2004 年度三十多年内,制造业的六个组类的变动态势是:

组类 A、B(基础金属工业;棉花制品、羊毛丝绸、黄麻制品、纺织品;食品业)在制造业总产值中所占份额基本上保持不变。

组类 C、D(电力机器、化工、橡胶石油;运输设备、非电力机器工具和零件、其他制造业、饮料烟草、非金属产品)在制造业总产值中所占份额基本上一直处于上升状态,C 组显著上升,D 组平稳上升。

组类 E(造纸印刷、毛皮产品、金属产品),升升降降略有波折,幅度都很小,总体呈现出下降趋势。

组类 F(木材家具)在制造业总产值中所占份额一直处于下降状态,并十分显著。

将上述六个组类的资料进一步整理如表 3-4 和表 3-5。

表 3-4 各组类在制造业总产值中所占份额(%)

	组类 A	组类 B	组类 C	组类 D	组类 E	组类 F
1970—1971	10.02	24.04	14.15	22.69	12.05	17.05
1986—1987	7.89	24.81	21.06	27.90	11.10	7.24
2003—2004	10.03	19.77	30.09	29.84	8.49	1.77

表 3-5 制造业六组类行业产值的增长倍数

	组类 A	组类 B	组类 C	组类 D	组类 E	组类 F	总产值
1970—71 至 1986—87	1.60	2.09	3.02	2.49	1.87	0.86	2.03
1986—87 至 2003—04	3.63	2.27	4.07	3.05	2.18	0.70	2.85
1970—71 至 2003—04	5.79	4.76	12.30	7.60	4.08	0.60	5.78

从表3-4看,1970—1971至2003—2004年这34年,组类A(基础金属工业)在制造业中所占份额先降后升,与70年代所占的份额基本一样;组类B(棉花制品、羊毛丝绸、黄麻制品、纺织品及食品业)所占份额先略升,后有所下降;组类C(电力机器、化工、橡胶石油)一直处于上升状态,并且十分显著;组类D(运输设备、非电力机器工具和零件、其他制造业、饮料烟草、非金属产品)是上升趋势,但上升幅度没有组类C大;组类E(造纸印刷、毛皮产品、金属产品)是下降趋势;组类F(木材家具)处于下降态势。从各组类所占份额的变动看,只有两组的份额处于上升状态,它们是C类和D类。

从表3-5看,在相同时间内,各组产业均有增长。但增长速度相差悬殊。增长倍数最大的组类C,增长了12.3倍;第二位是组类D,增长了7.6倍;第三位是组类A,增长了5.79倍;第四位是组类B,增长了4.76倍;第五位是组类E,增长了4.08倍;第六位是组类F,仅为0.6倍。

将表3-4和表3-5结合起来分析,可以明显地看到,表3-4的各组类产业所占份额的变动,正是表3-5各组类产业增长速度变动的结果。增长速度越快的产业,其占制造业产值的比重越大,反之增长速度越慢的产业,所占比重越小。组类C处于高速增长,它所占比重从14%上升到30%。70年代占最高比重的组类是B组(棉花制品、羊毛丝绸、黄麻制品、纺织品及食品业),现在它已从70年代的24.8%下降到19.8%,它的增长已经慢于制造业总产值的增速,它的主导产业的地位正在被替代。当然这还需要一个较长的过程,因为它的比重目前还处在前三位。这一方面说明,资本技术密集型的工业的增长速度快于劳动密集型和消费品工业的增长速度,工业化进程已进入初期向中期过渡的阶段。另一方面,从占制造业比重最高的前三位行业看,是 C、D、B 组类,大量的还是一般性的制造业,印度的工业化进程还没有出现质的飞跃。

(二)霍夫曼工业化法则衡量印度工业化阶段

霍夫曼工业化经验法则[①]成为分析研究各国工业化进程的一个标准。根据霍夫曼比率,他对二十多个国家的消费品工业和资本品工业比重的变化情况进行了观察,发现各国工业化虽然进行时间早晚不同且发展水平各异,但都有一个共同趋势,即资本品工业净产值在整个工业净产值中所占份额稳定上升并呈现出大体相同的阶段性质。当然仅从工业内部轻重工业的比例关系来判断其工业化进程是不全面的,但可以提供一个视角来观察印度的产业结构变动及工业化进程。

根据霍夫曼比率的计算公式以及阶段划分方法,计算出印度的霍夫曼比率如表 3-6。

表 3-6 霍夫曼比率表

	1956=100	1960=100	1970=100	1980—1981 =100	1993—1994 =100
资本品工业	4.71	11.76	15.25	16.43	9.69
消费品工业	48.37	37.25	31.52	23.65	28.36
霍夫曼比率	10.2696	3.1675	2.0669	1.4394	2.9267

历年数据详见附表 3-12。

---

① 参见方甲:《产业结构问题研究》,中国人民大学出版社,1997 年,第 35 页。

各年霍夫曼比率可绘制成图 3.24。

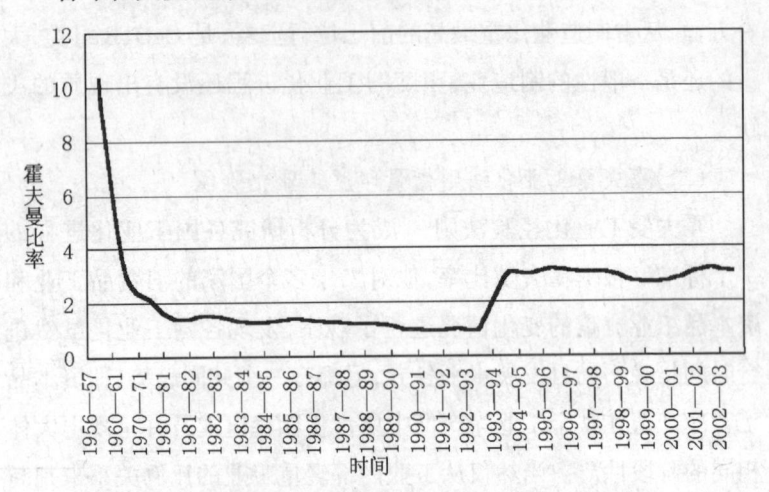

图 3.24 各年霍夫曼比率变化图

按照如下的阶段划分方法：

第一阶段：霍夫曼比率≥5(±1)，消费品工业占主要地位；

第二阶段：霍夫曼比率≥2.5(±1)，资本品工业快于消费品工业增长，达到消费品工业净产值的50%左右；

第三阶段：霍夫曼比率≥1(±0.5)，资本品工业继续快速增长，并已达到和消费品工业相平衡的状态；

第四阶段：霍夫曼比率<1，资本品工业占主要地位，认为这个阶段实现了工业化。

可以看出，在 1960 年之前，印度的工业化进程处于第一阶段，消费品工业占主要地位；1960—1970 这 10 年间，印度的工业化进程处于第二阶段，资本品工业快于消费品工业增长，达到消费品工业净产值的 50%左右；1970—1990 这 20 年间，印度的工业化进程处于第三阶段,资本品工业继续快于消费品工业增长,逐步达到和消费品工业相平衡的状态;1990—1991年霍夫曼比率<1,资本品工业占主要地位,但紧接着1991—1993年印度资本品工业增长速度放慢,又跌回第二阶段;1994年之后,印度的工业化进程继续倒退到第二阶段。

3.2.4 第二产业发展缓慢的原因小结

从上述对第二产业结构、制造业结构,以及产业结构的高级化趋势和工业发展阶段的分析,可以对第二产业,尤其是制造业发展缓慢的原因作初步分析如下:

1. 产业内部结构发展的不协调

产业间发生联系是源于两种经济活动:一是该产业的产出分配过程,即指该部门通过供给与其他需求部门所发生的技术经济联系,称为"前向关联",如交通运输等基础设施产业的发展,是通过前向关联来推动整个经济发展的。二是该产业的生产投入过程,即指该部门通过需求与其他供给部门所发生的技术经济联系,称为"后向关联"。从第二产业的总体看,主要是前向关联的产业,如电力、交通运输等基础设施工业发展滞后,原材料等基础工业发展速度不快。从印度制造业内部看,无论是前向关联的产业还是后向关联的产业,总体发展都不快,影响了相互的需求。相比之下,前向关联产业的发展速度本应快于后向关联产业的发展速度。但事实却不是这样,资本货物工业和基础工业,如基础金属、金属制品、机器和交通设备等重工业在60年代初期有过迅速发展,但从60年代中期以后急剧下降。1970—2004年,基础金属的年平均增长率为5%,金属制品为4%,非电力机械为5.8%,电力机械为8%,交通设备为6%,除电力机械外,总体增长都不快。消费品工业和中间产品工业在50年代末到70年代末这20年增长相当缓慢。1970—2004年,这两个工业部门中,增长最低的行业(毛皮行业)为4%左右,最高的行业(化工行业)为8%左右。总体上看,基础设施工业是制约印度第二产业发展的重要因素。资本品工业和基本工业品工业发展不快是制造业发展缓慢的原因之一。消费品工业几乎没有过起飞,这也从后向关联即对制造业其他行业的需求方面影响了制造业本身的发展。

2.传统行业和新兴行业之间的结构在发生转化,但幅度不大、速度不快

传统行业的地位在下降,新兴行业在上升。轻工业中,棉纺织业、食品等传统行业的比重位次在降低,羊毛、人造丝纤维、造纸等新兴行业的发展速度和比重位次在上升。重工业中,电力机械工业、化工、运输设备、金属等新兴行业的地位在上升,传统工业如钢铁等基础金属工业的地位没有太大变化,与70年代相当。但从增长来看,34年来,没有任何行业出现两位数增长,除一个行业增长率达到8%以上外(电力机械为8.20%),都是在8%以下。在15个细分行业中,所有传统行业都没有被完全替代。

3.从制造业内部结构看,重工业已成为制造业发展的主要推动力,但重工业的技术水平不高

如前所述,在主要行业中,2003—2004年度居前10位的重工业行业数和产值已超过轻工业行业数和产值。到1993—1994年

度,基本工业品在工业中已占 35.51%,资本品占 9.69%,中间产品占 26.44%,消费品占 28.36%(其中耐用消费品占 5.12%,非耐用消费品占 23.25%)[①]。但重工业结构还是以原材料工业为主,如钢铁、化工、石油、有色金属等,以原料工业为主向重加工产业为主的转换还不明显,技术密集型替代资金密集型产业的趋势还未形成。从机电工业这类技术密集型产品到电子技术、微电子技术、生物技术、新材料、新能源、宇航技术等高新技术的发展是产业结构高级化的又一个阶段。尽管印度电子和信息技术、生物技术、空间技术等方面有超前发展的趋势,但将这些技术应用到工业领域普遍提升其技术水平,改造传统工业还有很长的路要走。印度的知识密集型产品还主要集中于计算机软件为主的信息产业等领域。

4.产业结构已经出现高级化的趋势,但主导产业的地位不突出,增长速度仍不够快

衡量产业结构高级化,一是看附加价值高的产业是否占有较大的比重,即是否占优势地位;二是该产业在经济增长中的作用如何,即该产业的发展能否带动其他产业的发展,在经济增长中起主导作用。从制造业内部看,高级化趋势是,产业部门技术水平不断提高,产业结构不断由技术水平低的传统技术产业向现代技术产业以至高新技术产业转变,形成高技术和高附加值产业,促使产业结构从低级向高级演进;劳动密集型向资金密集型再向技术密集型和知识密集型演进;采掘工业向原料工业、初加工工业再向高加

[①] 参见 Indira Gandhi Institute: Iadia Developrent Report 2004—2005。Ministry of Finance: Economic Survey。

工工业演进，同时低附加值产业向高附加值产业演进。从印度制造业高级化表现看，一是电力机器、化工、橡胶、石油（组类C）一直处于上升态势，增长速度快于其他行业。二是资本密集型产业正在取代劳动密集型产业的主导地位。三是以轻纺工业等消费资料部门为主导正在向以生产资料部门为主导转换。

但从主导产业的地位看，目前比重和增长率排在第一位的产业组类是C组，它们是电力机器、化工、橡胶石油，它们从1970—2004年的年平均增长速度分别为8%、7.8%、6.9%；2004年它们在制造业中所占比重分别为7.6%、16%、6.4%。而B组（棉花制品、羊毛丝绸、黄麻制品、纺织品及食品业）比重排在第3位，增长率排在第4位。棉毛麻纺织品虽然增长率为4.8%，但在制造业中的比重2004年为11.6%；食品业增长率为4.5%，但比重占了8.2%。由此看出，产业结构的高级化正在转换过程中，显示出了这个趋势，但还不突出。

5. 工业化水平不高

一是印度的工业化目前基本上处于第二阶段向第三阶段过渡的时期，总体上说还是属于工业化的初期向中期过渡的阶段。

二是印度的工业化进程是不稳定的，它经历了曲折发展的过程，20世纪70—90年代资本品工业曾有较好发展，进入90年代后，反而有所下降。印度工业化由一个历史时期进入了第三阶段，即资本品工业继续快于消费品工业增长的阶段，但后又回到了第二阶段。这里可能有一个政策效应的问题。1991年以前，基本上是沿着尼赫鲁的工业化战略的思路发展，即强调重工业，对轻工业较为忽视。1991年以后的新经济政策，印度全面推进市场化改革,在市场需求和投资的带动下,使轻重工业的发展得以平衡。因此霍夫曼比例显示出的结果是资本品工业增速放慢。

3.3 第三产业内部结构变动及其影响

印度第三产业按大类分为四个行业,它们是贸易宾馆饭店、交通仓储通讯业、金融保险房地产商务、社区社会和个人服务业。贸易宾馆饭店及社区社会和个人服务业是印度第三产业中的传统服务业,现代服务业的成分主要体现在交通仓储通讯业、金融保险房地产商务这两大行业中,分析内部结构的变动一是看其发展的轨迹;二是看在不同时期是哪一个行业成为第三产业的推动力,以及第三产业中传统服务业和现代服务业的衔接和协调问题,从中分析第三产业内部结构的变动对自身的发展和整个产业结构演进的影响。

3.3.1 第三产业结构变动轨迹

根据印度统计部的数据,可以计算出第三产业的结构变动表(见附表3-13)。根据附表3-13可绘制出各行业产值增长趋势图3.25。

可以看出,80年代之前,印度的第三产业的各行业产值上升缓慢,80年代之后,第三产业的各行业产值都是以指数曲线的形式飞速上涨。它们的产业结构如图3.26所示。

可以看出贸易、宾馆和饭店的比重一直占了30%—35%左

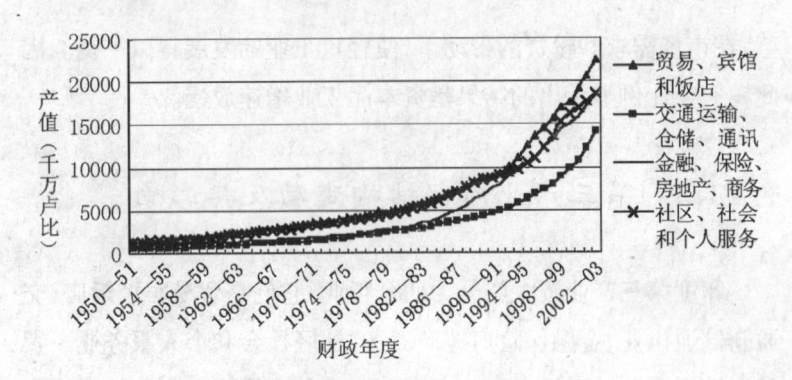

图 3.25 第三产业各行业产值增长图

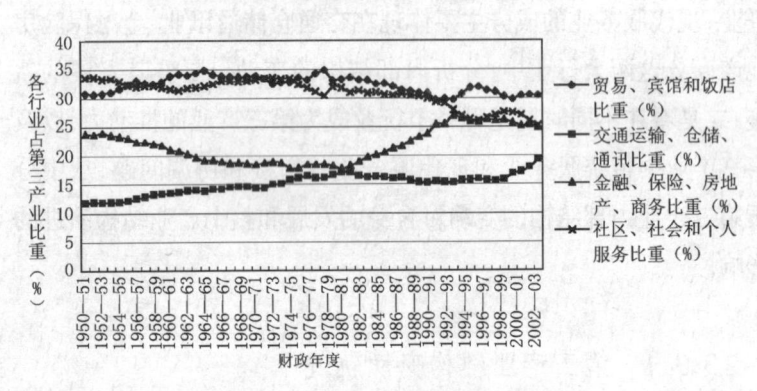

图 3.26 第三产业结构变动图

右,最低为 29.69%(1991—1992 年度),最高为 34.94%(1978—1979 年度),2003—2004 年度为 30.46%。可见比重没有太大变化。

交通运输、仓储、通讯业的比重是逐步上升的,从最低时(1950—1951 年度)的 11% 上升为最高时(2003—2004 年度)的 19%。

金融、保险、房地产、商务的比重最低为 17%,最高为 26%,与 20 世纪 50 年代相比,现在的比重没有太大变化。1950—1951 年度近24%,2003—2004年度近25%。但在这五十多年中,60年代中期到80年代中期,其比重由20%以上降到20%以下,80年代中期以来,其比重逐步上升到20%以上。

社区、社会和个人服务的比重历来较高,最高是20世纪50年代,达到34%。90年代以前,都在30%以上,90年代后略有下降,近年降为25%。这五十多年来逐步下降,但到目前为止,还是占到了第三产业产值的25%。

按顺序排列,在第三产业中,贸易、宾馆和饭店的比重最大,其次是社区、社会和个人服务,第三位是金融、保险、房地产、商务,最后是交通、仓储、通讯业。由此可见印度的硬件基础设施发展滞后。

下面依次分析贸易宾馆饭店、交通仓储通讯业、金融保险房地产商务、社区社会和个人服务这四个行业及其子行业的结构变动情况。

3.3.2 第三产业内部结构变动

(一)贸易宾馆饭店行业

贸易宾馆饭店行业又细分为贸易、宾馆和饭店。根据统计部数据整理出附表3-14,绘制成图3.27。

如果把贸易同宾馆饭店分开,可以看出,宾馆和饭店的比重没什么变化,一直在2%左右,而贸易所占比重很大,占第三产业产值30%左右。贸易对第三产业的影响很大,而宾馆饭店对第三产业的影响微不足道。

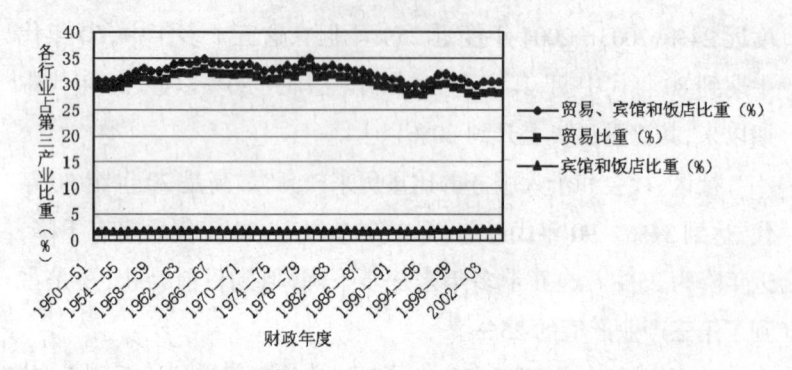

图 3.27 贸易、宾馆和饭店的结构变动图

(二)交通运输、仓储、通讯业

交通运输、仓储、通讯业细分为铁路运输、其他方式运输、仓储、通讯业。根据统计部数据整理出附表 3-15,绘出图 3.28。

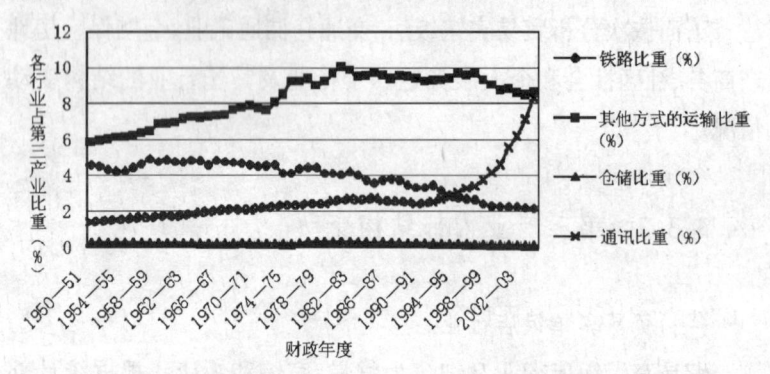

图 3.28 交通运输、仓储、通讯业的结构变动图

交通运输、仓储、通讯业的比重是逐步上升的,从最低时(1950—1951 年度)的 11% 上升为最高时(2003—2004 年度)的 19%;在交通运输、仓储、通讯业中,最为突出的是通讯业,90 年代后飞速发展,其比重快速攀升。其他运输方式的比重也上升较快。

铁路运输比重逐步下降,仓储业的比重一直很小。

(三)金融、保险、房地产、商务

金融、保险、房地产、商务这一大类包括银行保险、房地产住宅及企业商务。根据统计部数据整理为附表 3-16,绘出图 3.29。

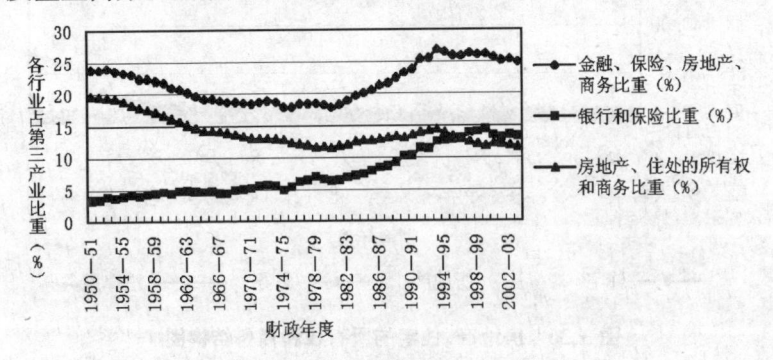

图 3.29 金融、保险、房地产、商务的结构变动图

金融、保险、房地产、商务从 1950—1974 年逐步下降,1974—1980 年进入谷底,在经过了这五六年的徘徊之后,开始反弹,且上升飞速。1992 年至今其比重又略有下降,可以看出:金融、保险、房地产、商务这一行业的比重最低为 17%,最高为 26%。与 20 世纪 50 年代相比,现在的比重没有太大变化。1950—1951 年度近 24%,2003—2004 年度近 25%。但在这五十多年中,60 年代中期到 80 年代中期,其比重由 20% 以上降到 20% 以下,80 年代中期以来,其比重逐步上升到 20% 以上。由于计算机软件及相关服务包含在商务中,有必要对房地产、住宅和企业商务这一组作进一步分析,看是哪一行业处于下降态势。

根据附表 3-17:房地产、住宅的所有权和商务结构表,可得出图 3.30。

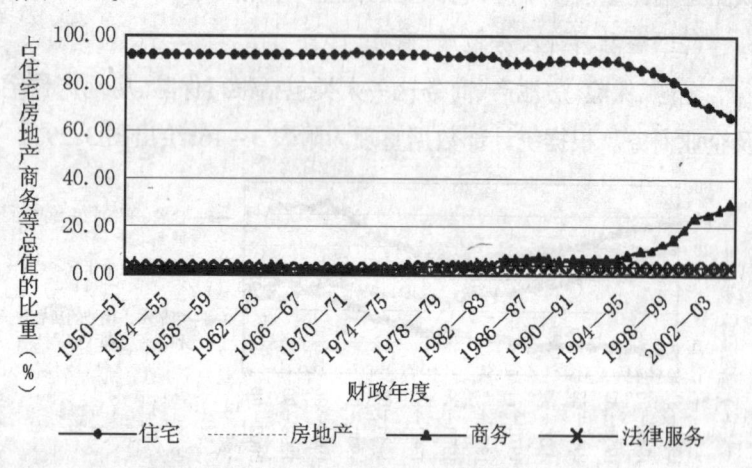

图 3.30 房地产、住宅的所有权和商务结构图

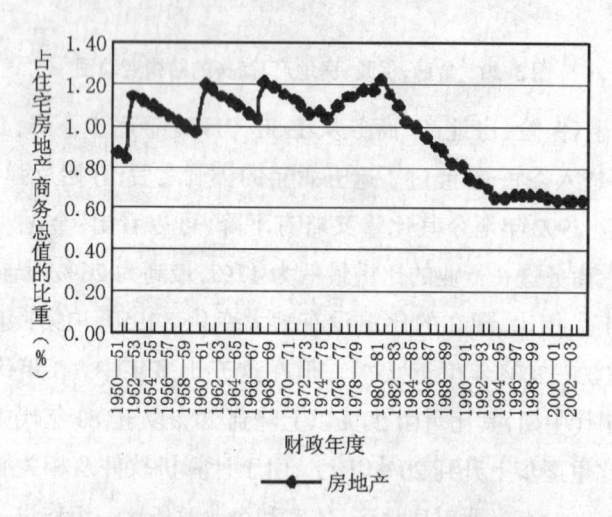

图 3.31 房地产占住宅房地产商务总值的结构图

第3章 产业结构演变的产业内因素　147

图3.32　商务占住宅房地产商务总值的结构图

从上图可以看出,住宅在其中占有相当大的比例,因此它的变动对整个这一组比重的影响很大。商务在1980年之后,比重大幅度上升,占到这一组类产值的30%。房地产从80年代以后比重持续下降,住宅完全改变了从50年代一直持续的高比例,从90年代初开始下降。上述状况显示了包括计算机软件及相关服务在内的商务这一现代服务业的强劲走势。

(四)社区、社会和个人服务

社区、社会和个人服务包括公共管理和国防、其他服务。根据印度统计部数据整理出附表3-18,按表中数据绘制图3.33。

社区、社会和个人服务比重的总体趋势是下降的,最高时是1951—1952年度,为33.66%,最低时是2003—2004年度,为25.34%。其中公共管理和国防比重从1962—1963年度开始上升为两位数,达10.63%,最高是1987—1988年度,为14.99%,2002—2003年度为10.8%。其他服务业(包括社区服务、娱乐服务、广播电视、个人服务、清洁服务等)的比重,趋于下降,1950—

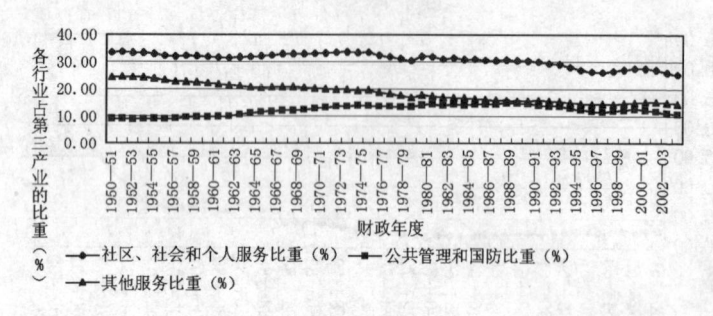

[图表:各行业占第三产业的比重(%),纵轴0.00—40.00,横轴财政年度1950—51至2002—03]
◆— 社区、社会和个人服务比重(%)　■— 公共管理和国防比重(%)
▲— 其他服务比重(%)

图 3.33　社区、社会和个人服务业的结构变动图

1951年度为24%,到2003—2004年度为14%,下降了10个百分点。

3.3.3　第三产业快速发展的原因分析

从第三产业内部结构的变动分析第三产业持续发展的原因,主要有以下几方面:

1.从第三产业中四个组的比重看,五十多年来贸易、宾馆和饭店的比重最大,其次是社区、社会和个人服务,第三位是金融、保险、房地产、商务,最后是交通、仓储、通讯业。由此可见印度的硬件基础设施的发展较为滞后,它严重影响了第二产业的发展。贸易宾馆饭店和社区社会个人服务是第三产业的传统产业,从这个意义上说,传统服务业仍是印度第三产业重要的支撑力量。进一步分析上述传统产业,主要是贸易和社区社会个人服务是第三产业的持久推动力。服务业是印度的传统产业,在社会社区个人服务业中,其他服务业所占比重超过公共管理和国防所占比重,尽管它自身的比重在下降。2003—2004年度,其他服务业占第三产业产值的比重为14.54%,公共管理和国防的比重为10.8%。

2.从发展趋势看,贸易的比重有所下降;社区、社会和个人服务业的比重也处于下降趋势,在20世纪90年代以前,都在30%以上,最高时达34%,90年代后开始下降,2003—2004年度占第三产业产值的25%。这就是说传统产业有下降的趋势,是什么使第三产业能在90年代后飞速发展?答案是现代服务业的迅速崛起。通讯业90年代后飞速发展,五十多年来的平均增长率达9.12%,1980—1981到2003—2004年度更是高达12%。通讯业成为拉动第三产业快速发展的现代服务业之一。另一个成长因素是银行保险和企业商务,它们占第三产业的比重是大幅度提高的,80年代中期以来,增长速度加快,1985—1986到2003—2004年度,这17年的年平均增长率为9.20%。目前金融、保险、商务所占第三产业产值的比重已经与社区、社会和个人服务业不相上下,大有替代之势。

总之,从第三产业自身的发展来看,五十多年的发展历程中,贸易和社会、社区和个人服务业是推动第三产业发展的传统因素。90年代以来,金融、保险、商务等发展迅速,成为又一个推动第三产业快速发展的重要推动力。其中商务的发展很大程度上是由于计算机软件服务业突飞猛进的发展带动的。另外印度重视科技教育和国防,在教育和国防方面的开支也不断上升,致使它们成为公共管理和服务这个类别中最突出的行业,在第三产业中占了不小的比重。其中国防开支几乎每15年占GDP的百分比就上升2%。印度一直大力发展空间技术,这是迈向世界大国、体现综合国力、加快科技发展的重要步骤,也是印度在成为南亚军事大国、核大国之后实现其"航天大国"的又一重要举措。

本章小结

从三大产业的内在变动来分析印度产业结构的演进及其独特的发展模式，是由于以下原因造成的。

1.在第一产业内部，产业结构的高级化进程不快，尽管在20世纪60—70年代进行了"绿色革命"，农业的技术水平有了较大提高，技术水平低下的粗放型农业逐步向技术要求较高的集约型农业转变，但由于农业基础设施落后，种植业很大程度上靠天吃饭，还需要投入巨大的人力。种植型农业向畜牧型农业、工厂型农业方向提升的步伐不快。整个农业向生物、环境、生化、生态等技术含量较高的生态农业、绿色农业方向发展的趋势还没有显现。

2.在第二产业内部，产业结构的演进已经从轻纺工业为主导的阶段进入到以基础型重化工业为主导的阶段。但还没有进入加工型重化工业阶段。从资源结构的变动情况看，产业结构中资本密集型产业的比重在上升，但技术密集型的产业比重还较小。

3.在第三产业内部，产业结构在沿着传统服务业—多元化服务业—现代服务业的方向演进，信息产业的发展异军突起，也还主要局限在软件产业的开发上，硬件的发展还相当滞后。交通通讯等基础设施的发展已成为经济发展的瓶颈。

4.工业化还处在初期向中期过渡的阶段，在农业份额下降的过程中，第二产业的份额没有大幅度上升，尤其是制造业没有获得快速发展，建筑业低迷，电力等供给尽管有增速，但所占份额太低，满足不了城市和工业发展的需要,城市化水平低。第二、三产业没有吸纳农村劳动力的能力,由此看出第三产业主要不是靠第一和第二产业发展的推动,印度三次产业之间互为基础、互为需求、相互促进的关系不紧密,农业对制造业的供给和需求不足,影响了制造业的发展,第三产业并不是在第二产业充分发展并有需求的基础上得以发展的,也有脱离第一、二产业发展的趋势。

第4章　印度产业结构演变的产业外因素

上一章分析了各产业内部结构的变动及趋势,它们是影响整个产业结构演变的内部因素。产业结构的变动是在大的宏观经济背景下形成的,除了上一章分析的因素外,应该说一切影响经济发展的因素,都直接或间接影响产业结构,推进或制约产业结构的发展变化。除了经济因素的影响外,非经济因素也在产生影响。经济因素对产业结构的发展产生直接影响,非经济因素则对经济发展同样产生深刻影响。本章主要分析经济因素从产业外部对产业结构的演进产生的影响,在下一章主要分析非经济因素的影响。

钱纳里认为,从狭义看,引起经济结构变化的相关因素包括:资本和劳动技能的积累,收入水平提高对需求结构的影响,以及比较优势的变化。从广义上看,还包括生产率增长的某些方面以及政府政策对资源分配的影响[①]。实际上指出了研究产业结构变动原因的思路。对经济因素的分析思路是:(1)从一个较长的经济发展过程分析经济总量增长与产业结构变动的相关性。经济发展就

---

① 参见钱纳里等:《工业化和经济增长的比较研究》,上海三联书店出版,1989年,第57页。

是总量与结构都不断变动演化和相互作用的结果;(2)在工业化进程中,通过需求和供给两方面分析影响产业结构变动的原因;(3)政策因素对产业结构变动的影响。本章试图从经济增长、需求和供给等方面探讨印度产业结构演变的产业外因素。

4.1 经济增长与产业结构变动的相互关系

经济增长与产业结构变动的关系可以从两个方面来看,一是经济总量增长的变动会对产业结构的变动产生影响;二是经济总量的增长会对产业结构的转换产生积极影响,同时产业结构向高级化转换进程的缓慢也会影响经济总量的增长。

4.1.1 经济总量增长与产业增长

从中长期看,经济总量的增长依赖于产业结构的转换;同时经济总量增长又导致产业结构的变动。产业结构与经济增长有着密切关系,经济总量的快速增长或低速增长都会对产业结构的变动产生影响。总量的增长和人均国民收入的提高,消费结构必然发生变化,这就促使需求结构相应调整,从而拉动产业结构发生变动。经济总量的快速增长会促进产业结构的加速演进,反之,经济总量的缓慢增长也会给产业结构的调整带来不利影响。从世界许多国家经济发展的实践证明,产业结构演进与经济发展的相互作用越来越明显。印度的经济增长从一个较长时期看是非常缓慢的,以至于人们用"印度式的经济增长"① 来代表一种十分缓慢的经济增长,把印度的增长形象地比喻为大象,步伐缓慢。印度经济增长率详见表 4-1。

表 4-1 各产业的平均增长率

年份	每 10 年的平均增长率(%)												
	GDP	第一产业			第二产业				第三产业				
			农业	林业	渔业	采矿业	制造业	电气水供应	建筑业	贸易宾馆和饭店	运输仓储通讯	金融保险房地产商务	社区社会和个人服务
1950—1960	3.20	2.36	2.57	0.16	4.75	5.10	4.13	5.20	9.44	4.78	3.67	4.34	4.97	2.76	3.15
1960—1970	3.19	1.61	1.49	2.54	3.26	5.34	4.62	4.98	10.5	5.57	4.27	4.24	5.12	2.99	4.73
1970—1980	2.36	0.27	0.32	-0.82	2.60	3.52	3.69	4.00	6.20	1.76	3.95	3.70	5.45	3.85	3.56
1980—1990	5.05	3.01	3.16	0.04	5.26	6.29	7.25	6.97	8.34	3.43	6.17	5.40	5.09	9.05	5.65
1990—2000	5.18	2.55	2.56	0.82	4.68	4.97	3.74	5.23	5.77	4.39	7.04	6.83	7.40	8.09	6.16
2000—2004	4.52	2.03	1.96	0.95	4.72	4.16	4.42	4.24	2.59	4.54	5.87	6.39	9.52	5.04	3.67
1950—2004	4.39	2.52	2.61	0.67	4.54	5.55	5.26	5.65	8.24	4.88	5.57	5.55	6.53	5.66	5.02

资料来源:根据 National Account Statistics, Ministry of Statistics in India, 1950—2004 年计算的增长率。

图 4.1 表示 1950—1951 年至 2003—2004 年印度 GDP 与三个产业趋势图。

---

① "印度增长率"(Hindu growth rate)是印度已故的 Raj Krishna 教授于 20 世纪 80 年代中期第一次提出,是基于 1951—1980 年 30 年经济增长率平均只有 3.5%这样一个事实而提出的。意为印度教徒增长率,代表一种十分缓慢的增长率。

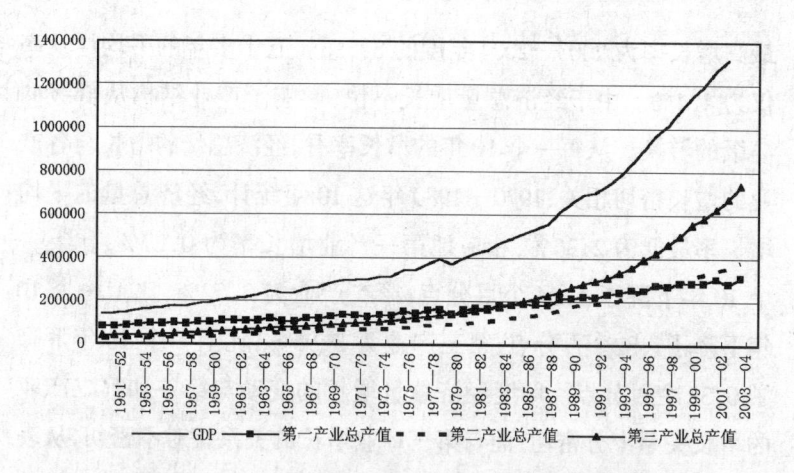

图 4.1　1951—2004 年三次产业和 GDP 增长趋势图

数据来源：National Account Statistics, Ministry of Statistics in India, 1950—2004.

从图 4.1 可看到，GDP 与第三产业都在快速增长，而第一、二产业却发展较慢，在近些年第一产业已经由 GDP 的最大组成部分降到最小部分了。而第三产业却成了对 GDP 贡献最大的部分。

从印度经济总量的增长可以看出，印度的经济从 20 世纪 50 年代到 80 年代是一个阶段，这个阶段是经济缓慢发展的阶段，三次产业的增长也处于一个慢速增长期，尤其是 50 年代初到 80 年代初，第一产业仅增长了 1.86%，第二产业增长了 5.04%，第三产业增长了 4.33%。90 年代经济进入高速增长阶段，三次产业也显示出增长的势头，尤其是第三产业的快速增长已明显超出了第一和第二产业，1990—2004 年第三产业增长了 6.99%，第一产业和第二产业分别增长了 2.50% 和 5.38%。从表 4-1 和附表 4-1 中可以看到，印度五十多年的经济增长率只有一年达到过两位数，最低增长率为 1965—1966 年度的 -3.7%。20 世纪 90 年代以来的最高增长率为 2003—2004 年度的 8.5%。五十多年的平均增长率仅为 4.4%。由于经济总量增长不快，影响了产业结构从低级向高级的转换。从每一个 10 年的增长率看，经济总量的增长与各产业的增长密切相关，1970—1980 年这 10 年统计，经济总量的平均增长率最低为 2.36%，相应地第一产业增长率为 0.27%，比上一个 10 年下降了 1.34 个百分点；第二产业为 3.52%，比上一个 10 年下降了 1.82 个百分点；第三产业为 3.95%，比上一个 10 年下降了 0.32 个百分点。印度经济总量增长的变动与第一和第二产业的增长关系十分密切，而与第三产业增长的关系相对不密切，从表 4-1 可看出，第三产业在任一个 10 年的年平均增长率都高于总量的增长率，似乎不显示出对经济增长的过分依赖。用 GDP 增长率与三个产业产值增长率的关系图形可进一步看出与此相同的结论。

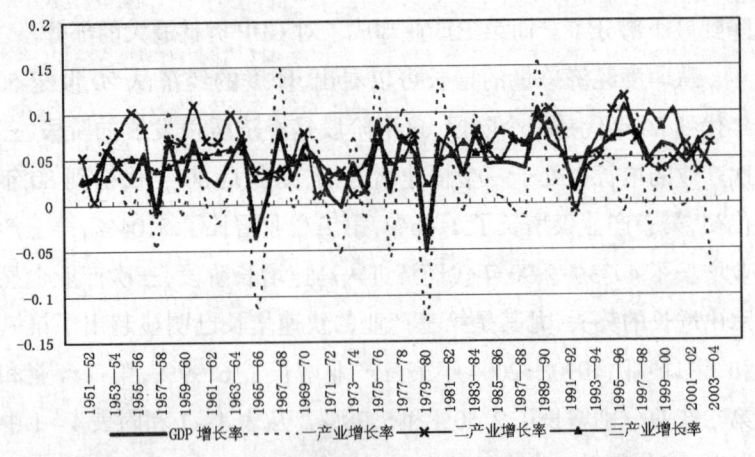

图 4.2 GDP 增长率与三个产业产值增长率变动趋势

数据来源：National Account Statistics, 1950—2004, Ministry of Statistics in India.

从图 4.2 中可看到,GDP 增长与第一产业增长一直有着密切关系,他们几乎有着一致的波动方向,只是 GDP 的波动相对要小一些,而第一产业的增长率的波动要大一些,这说明第一产业与 GDP 关系密切;第二产业增长率波动幅度比第一产业的波动小,它在 1976—1977 年以前,第二产业与 GDP 的增长呈反向波动关系,工业的增长速度快于 GDP 的增长速度,即工业高增长时,GDP 的增速是相对下降的;其后与 GDP 增长率波动又几乎一致,但在近些年来(1995—1996 年后),有些年份它们的增长又呈反向关系,即工业增长加速时,GDP 的增长不快。第三产业增长的波动最小,总体来看,呈上升趋势,它受 GDP 增长波动的影响最小。三次产业增长率与 GDP 增长率的相关系数分别为:0.869111、0.560036、0.526535。这从某种意义上说明,由于总量长期低速增长,对第二产业的增长有影响,经济总量的长期低速增长可以是解释第二产业发展的缓慢的原因。另一方面,第二产业对 GDP 的增长贡献也不明显。而第三产业并不因总量的低速和波动影响自身的增长,它的表现不俗,一直稳定增长。在第一产业增长率波动较大且总体增速下降的情况下,GDP 主要是靠第三产业支撑。

4.1.2 经济总量的增长与产业结构的转换

经济总量增长越迅速,产业结构转换率越高。从各国工业化过程看,一个国家的国民生产总值增长快,结构变化也快。同时,当国民生产总值提高到一定水平时,研究、开发、投资会大幅度增长,从而加速技术进步,促进新兴产业的成长与扩大,这些变化都将导致产业结构的高转换率。第二次世界大战后的日本,由于经济的快速增长,20世纪50年代到80年代初30年间,就完成了从劳动密集型工业到资本密集型工业(重化工业),再到技术密集型工业(高加工度工业)的两次重大的产业结构转换。韩国从60年代至90年代,也完成了两次产业结构的重大转换。

　　印度工业化已经走过了五十多年的历程,产业结构的高级化还没有完成一次重大转换。由于第一产业的结构转换未实现,农业无法向工业提供更多的原料,同时创造对工业产品的需求。印度尽管进行了绿色革命,但60年代以来的农业增长率并未加快。从1950—2004年印度农业有22个年度是负增长,其中80年代以来有9个年度是负增长,粮食有8个年度是负增长。由于农业增长的缓慢,从两个方面影响了工业的发展:一方面是农业需求方面的影响。农业收入增加的缓慢导致对工业品需求的减缓,包括农用生产资料的需求和消费品的需求。在印度,农村消费品一般占工业增值的1/3以上,日用消费品如布匹、鞋袜、食粮、食用油等占消费品增加值的大约1/4。农村的消费量是城市消费的3倍多①。另一方面是农业供给方面的影响。农业为工业提供的原料增长缓慢,无法支持轻工业的发展。这是工业始终不能在国民经济中占主导地位的原因之一。

　　由于产业发展的缓慢又对经济总量的增长产生影响,一是经济总量的规模无法扩大,产业是国民经济的基础,而在印度这样的

---

① 伊塞·阿鲁互利亚:《印度工业发展:60年代中期后的停滞》,第51页。转引自〔印度〕鲁达尔·达特、K.P.M.桑达拉姆:《印度经济》下册(中译本),四川大学出版社,1994年,第275页。

人口大国中,农业又是更为基础的产业。农业长期停滞不前成为其他产业发展的制约因素。二是经济总量增长的基础不稳,第一、二产业是创造实物经济和财富的产业,第一、二产业发展的不足,影响经济总量的增速。

4.2 需求对产业结构演变的影响

在农业没有足够的需求和供给支持的情况下,印度工业的发展靠什么推动?印度在第一和第二产业没有足够发展的情况下,第三产业的发展靠什么推动?带着这个问题,首先从需求方面来探求原因。

4.2.1 消费需求和投资需求对产业变动的影响

从经济学意义看,需求包括消费品需求和投资品需求,消费品需求是满足以个人为主体的最终消费(即商品和服务的总和)的需求。投资品需求是以企业为主体的生产消费或投资等。由于产业结构直接表现为生产不同产品的产业之间的产值结构,因此需求的变化及其结构性的分布就成为决定产业结构的根本因素。除了国内需求外,还有国外需求,主要以出口来反映国际市场的需求。政府需求也在一定程度上影响产业结构,因而也作一定分析。

一、私人消费需求和投资需求的影响

为了考察印度三次产业发展的影响因素,从需求和投入两方

面来分析 1951—2004 年间推动不同的产业发展的主要因素。分别以三次产业的国内生产总值为被解释变量(Y),采用需求和投资作为解释变量建立回归模型进行分析。解释变量的选取鉴于数据的可得性,用私人最终消费(X_1)表示需求要素,用公共部门总的资本形成总额(X_2)和私人部门总的资本形成总额(X_3)表示投入要素,数据来源于印度统计部的国民统计账户数据库,均为 1993—1994 年度的不变价格。由于印度在 80 年代前后发展有较大的差异,为了对比在不同时期影响三次产业发展的因素,将样本化分为三个时段,第一时段为 1951—2004 年(总样本),第二时段为 1951—1979 年,第三时段为 1980—2004 年,由于绝大多数经济序列都是非平稳的,如果采用这样的原始数据建立回归模型,极易导致伪回归现象。因此首先对数据进行了标准化和取对数,以尽量消除非平稳。经过处理后数据已基本平稳,可以构建模型,结果见表 4-2。

表 4-2 印度三次产业回归模型分析

时间段		1951—2004	1951—1979	1980—2004
第一产业	回归模型	$Y = 1.0 * X_1$ (68.08) $R^2 = 0.9912$ $F = 4634.7$	$Y = 0.903 * X_1$ (9.52) $R^2 = 0.911$ $F = 4634.7$	$Y = 1.0 * X_1$ (38.12) $R^2 = 0.985$ $F = 1452.8$
第二产业	回归模型	$Y = 0.85 * X_1 + 0.16X_3$ (15.87) (3.22) $R^2 = 0.98$ $F = 976.8$	$Y = 0.55 * X_1 + 0.32X_3$ (9.6) (6.62) $R^2 = 0.97$ $F = 953.7$	$Y = 1.0 * X_1 + 0.1X_2$ (25.0) (3.1) $R^2 = 0.99$ $F = 1109.6$
第三产业	回归模型	$Y = 0.92 * X_1 + 0.05X_2$ (35.02) (2.02) $R^2 = 0.998$ $F = 6814.6$	$Y = 0.98 * X_1$ (7.95) $R^2 = 0.977$ $F = 9491.4$	$Y = 0.92 * X_1$ (26.5) $R^2 = 0.997$ $F = 2062.5$

数据来源:National Account Statistics, Ministry of Statistics in India, 1950—2004.

结论：

对于第一产业，无论是 1951—2004 年整个时期，还是 1980 年前后的两个时期，私人消费 X_1 都是第一产业国内生产总值增长的主要原因。

对于第二产业，从 1951—2004 年整个时期来看，私人消费 X_1 和私人部门总的资本形成 X_3 是第二产业发展的主要原因，其中，私人消费 X_1 的贡献在 1951—1979 年年间有所下降（系数从 0.85 变化为 0.55）；而私人部门总的资本形成 X_3 的作用不断增强（系数从 0.16 变化为 0.32）。1980—2004 年年间，私人消费 X_1 和公共部门总的资本形成 X_2 成为第二产业发展的主要推动力量。80 年代后，在物质产品的私人消费中，对必需品的消费比重在降低，对耐用消费品的消费在上升。所以，耐用消费品生产的增长速度从 20 世纪 80 年代以来加快，1980—1981 年度到 1990—1991 年度这 10 年，耐用消费品的年均增长率为 14.8%，1993—1994 年度到 2003—2004 年度为 10.4%，都是两位数的增长。而非耐用消费品生产的增长则呈下降趋势，1993—1994 年度到 2003—2004 年度，非耐用消费品的年均增长率仅为 5.5%。这就印证了 1980—2004 年间私人消费 X_1 重新成为第二产业发展的主要推动力量。1980—2004 年年间公共部门总的资本形成也推动着第二产业的发展，这是政府在这一时期尤其是 90 年代末以来，开始重视和逐步加大了对基础设施投入带来的变化。

得出的重要结论是：印度的工业是靠投资推动的，从 20 世纪 50 年代到 70 年代这一时期正是印度实施工业化战略，加大投入发展重工业的时期。私人消费对第二产业的贡献下降,而投资的作用不断增强。这就解释了印度工业主要的动因不是靠第一产业的发展作为基础动力,而是靠投资拉动,并且以发展重工业为主,这是印度工业化战略的目标选择。

但是对于印度这样一个经济基础十分薄弱的国家,资本是它的短缺资源,依靠投资拉动经济的模式不可能持久。印度固定资本形成的平均增长率从1950—1951年度到1965—1966年度是11.3%,1967—1968年度到1980—1981年度就下降为5.3%,下降了一半多。而印度重工业主要是公营部门的投资,大多集中在钢铁、电力、燃料和运输行业。这些行业同国民经济其他部门联系密切,投资增长快就会促进对重工业的需求,也会促进对工业增长有关键作用的投资品和基础设施的需求。而且对公营部门的投资会影响私营企业投资,根据印度对1951—1952年度到1980—1981年度的逐年数据进行的计量经济分析表明,私营企业投资对上一年公营企业投资的弹性系数高达0.73[1]。因此公营企业投资的任何下降都引起私营投资的下降,从而加剧工业生产的下降趋势。

对于第三产业,在1951—2003年整个时期,私人消费 X_1 是第三产业发展最主要的因素,而公共部门总的资本形成 X_2 对第三产业发展也有一定贡献。这也部分解释了印度第三产业发展的动因。首先第三产业的发展是随着人均收入水平的提高,消费结构在发生变化,对食品等物质产品的消费在降低,对服务的消费在上

---

[1] 〔印度〕鲁达尔·达特、K.P.M.桑达拉姆:《印度经济》下册(中译本),四川大学出版社,1994年,第276页。

升。其次,印度第三产业中还有一个较大的比重是政府管理部门的公共服务和国防开支(详见下面的分析),以及科技教育方面。模型反映出了公共部门的资本形成也对第三产业的快速发展起着拉动作用。第三,第三产业中的其他服务业是政府管制经济体制下较少干预的部门,也是印度较早开放的部门,在实行工业许可证制度的年代,对工业的管制较严,而对出口部门是实行鼓励政策的。金融等其他服务行业在管理上基本沿袭了英国的体制,因而也是半管制经济体制外的行业,靠市场运作的成分较大。

二、个人消费支出结构变动的影响

(一)个人消费支出结构变动的影响

印度的个人消费分为食物服装等日常生活消费和服务类消费,包括食品、饮料和烟草;衣服和鞋类;租金、燃料和电力;家具、装潢、电器和服务;医疗护理和健康;运输和通讯;娱乐教育和文化服务;其余各种服务八类,它们的消费额和各自比重详见附表4-2和附表4-3。从统计中可看到印度消费结构随着人均收入水平的提高也发生了符合一般规律的变化,即满足日常生活的基本消费向服务类消费的方向发展,1950—1951年度,基本生活消费支出的比重占86.55%,其中仅食品的消费在个人消费支出中所占的比重就高达66.65%,而在交通通讯及其他服务业的消费支出仅占13.45%。2003—2004年度,基本生活消费支出的比重下降到60%,下降了26个百分点,其中食品的比重下降到45.17%,交通通讯及其他服务业的消费支出比重上升到40%,上升了26个百分点。基本生活消费和服务类消费在消费支出中的比重变化如

图 4.3 所示。

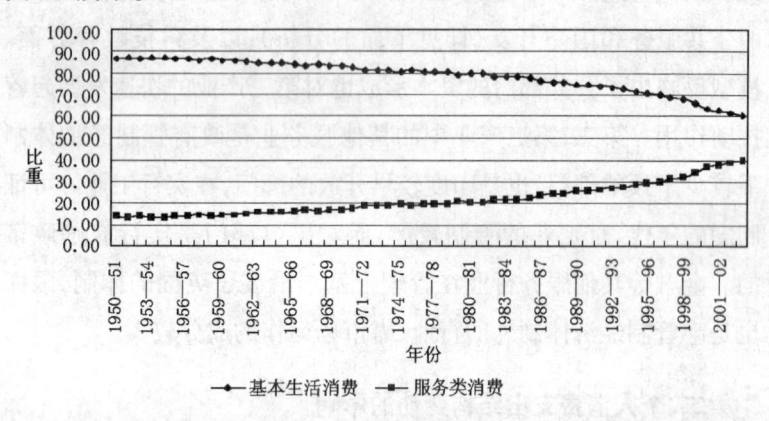

图 4.3 消费结构图

消费结构的这种变化,要求产业结构适应这种变化。反映在产业结构的变化上,就是服务类产出比重的上升,服务业的快速增长,从而解释了个人消费结构的变动是拉动第三产业和服务业增长的原因之一。

(二)政府和私人支出分析

由于政府支出数据的统计口径没有按三次产业划分,因而无法进入模型。为了进一步分析政府支出的作用,根据政府支出的数据可得出政府支出的趋势分析(见图 4.4)。在印度,私人消费占总支出的比重平均为 56%,而政府支出占总支出的比重约为 44%。可以判断,私人消费是影响消费需求的主体,但政府支出对总的消费支出也起着较大的拉动作用。见图 4.5。

从图中可以看出,政府支出一开始就有较高的比例,而私人支出是从 80 年代以后才逐步上升,90 年代上升的幅度较大。所以

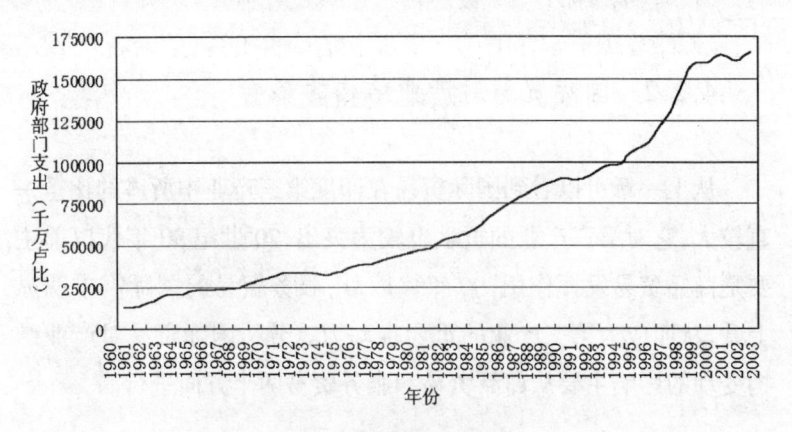

第4章 印度产业结构演变的产业外因素　165

图 4.4　政府支出趋势图

数据来源：National Account Statistics, 1950—2004, Ministry of Statistics in India.

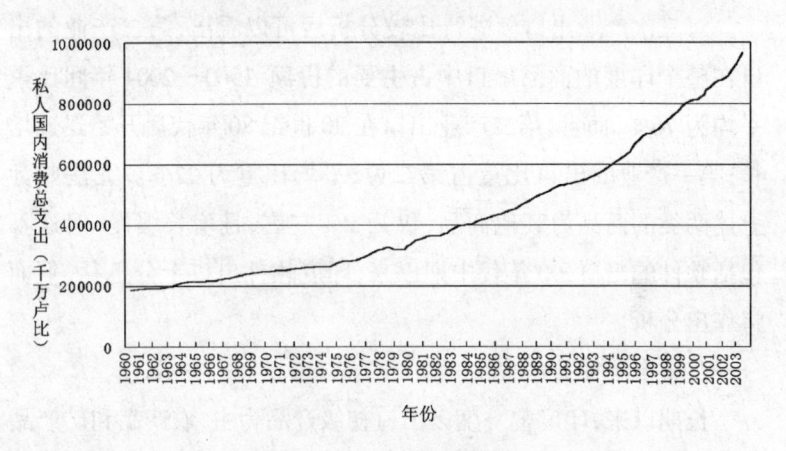

图 4.5　私人支出趋势图

数据来源：National Account Statistics, 1950—2004, Ministry of Statistics in India.

可以这样说，政府支出对总的消费支出的影响在 80 年代以前明显超过了私人消费支出的影响，只是在 90 年代以后私人消费的影响逐渐增大，但政府支出的作用不可忽视。

4.2.2 国际贸易对产业结构的影响

从上一章可以看到国际贸易在印度第三产业中所占的比重一直较大,它对第三产业的贡献也较为突出,20世纪90年代以前主要是商品贸易发挥作用,90年代以后,服务贸易的国际需求明显上升,从而成为第三产业的重要推动力。分析国际贸易对产业结构变动的影响主要从商品贸易和服务贸易两个方面进行。

一、商品贸易

对三次产业出口额进行比较分析后可以看出,第二产业的出口在整个印度的商品出口中占主要的份额,1960—2004年间比重平均为76%,而且,第二产业出口在20世纪80年代后开始迅速增长;第一产业的出口比重占第二位,平均比重为22%。无法归为上述两类的商品为其他商品,仅为2%左右,且增长缓慢,但这不包括软件的出口,90年代中期以来,印度软件出口十分迅猛,下面将作出分析。

(一)出口商品结构

长期以来,印度曾一度以出口初级产品为主,农产品和矿产品在1970年时曾经占到出口总额的42%。随着印度经济的发展和产业结构的调整,印度现在已经形成了以出口制成品为主的出口格局。以2000年为例,该年的制成品出口额占到了出口总额的78.4%。在初级产品的出口中,农产品包括茶、咖啡、大米等各年所占出口比例均有起伏,但所占比例都呈现出下降趋势,矿产品则呈现出显著下降的趋势,目前已不到出口总额的 1/40。在制成品的出口中,化工产品增长尤为迅速;珠宝作为印度最大的一宗出口商品,近年来始终保持着良好的增长势头。另外,服装也是印度最主要的出口商品之一。目前,印度服装的出口总额已超过了印度出口总额的 1/8。

近年来,印度出口商品结构还有一些新的变化。据印度电子和计算机软件出口委员会(ESC)统计,跨国公司持续增长的软件外包业务促使印度电子器件的出口在 1997 至 2003 年期间高速增长,其出口额翻了两番,高达 240 亿卢比,年均增长 24.55%,以美元计年均增长 18.41%。其中,2002—2003 年度更是从前一年的 67.7 亿卢比增长到 100.2 亿卢比,增长 48%。印度主要出口的电子器件包括可记录光盘、太阳能电池、彩色显像管、印刷电路板、半导体器件和变压器等。另外,据印度汽车制造商协会(SIAM)统计,2003 年 4 月到 2004 年 1 月印度出口汽车 38.4 万辆,与上年同期相比,增长了 59.2%。其中公共汽车和卡车出口增长了 39%,大中型汽车增长了 35.6%,轻型商用车增长了 41.9%,轿车增长了 76.2%。另外,印度拖拉机出口自 1999 年以来也保持年均 35% 的速度增长。

从出口结构看,是制造业产品的出口对商品贸易的出口发挥着重要作用,对第三产业的持续增长也作出了贡献。

(二)进口商品结构

根据印度政府公布的数据(Economic Survey 2004—2005),从 2002 到 2005 年,食品及其相关产品的进口所占进口总额的比重在 3.7%—5.6% 之间;能源产品的比重为 30.7%—33.3%;资本品的比重为 9.9%—13.3%；中间制成品的比重为 27.5%—31.9%；其他未分类的产品为 22.4%—25.5%。在发展趋势上，食品的比重在下降，能源产品的比重在上升，资本品的比重呈下降趋势，中间制成品的比重也呈下降趋势，其他未分类的产品的比重在上升。从上述结构看，印度能源产品的对外依赖性很强，需求量居高不下。资本品和中间制成品的比重趋降，这是 1995 年以后印度工业发展趋缓造成的。在 2002 年到 2003 年期间，对化肥、稀有金属、水泥、脉冲和工程商品等的进口量却减少了。同时，减幅较大的还有棉花、羊毛和羊绒等。

二、服务贸易

服务贸易是对外贸易的组成部分。相对于货物贸易来说，印度的服务贸易保持了较为稳定的态势。印度的服务贸易出口额从 1990 年仅占世界服务贸易总额的 0.59% 迅速增加到 2002 年的 1.5%。特别是 1998 年以来，印度服务贸易的出口增长更是迅猛，2002 年印度在世界服务贸易进出口总额的排名中，进口额和出口额均位居第 19 位。

表 4-3 印度的服务贸易额、增长率及占世界服务贸易的份额

年份	出口			进口		
	出口额 （10 亿美元）	占世界总额 （%）	比上年增长 （%）	进口额 （10 亿美元）	占世界总额 （%）	比上年增长 （%）
2002	23.50	1.50	12.00	21.80	1.40	-5.00
2001	20.10	1.40	14.40	23.70	1.66	18.98
2000	17.57	1.22	26.04	19.92	1.39	15.88

1999	13.94	1.03	26.04	17.19	1.27	21.14
1998	11.06	0.83	23.85	14.19	1.07	15.55
1997	8.93	0.68	24.37	12.28	0.94	11.64
1996	7.18	0.56	6.21	11.00	0.87	9.30
1995	6.76	0.57	12.11	10.06	0.84	25.28
1994	6.03	0.58	19.64	8.03	0.77	26.06
1993	5.04	0.54	3.07	6.37	0.67	2.58
1992	4.89	0.53	-0.20	6.21	0.66	12.30
1991	4.90	0.59	6.29	5.53	0.65	-3.66
1990	4.61	0.59	—	5.74	0.70	—

资料来源:1990—1992年进出口额来源于《中国对外经济贸易年鉴》1997—1998;1993—1994年进出口额来源于《中国对外经济贸易年鉴》1999;其他资料来源同上表。

在服务贸易中,软件信息服务业是出口的主力军。根据电子信息技术年度报告和印度软件与服务联合会的数据,印度信息技术和IT服务业增长势头良好,该产业对GDP的贡献从1997—1998年的1.2%上升到2003—2004年的3.5%和2004—2005年的4.1%。软件出口的增长2004—2005年度比2003—2004年度增长了34%,继续显示出未来发展的强劲增长势头。根据印度软件与服务联合会的数据列出下表:

表4-4　印度软件出口额

年度	出口额(亿卢比)	出口额(亿美元)
1995—1996年度	252	7.34
1996—1997年度	390	10.85

1997—1998 年度	653	17.50
1998—1999 年度	1094	26.50
1999—2000 年度	1715	40.00
2000—2001 年度	2835	62.00
2001—2002 年度	3650	77.6
2002—2003 年度	4610	96.1
2003—2004 年度	5824	136
2004—2005 年度	7823	185

资料来源:Electronics & Information Technology, Annual Report 2004—2005, India.

根据印度电子信息技术 2004—2005 年度报告,印度电子产品的出口如表 4-5(单位:千万卢比)。

表 4-5 印度电子产品出口

项目＼年份	1999—2000	2000—01	2001—02	2002—03	2003—04	2004—05
消费类电子产品	300	648	700	750	825	
工业电子产品	200	500	950	1400	1515	
计算机	240	1250	1800	550	1440	
通讯和广播设备	50	550	150	500	165	
战略电子产品	10					
元器件	600	1840	2200	2400	3755	
上述项目总和	1400	4788	5800	5600	7700	8750
计算机软件	17150	28350	36500	46100	58240	78230
总计	18550	33138	42300	51700	65940	86980

资料来源:Electronics & Information Technology, Annual Report 2004—2005, India.

印度软件出口额90年代中期以来一直保持增长强势。一直在两位数上高速增长。1985年软件和服务出口仅为3亿卢比。2004—2005年度,总出口达到7823亿卢比(约为185亿美元)。美国和加拿大是印度计算机软件最大的市场,欧盟国家是印度第二大市场,两大市场占印度软件出口总额的60%以上。印度软件出口及其相关服务业的出口前景广阔。

由上述分析看,印度第三产业的发展也同样不是在本国第一、第二产业发展到相当水平的基础上推动其发展的,即不是顺次发展。印度第三产业历来发展都好,而且没有经历过波动,一直稳定前行,初步分析有两方面的原因,一是贸易和服务拉动,二是信息服务业拉动。印度是一个三面环海的国家,海外贸易古已有之,是印度的传统行业。在20世纪80年代以前,贸易是拉动第三产业发展的重要因素。80年代以后,特别是90年代以来,软件信息产业异军突起,成为印度经济的火车头,当然也成为第三产业发展的主要推动力。

三、商品贸易和服务贸易对第三产业的影响

根据《中国对外贸易年鉴》中印度1993—2001年的货物贸易和服务贸易进出口额,这里把货物贸易进出口和服务贸易进出口的总和作为贸易总量,分别看它们在总量中的比重变化趋势,如图4.6。

显然,印度自1993年以后,服务贸易比重呈显著增长趋势,与此同时货物贸易比重呈明显下降趋势。在服务贸易方面,进口比重虽然比出口比重大,但出口比重增长要比进口比重增长得快,这

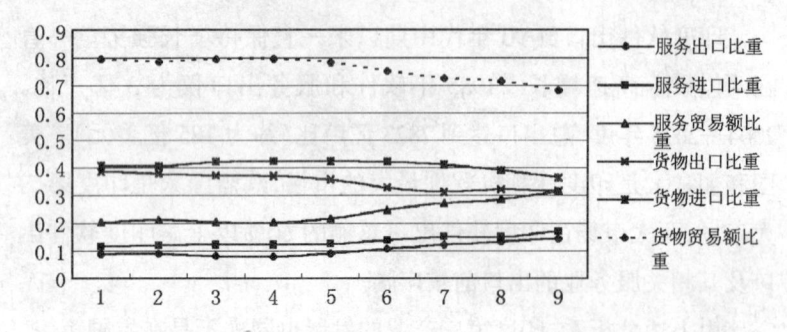

图 4.6 服务和货物贸易进出口比重变化趋势图

货物进口比重=货物进口额/(货物进出口总额+服务进出口总额),货物出口比重=货物出口额/(货物进出口总额+服务进出口总额),服务进口比重=服务进口额/(货物进出口总额+服务进出口总额),服务出口比重=服务出口额/(货物进出口总额+服务进出口总额),货物贸易额比重=货物进出口额/(货物进出口总额+服务进出口总额),服务贸易额比重=服务进出口额/(货物进出口总额+服务进出口总额)。

印证了上述软件及其相关服务的出口快速上升的势头;在货物贸易方面,显示出先下降,后保持平稳的状态。而进口比重在近些年呈下降趋势,这使得货物贸易比重总体下降。从这个意义上可以说,20 世纪 90 年代中期以来,印度贸易的增长主要是服务贸易拉动的结果。

4.3 供给对产业结构变动的影响

从广义上看,影响产业结构变动的供给因素包括自然条件、资源、劳动力、投资、技术进步等,也包括政治、经济、法律环境,还包括体制、观念等因素。这里主要分析投资和技术进步因素的影响,其他因素在后面将一步步展开。

4.3.1 投资对产业结构的影响

首先,从资本的供给来看,根据总资本的形成在三次产业的流向分析,五十多年来,第一产业总的反映出资本投入是下降的趋势,1950—1951年度为19.29%,2003—2004年度为8.40%。第二产业是上升的趋势,1950—1951年度为23%,2003—2004年度为50.67%,最高的年度为60%。第三产业起步时很高,1950—1951年度为57.71%,大大高于第一和第二产业的同期水平。2003—2004年度为40.93%,五十多年来有升有降,最低时为33%左右,最高时为57.71%(详见下图4.7和附表4-4)。

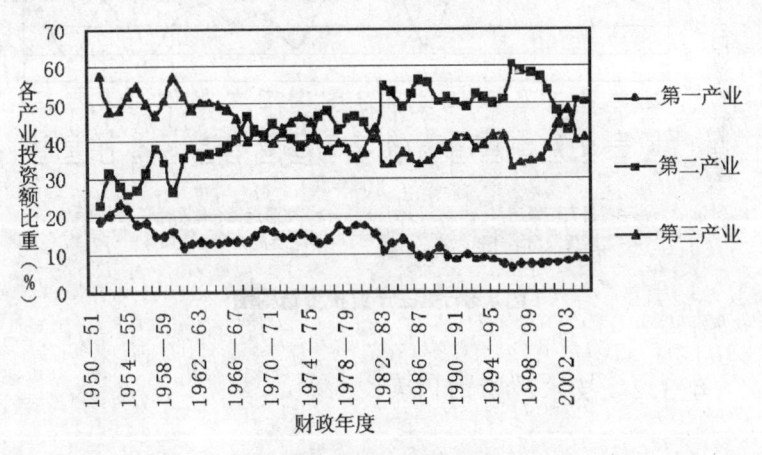

图4.7 投资结构图

其次,在第一产业内部农业的投入远远高于林业和渔业。在第二产业内部,制造业的投入占了大部分。值得一提的是第三产业内部,金融保险和商务的资本形成总体看是最高的,但有升有降,50年代到80年代中期从高位呈逐步下降的趋势,80年代中期到现在一直在上升。这是和80年代中期以来,印度实施鼓励发展信息软件服务业的政策是同步的。对社区社会个人服务的投入处于第二位,这也反映了印度在行政管理、国防、科技教育方面的投入情况。对交通运输仓储和通讯的投入是第三位,相对来说投入不足(详见图4.8,附表4-4)。

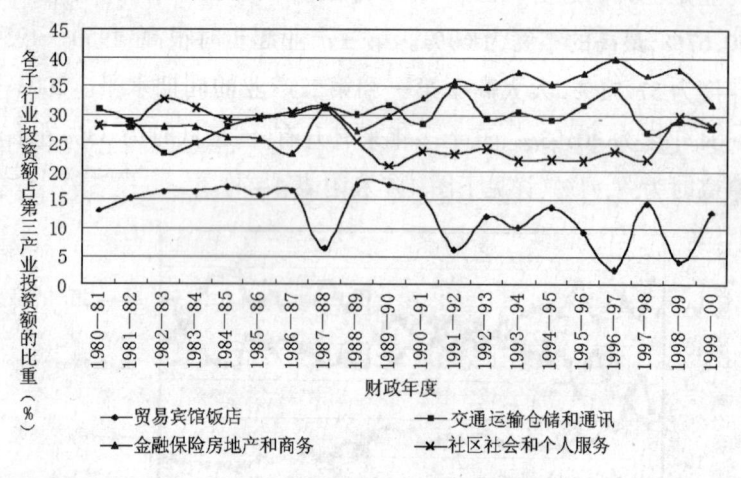

图4.8 第三产业投资结构图

4.3.2 技术进步的因素

科技进步是推动一国产业结构变动的最主要的因素之一。科学技术日益现代化的过程就是产业结构不断高级化的过程,因为科技的进步会通过主导产业扩散效应的作用推动相关产业不断高度化。技术进步引起比较劳动生产率的变化,产业结构转换的动力来自比较生产率的差异,它表现为生产要素从比较生产率低的部门向高的部门转移,不同的部门由于创新和技术进步速度不同,其生产率增长速度也是不同的。那些研究与开发投入强度大、能够最先吸收新技术的部门,往往也是生产率提高最快和产出增长最快的部门。

印度政府一贯重视发展科技,独立后,尼赫鲁政府明确确立了建立自己工业体系的发展思路,认为要使工业体系拥有强大的后盾,就需要开展自己的科学研究。1958年政府宣布了《科学政策决议》,强调国家富强的关键在于工业化,工业技术、原料和资本的结合,其中技术是最重要的因素。而技术进步又只能在科学的研究与发展中得以实现。指出一个国家政权要实现工业化,必须在进口科学和技术方面付出巨大代价,还要不惜高价获得科技人才。认为印度只有采取最强有力的措施,作最大努力去发展科学,才能越过与先进国家在科技上的鸿沟。《科学政策决议》提出了研究与发展的六大目标,相应地制定了全面完善的科技政策并执行有力。1950年到1965年的15年中,科技人员增长了3倍。与发达国家签订合作协定二千多项,全国形成了强大的科研网络,科技事业发生了显著变化。但是到英·甘地政府时期,在发展科技的方针政策上有了一些改变,主要是重视农业的科研与应用,推行绿色革命。而对从外国进口技术设备给予限制,注重发展与应用本国的科技成果。过分强调自力更生,认为靠本国的次产品也要比继续依靠外国技术强。在这种指导思想下,这一时期的科技发展受到影响,与发达国家的距离进一步拉大。1985年拉吉夫·甘地就任总理后,更加重视科学技术和工业化,加快了以调整工业政策为主的经济改革步伐。他认为印度没有赶上19世纪工业革命的快车,也没有跳上二战后兴起的电子革命的第二辆快车。因此在政策上为技术装备的进口创造了持续而稳定的宽松环境。科技经费的投入"七五计划"比"六五计划"增加了近1.5倍。从印度财政部公布的统计数据表明,R&D的支出占GNP的百分比从1985年以后明显增长,最高时为1987—1988年的0.91%,之后开始有所降低,但基本上在0.71%—0.90%之间波动,如图4.9所示。

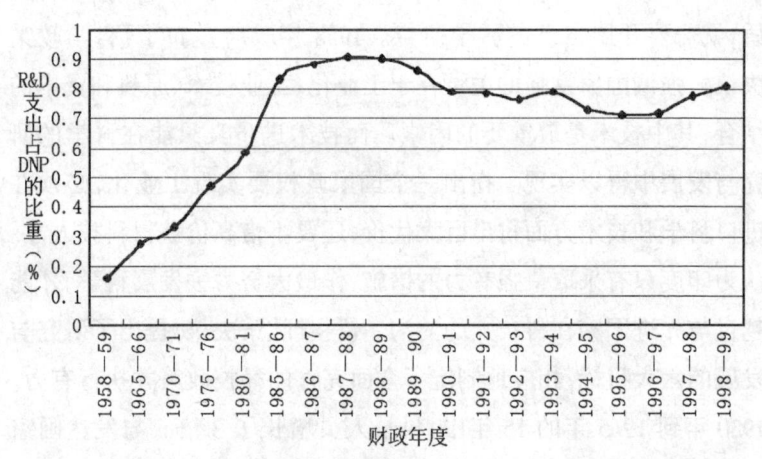

图4.9 1958—1999年印度的研究与开发支出占GNP的比重变化趋势图
资料来源:根据Selected Socio-Economic Statistic India 2002, Central Statistical Organisation, Ministry of Statistics and Programme Implementtation Government of India.数据得出。

印度的科技政策和技术供给方面最为成功的影响是在电子信息技术领域,包括电子工业和软件信息服务业。1983年政府公布了技术政策声明,这是继1958年科学政策公布后25年来第二个全面科技政策,主要内容是高度重视科技的研究与开发、科技教育和高级人才的培养。要有选择地加强某些领域,其中在特别要注意开发的领域中就有信息、电子等新兴科学领域,一是要注重研究;二是要重视科技人员的培养;三是要增加科研经费等。在1985年政府宣布的三个年度的进出口政策中,计算机和电子品工业的设备进口就全免关税。在上述政策的推动下,印度的电子信息技术产业在人才培养、研究与开发投入,以及基础设施投入上都得到了空前发展。有力地推动了本产业的高速发展从而使第三产业迅猛发展并拉动了整个经济的增长。根据印度电子信息技术年度预算,2005—2006年度该产业的 R&D 的投入为19亿卢比,基础设施开发建设投入为42.3亿卢比,人力资源开发投入为4.3亿卢比。由此可见技术的投入从供给方面对印度产业结构演进的影响是巨大的。

4.4 政策对产业结构演进的影响

政策对产业结构的影响是非常直接的,为了实现政府制定的经济发展目标,政府通常制定产业政策来鼓励或限制某些产业的发展,产业结构因此而发生相应变动。政府可以对影响产业结构变动的因素进行调整,包括政府投资、管制等措施,通过财政、金融等政策,通过法律法规和行政等手段来协调、调整供给结构、需求结构、国际贸易和国际投资结构,进而影响产业结构的变动。

4.4.1 农业政策的影响

总体上看,印度强调工业造成了对农业的忽视。印度经济家 Uma Kapila 认为,从政策角度看,印度农业缺乏长远发展战略。人们吃惊地发现,直到最近政府才出台了一个全国性的农业政策。印度在开始计划的初期,尤其是自"二五计划"实施优先发展工业的马哈拉诺比斯模式以来,工业被放到了比农业更加突出的位置。农业政策有两个基本目标:一是生产上的自力更生,二是价格的稳定性。生产上的自力更生需要通过高价格来激励,因此这两个目标没有内在联系,是一个政策悖论。这样的政策使农业遭受了很大的困难。首先,由于政策性质是倾向于工业、贸易、汇率等,农业政策对农民没有激励,农业价格低迷,印度农民接受着比国际价格还低的价格。由于无数的控制和限制,相对于其他经济部门,农业部门没有保护,对农业出口的限制被认为是农业相对于工业没有得到保护的主要原因之一。第二,政策的性质是内向的,因为它较少由比较优势趋动。农业政策不强调把农业出口作为刺激国内生产的一个途径。第三,农业政策有过度的以价格为基础的目标。而这是农业决定生产的一个重要因素。农业政策的这些弱点,影响了农业的快速增长[1]。

资本形成不足,使农业前景暗淡,影响其未来的增长。农业的

---

[1] Uma Kapila, *Indian Economiy Since Independence*, 2003—2004, Fifteenth Edition, Academic Foundation, 2003, pp.125—126.

资本形成,在70年代有所上升,在80年代和90年代下降。1990—2000年度,仅占总资本形成的5.8%,而1980—1981年度为16.3%。农业资本形成占GDP的份额也从1980—1981年度的10.9%下降为1999—2000年度的7.0%。更为混乱的是在农业部门的总资本形成中,公共部门的资本形成是以年平均4%的速度下降,年平均增长率在90年代是10%,公共部门在农业部门总资本形成中所占的比重在90年代下降到23%,而在70年代是32%,可是私营部门在80年代只下降0.1%。在90年代,上升到6.7%。[①](见表4-6)

表4-6 印度农业的总资本形成情况

年份	农业总资本			农业总资本占GDP的%	农业总资本占全部经济总资本的%
	公营	私营	总额		
	1980—1981价格				
1970—1971	789	1996	2785	7.8	14.7
1980—1981	1796	2840	4636	10.9	16.3
1990—1991	1145	3440	4594	7.5	8.1
	1993—1994价格				
1995—1996	4848	10242	15690	6.8	2.9
1996—1997	4668	11508	16176	6.4	6.7
1997—1998	3979	11974	15753	6.5	5.9
1998—1999	3846	12538	16384	6.2	5.9

① 参见 Uma kapila, India Economy Since Independence, published by Academic Foundation, New Delhi. pp. 215—217。

1990—2000	4668	13988	18656	7.0	5.8
年平均增长率(%)					
1971—1979	10.0	7.2	7.9		
1980—1989	-4.0	-0.1	-1.5		
1990—1999	1.0	6.7	5.0		

资料来源：NAS, CSO, Government of India; Agriculture Statistics at Glance, Government of India; Economic Survey 2000—2001, Government of India. Uma Kapila, Indian Economy Since Independence, p.217.

农业公共部门的资本形成不足严重影响了农业基础设施，如水利灌溉、道路、市场、仓储设施、农村电力和技术等的发展。而私营部门的投资一般很难到达这些领域。根据世界银行的一份研究表明，1972—1988年40个发展中国家中央政府的总支出形成了大约10%的农业生产净值，而15个发达国家却形成了20%的农业净产值，对印度来说远远低于这个数字。在80年代期间资本形成下降的这种滞后效应已经成为90年代农业部门增长率下降的主要原因(Mahendra Dev, 1998)。因此，90年代资本形成的较低水平，也将影响到未来数年的农业生产的增长。

4.4.2　工业政策的影响

工业政策是影响印度产业结构演进的重要因素。印度的工业政策是广泛的，它体现了国家的财政金融政策、关税政策、劳工政策，以及外资政策和公私营部门的政策，是实现工业化目标、形成工业化模式的步骤、方针、政策和法规。工业化战略是第二个"五年计划"确定的,这项战略的核心是以重工业为主导,强调对重工业投资以实现工业化,工业化被认为是经济迅速发展的基本条件,发展重工业和工业化已成为同义词。《二五计划纲要》认为,从长远来说,工业化的速度和国民经济的增长有赖于不断增加煤炭、电力、钢铁、重型机器、重型化工业的生产,概而言之,重工业的生产将增强资本形成的能力。一个重要的目的就是尽快使印度摆脱对外国进口产品的依赖,以使资本积累不会受到在确保国家其他基本产品供应方面的困难的妨碍。因此必须以最快的速度扩大重工业[①]。"二五计划"奠定了工业化的指导思想,从"二五计划"到"五五计划",其核心都是通过重工业、基础工业和机器制造业的大量投资迅速实现工业化。相应地,工业政策也是为此目的服务。由此对产业结构造成的影响有下述几个方面。

一、强调重工业造成了对轻工业的忽视

"二五计划"的优先重点的前两位是:增加钢铁、重型机械和机器制造业的生产;扩大铝、水泥、化学纸浆、染料、磷肥和日用药品等发展所需商品和生产资料的生产能力。这一期间的投资绝大多数给了重工业和基础工业。"三五计划"要求最大限度地提高投资,以便加强工业、电子和交通运输;加快工业发展的技术改造的进程。"四五计划"期间大约3/4的总投资给了核心部门,即钢铁、有色金属、化肥、石油及石油化工、煤炭和铁矿等。"五五计划"首

[①] 印度《第二个五年计划纲要》,转引自〔印度〕鲁达尔·达特、K.P.M.桑达拉姆:《印度经济》下册(中译本),四川大学出版社,1994年,第252页。

先强调的是：高度重视钢、有色金属、化肥、原油、原煤和机器制造，迅速发展核心工业。尽管"六五计划"的宗旨是要推进全面发展战略，但仍然提出要特别重视资本货物工业，5种工业即钢、石油、煤炭、化学和石油化工的投资占工业投资计划开支总数的69%[①]。

由于政策的作用，使印度工业结构发生了有利于基础工业和资本货物工业的变化。基础工业和资本货物工业1959年时很快上升为占全国工业生产的50%，1979年时，这个比例更上升到79%，同期占就业总人数的比例从25%上升到43%，占增加值的比例从37%上升到56%。而消费品工业等轻工业发展缓慢，从1961—1974年，生产满足大众消费的非耐用消费品的工业年平均增长率仅为2.6%，这是造成通货膨胀、价格上涨的重要原因。它造成的后果是实际工资没有增加，因而招致工人罢工，工人罢工又反过来使生产下降。1980—1985年间工业增长情况同1974年至1979年间相似，消费品工业生产明显下降，非耐用消费品下降更多。1980—1985年消费品工业年平均增长率为3.6%，其中耐用消费品工业为4.4%，非耐用消费品工业为3.4%[②]。

二、强调计划导致了僵化：工业许可证制度对工业发展的影响

在1991年以前，始于1948年的一系列工业政策决定都把工

---

① 参见〔印度〕鲁达尔·达特、K.P.M.桑达拉姆：《印度经济》下册(中译本)，四川大学出版社，1994年，第252—257页。

② 参见〔印度〕鲁达尔·达特、K.P.M.桑达拉姆：《印度经济》下册(中译本)，四川大学出版社，1994年，第264—265页。

业分为三类，第一类是高度命令的产业，如国防、重工业、矿业、飞机、航空和铁路运输、通讯和电力，一般由公营部门拥有和经营。第二类是公营和私营都可投资经营的产业。第三类是消费品工业，主要留给私营企业经营。所有企业都必须得到生产和投资的许可。实际上公营部门还扩大到消费品领域。在印度，系统地考虑工业发展方向问题可以追溯到1945年的"工业政策声明"、1948年的"工业决议"、1951年的"工业发展与管理法"、第一、第二个五年计划和1956年的工业政策决议。在1945年的"工业政策声明"中提到了工业许可证的概念。许可证主要是作为有计划发展、分散工业布局、避免工业能力过度建设、重复布局的一个工具。1951年制定的"工业发展与管理法"规定了163类工业凡是建立新企业、扩大生产线、制造新产品，以及迁移厂址等都必须向中央政府申请许可证，该法还授权政府对工业品的价格、产量以及分配渠道等作出规定。尽管小型企业豁免许可证，但是任何固定资产总值在5000万卢比以上的企业都得获取许可证。获得许可证后，要取得外汇结汇权还得受《垄断与限制性贸易行为法》的管制。

这样，开办企业要受《工业发展与调节法》、《垄断与限制性贸易行为法》和《外汇管制法》等所规定的一系列机构的批准，资本货物进口要经过许可，股票发放要受控制。这些繁琐的程序和过多的限制，使整个经济管理体制限于僵硬、低效、腐败的循环中。许可证制度对工业发展产生了极其严重的负面影响。

首先，工业许可证制度减缓了投资速度。由于这种控制体制办事拖拉、效率低下，使得工程项目批准的时间大大延长，行政管制的过程拖延了投资决策，制约了工业增长。这一制度成了对工业的管制,而非发展。官僚主义的资源分配机制成了工业增长的桎梏。第二,助长了非法扩建生产能力的现象。由于私营部门被禁止和限制发展的领域过大,它们在划定的投资领域内,找不到畅通的渠道投资,因而只得把资金投入地下经济以赚取短期利润,而不是投资创造性的生产活动。控制体制的限制措施极大地促成了"钻空子"的结果,迫使企业家们致力于投机活动。第三,这种制度为政府腐败创造了条件。官僚机构有意使这种制度经久不衰,这是因为在一系列机构审批过程中可以大肆腐败。政府官僚利用工业许可证、外汇管制条例、垄断与限制性贸易行为审查,以及提供贷款的投入物等工具,从工业家那里获取非法收入。第四,工业许可证制度既未能实现有计划地发展经济的目标,也未能达到合理经济布局,阻止经济力量过度集中的目的,甚至将比例大得不相称的设备能力批给大工业部门,一方面生产能力闲置成为一大问题,另一方面,阻碍了新企业家加入生产行列,使得经济缺乏竞争。工业许可证也无助于形成地区平衡发展的工业结构。

鉴于工业许可证制度的弊端日益显现,从70年代开始,对许可证政策进行逐步调整,总的趋势是逐步放宽对私营企业的限制,向自由化的方向靠近。1970年宣布新的工业许可证政策、1973年的《工业政策声明》,进一步修改了许可证政策及其程序。1985年拉吉夫·甘地总理以放宽许可证政策为主要内容进行了较大的改革。1988年政府宣布进一步放宽许可证的限制和激励落后地区工业化的政策。但最终废除许可证制度,把工业经营许可的范围缩小为6项战略性、社会性和环保性工业,放开了大多数以前由国家控制的国有企业生产领域,是在1991年政府宣布的新工业政策决定的。可以说，40年来，印度的工业基本上是在工业许可证制度的管制下发展的，这项制度使工业经济缺乏活力、效率，从而对工业造成的影响是巨大而深远的。

三、强调对公营部门的投资和控制，缺乏管理和经营上的自主权。

在重工业、基础工业优先发展的工业化战略和政策的框架下，公营部门成为投资的重点、保护的重点。直到80年代末，印度的公营部门占有组织的部门（包括公、私营）① 的总就业人数的比例较大的部门有：交通运输和通信、电气水、建筑、采矿、金融保险、行政管理及社区社会个人服务等，其比例在94—98%之间。农业、制造业、商业和宾馆饭店的公营部门就业比例在30—40%之间。但是公营部门在国内净产值中的比重并不大，以改革前的80年代末为例，1987—1988年度，按现价计，公营部门的企业在国内净产值中的百分比为15.3%，加上公共行政和国防的9.6%，整个公营部门的比重也仅为24.9%，而私营部门的比重为75.1%。但是从投资来看，从"一五计划"到"七五计划"，公营部门的比例从3.5%上升为12.1%，公私营部门在总资本形成中的比例经历了从33∶67到47∶53的变化。即公营部门的份额由占资本形成总额的1/3增

---

① 在印度90%的劳动力是在非组织的部门就业，只有10%的劳动力是受雇于有组织的部门。由于在公营部门就业的人都属于有组织的部门，所以公营部门雇佣了印度经济中的有组织部门工人的71%（1989年）。

长至约 1/2[①]。这里可看出,对公营部门的投资比重在上升,可是其效益在不断下降。公营部门企业的运转亏损一年比一年增加,成为印度经济中一个沉重的负担。

这种状况的主要原因:一是投资过度、控制过多。公营部门的项目往往都投入过多的资金,投入—产出比不能令人满意,设备能力利用也不足。财政部门对公营企业的控制过多,企业必须服从适用于政府部门的一切预算控制,压抑了企业的自主经营权。二是管理效率低下。公营企业在管理上存在着机构臃肿、人浮于事、营私舞弊、职责不清等问题,由于政府管得过细,大多数公营企业没有实现企业化运作,大事小事都要请示政府,企业失去了自主权,印度人把公营企业讽刺为"官僚们的殖民地",政府甚至还派政客去管理公营企业。由于公营企业长期管理不善、机制不活、效益低下,使得第二产业尤其是公营比例大的基础设施工业、矿业、建筑业等的发展受到了阻碍,这是第二产业发展缓慢的原因之一。

4.4.3 促进第三产业发展的政策

一、促进信息技术产业发展的政策

印度是较早开始重视信息技术产业的发展中国家。70 年代中期在孟买就建立了电子出口加工区,并成立了电子部。在第六

[①] 参见〔印度〕鲁达尔·达特、K.P.M.桑达拉姆:《印度经济》上册(中译本),1994年,第 327—328 页。

个五年计划(1980—1985年)中提出了全面发展战略,其中强调了要尤其重视电子工业对广泛经济活动的支持作用。特别是拉吉夫·甘地1984年担任总理后,在"七五计划"(1985—1990年)大纲提出要对电子和出口这样的关键部门提供刺激措施。"七五"工业发展的一个主要内容就是,鼓励发展电信、计算机、微电子、生物工程等"朝阳"工业,鼓励工业采用光纤、激光、遥控等技术去提高生产率和产品质量[①]。公布了新计算机政策和软件出口政策,并为IT产业发展提供金融、技术、基础设施、法规和市场援助等条件,大大地推动了印度IT产业的发展。1998年5月,印度政府正式成立了由国家计划委员会副主席担任主席的"国家信息技术和软件开发特别工作组(National Task Force on Information Technology and Software Development)",就如何克服印度在IT业快速发展中的"瓶颈"障碍并确保IT和软件业的更进一步发展提出建议。为此,特别工作组在成立后不久就向政府提交了《国家信息技术行动计划》。经内阁批准,该方案已经正式成为印度全面实施"信息技术超级大国"计划的政策纲领。该行动计划提出了108条建议,一个基本目的就是要创造有利的政策环境。印度的目标是:到2008年,软件产业可实现产值870亿美元,软件出口达到500亿美元,以及与此相适应的遍及全国的国内IT市场。主要的政策措施有以下方面:

(一)税收鼓励措施:对IT保障服务产品免征税款;对软件产

---

① 参见〔印度〕鲁达尔·达特、K.P.M.桑达拉姆:《印度经济》下册(中译本),四川大学出版社,1994年,第256—259页。

品特许使用费的汇寄,不征收预付税款;对各类 IT 软件产品实行零关税;对计算机软件工业不征收服务税。由软件产品出口发生的总收入,100%免税;如信息产业内的技术更新出现高速率,允许IT 产品以 60%的速率降价;对计算机、CD 存储器、母板、ICs、微处理器和软盘降低关税;提供流动资金用于软件服务、项目服务、软件产品和软件包、与 IT 有关的服务等鼓励措施。海关保税:在各类出口促销计划活动中,免除软件开发商和出口商的实物保税和海关保税。该政策的目的在于解除地方限制对软件工业的束缚。

(二)投资政策:在金融和投资资本方面,政府曾要求国家银行提供价值 3 亿美元的附加流动资金,投入到软件工业;风险资本的国际标准被引入;国家拨出价值 5000 万美元的资金作为风险资本投放到软件工业领域;政府已调整放宽针对海外购置行为的政策,并为寻求资金投资海外提供了便捷的途径;政府批准建立 IT 风险资本基金。基础设施方面,在全国建立 50 个高技术工业园区;建立国家高速电信主干网;不限量发展私营互联网服务商;鼓励私营企业建设软件技术工业园区。在软件和几乎所有的电子领域,外商股权可达 100%,并可获得自动许可;允许非印度居民/海外法人实体参股 100%;除航空和国防领域外,所有电子领域的外国技术协定可获得自动许可,但须符合一定条件;允许 100%的 FDI 投入专为出口目的而成立的公司。可按如下模式组建:电子硬件技术工业园区(EHTP)、软件技术工业园区(STP)、自由贸易区(FTZ)/出口产品加工区(EPZ),以及 100%的出口型生产单位(EOU)。按 EHTP 或 STP 模式组建的生产单位,允许其免税进口原材料,以及元器件、资本货物和其他生产资料;对于 STP 类型的企业,其国内销售允许达到出口产品离岸价值的50%；对于EHTP类型企业，其出口产品无最低附加值要求，亦无净赚外汇比例要求；关税水平将以分阶段的方式，逐渐与国际平均水平取得一致。印度是《信息技术协议》的签约国。按该协议规定，到2005年，将废除与IT有关的元器件、设备和资本物资的关税限制。

(三)人力资源开发：印度的计算机教育和培训起源于20世纪70年代，在80年代末90年代初得到发展壮大。印度信息技术产业能在短短10多年时间内迅猛发展，并带动第三产业从而促进了经济的增长，这得益于一大批优秀的电脑软件人才。目前全国2000多所中学均开设了电脑课，400所大专院校设有计算机及电脑软件专业。除国家原有的技术和理工学院外，各邦也有信息技术学院。同时，印度还建立起了大量的私立教育和培训机构。目前，印度已有150多所大学和460多个科研机构提供大学本科计算机教育，有1750多个私立计算机培训和教育机构。这使得印度建成了全球最大的多媒体教育设施体系。印度已充分认识到，要想继续在新世纪保持"软件大国"的优势，人才是根本。根据NASSCOM对印度软件业人才市场供需情况的调查，到2008年需要220万名软件技术人员和160万名硬件技术人员。为此，印度在IT教育和培训上投入了相当大的财力物力。印度政府目前正采取各种措施加速信息技术人才的培养。

首先，印度政府已制定了将IT教育引入全国教学大纲的计划，以推动全国IT教育迈向正规化和系统化。印度人力资源部同时允许各个学校可在大纲的框架下，根据自己的实际情况和学生的不同特点，灵活地将IT领域的知识、技能和道德观的教育融合到各自的课程中去。

第二,在全国所有邦设立印度信息技术学院,专门培养高水平的信息技术人才。增加对国际上享有盛誉的印度理工学院的投入,并计划将全国43所地区性工程学院提升到印度理工学院的水平。印度政府已向印度理工学院拨款8.98亿卢比,用于计算机系统的升级换代。目前班加罗尔、海得拉巴、马德拉斯、瓜廖尔等地的印度信息技术学院已建成,其他一些地区的学院正在计划或建设之中。

第三,大力鼓励民间办学,培养信息产业需要的专门人才。随着世界信息技术的发展,印度专门培养信息技术人才的私立工程学院在近年来像雨后春笋一样崛起,仅马德拉斯就有150所。

第四,大力鼓励著名软件产业公司办学。在政府的鼓励和支持下,国内外民间资本积极投入IT职业教育,采取各种各样的经营方式,造就了成熟的产业规模。其中最具代表性的就是印度APTECH计算机教育公司,以特许经营的方式推广IT职业教育,已在印度国内及世界30多个国家发展了1500多个教育中心,成为世界上最大的计算机教育机构。再如以生产教育软件为主的印度著名软件公司——全国信息技术研究所有限公司现已在印度和世界上其他20个国家设立了800个教育中心,每年培养15万名信息技术专业的学生和专业技术人员。一些国际上著名的信息技术公司也加入到印度培养信息技术人才的行列,如英特尔公司最近已决定出资帮助印度在两年内培养20万名信息技术教师,以普及信息教育。可见,除系统的高等教育外,印度成功的产业化的IT职业教育,已为印度IT业培养了大批一线工人。

（四）国内市场方面的政策：强制政府机构购买 IT 产品；宣传管理电子化的概念；颁布政策鼓励公众购买；计算机 60% 要减价，软件 100% 要减价；对新上岗的政府工作人员进行强制性 IT 培训；鼓励并实施电子商务。采取这些措施，目的是到 2008 年，开创出一个超过 350 亿美元的国内软件市场。

政府为规范管理和企业行为，已于 1999 年颁布信息技术法案。政府已成立信息技术部，其基本职责是，负责所有有关信息技术的政策事务；在全印度促进知识型企业的发展，促进因特网、电子商务的发展，促进 IT 教育的发展。

二、贸易政策

印度独立后的贸易政策以经济改革作为标志来划分，可分为两个阶段。1991 年以前为一个阶段，1991 年以后为另一个阶段。总体上，印度实施的是进口替代的贸易政策，这是与它的独立自主、通过工业化战略摆脱殖民控制的国家目标相一致的，进口替代是工业化战略的组成部分。由于工业化战略是采取优先发展重工业为主导的模式，对于一个长期受殖民掠夺的农业国来说，这样的发展模式必然要靠进口来完成资本品的投入，即发展重工业急需的原材料和半制成品只能靠进口来解决。进口替代就是要在国内生产原来进口的制成品，对于一个没有制造业基础的国家，它首先要靠进口解决建立制造业基础的问题。这就解释了为什么已实施进口替代战略的印度，反而进口一直大于出口、外债增加、贸易赤字不断的现象。印度经济改革前后的贸易政策主要有以下方面。

（一）经济改革以前的进出口政策

1.进口政策:独立以后,印度的进口政策主要是限制消费类商品的进口,而鼓励生产资料类的商品的进口。印度政府通过进口许可证、进口配额、进口税以及禁止某些商品进口的形式,广泛地对国外竞争进行限制,保护和培育国内工业。"二五计划"开始实行马哈拉诺比斯工业化战略以后,采取了下述政策:(1)取消非必需品的进口或将其保持在最低限度。(2)对各种进口实行复杂的限制规定。(3)可自由进口机器设备和其他用以支持重工业发展的货物。(4)对进口替代采取鼓励措施。(5)在遇到严重的外汇危机时,就更加强对进口的控制和外汇管制,禁止进口非必需品的消费品。(6)对于提供技术的资本货物按资本品的进口规定给予支持。进口替代的选择是非常重要的,也是很难把握的,由于进口需要出口来促进,没有出口创汇,就没有外汇来安排进口,因此,政府在80年代中期,强调需要取得出口促进和进口替代的平衡,允许以促进出口的名义进行进口,以及为技术更新换代进口资本货物,这样在进口上就出现了偏差,形成巨额进口。这就是几十年来,进口多大于出口的政策因素,使贸易多处于赤字状态,国际收支严重不平衡,以至于80年代末90年代初出现了严重的支付危机,直至外汇只能支付一个月的进口。

2.出口政策:独立初期,促进出口的需要并不迫切,到"二五计划"时期,认识到印度的出口收入主要来自茶叶、麻纺织品、棉纺织品,短期内出口不会有相当的增长,只有在工业化取得相当进展、国内产量增加的情况下,出口收入才会大幅度增长。在实现重要出口商品市场多元化以应对国外竞争的同时,要采取一切措施发展新商品出口。促进出口的措施主要有:(1)通过授予进口权来促进出口,根据出口商出口商品的收入给予进口许可证。使出口商能够利用所赚取的外汇的一部分自由地购买其发展生产所需要的原材料和机器设备。出口商可进口商品并在国内出售,用赢利来补偿出口中的损失或利润减少部分。政府根据出口商品的类别颁发进口许可证。(2)根据出口创汇的情况免除所得税。(3)允许额外的原材料和半成品的进口,使它们在出口中产生效益。(4)为了消除因将进口关税和货物税打入出口商品的出口产品成本,从而抑制了出口增长这一消极因素,政府采取退还一些税收的措施。(5)减少出口限制到最低限度,只对少数特定的商品视供给情况的需要实行出口限制。(6)出口税根据海外市场的变化进行灵活的调整,主要用于为印度商品提供竞争能力。此外,政府还采取了大量促进出口的措施,如扩大出口生产能力,供应关键性原材料,提供现金支持,为出口提供金融融通等。

尽管为促进出口采取了各种刺激和鼓励措施,出口额的增长仍低于进口额的增长,从50年代以来,只有70年代的两个年份贸易处于顺差,其余均为逆差状态,而且逆差是不断扩大的趋势。由此可看到,印度的进口替代政策执行得并不成功,应该说这一政策的初衷是进行结构性的进口限制,鼓励制成品的出口。但是一旦生产能力靠进口技术和资本货物建立起来,就还得靠进口原料、零部件维持下去。所谓"刚性进口"还得不断进行下去。加之,跨国公司很少对转让技术感兴趣,他们的主要目的是倾销那些发达国家已经淘汰的技术。政府在国际货币基金组织和强大的跨国公司的压力下,只有以促进出口的名义允许大量进口,造成了实际上的进口自由化,使进口难以控制,最终结果是对外汇更严重的依赖和扩大贸易赤字。

应该说,在70年代后期,某些政策措施已经在向贸易自由化方向努力,但直到80年代的上半叶,这种自由化进程仍然是缓慢的。

(二)经济改革以后的进出口政策

1991年在新经济政策的框架下,商务部宣布了新贸易政策,这一外向型的自由贸易政策成为印度经济改革的一个主要特征,其特点体现在合理的关税水平,大幅度减少各种限制,引入高效简便的进出口许可申办体系等方面。新贸易政策的目的在于削减阻碍进出口自由流通的行政管理和障碍。主要政策有以下方面。

1.进口政策:(1)简化预报许可证制度。使出口商品制造商得到免税进口原材料的优惠;(2)政府确认的出口优势产品可免除特别许可证;(3)在外商提供外汇投资的情况下,合资企业可自由进口所需的机器设备(2000万卢比以内)无需进口许可证;(4)简化资本货物的进口程序,新建企业和大规模扩建的企业可发给资本货物进口许可证;(5)98种商品由以前的限制进口改为准许进口,把37种准许有限进口商品变为允许进口,16种原来由国营企业专营的出口商品向私营出口商开放,以前由国营企业专营的5种进口商品转到公开许可证项下,另外14种原来由国营企业专营的进口商品,转由私营企业使用出口外汇回扣凭证进口[①];(6)放宽进口免税许可证,六大类1000余种商品可免税进口,持该证的出

---

① 政府用来代替对出口商的出口现金补贴,出口商根据该凭证进口的货物不再需要办理进口许可证。此凭证可公开买卖。

口商出口外汇留成由10%提高到20%。

在上述政策下,大多数商品在缴纳特定关税后可以自由进口;大多数的进口限制是出于安全、健康和环保的需要,或是因为进口产品是为小规模生产领域预留的产品,亦或这些产品是密集劳动、简单操作手工作坊型产品;对资本货物和半成品的进口限制不多,使用10年以上的二手资本货物,经印度政府发给特别许可,可以进口;用于生产出口产品的原材料、半成品、构件等,持许可证可以免税进口;根据以优惠关税或全免关税进口资本货物的计划,可以进口全新的资本货物,此类货物的进口可以享受比例为5%的最低减税率,所享受的优惠须在一定时间内完成出口义务为补偿。

关税政策:(1)1991年6月关税比率高峰从350%降到2000—2001年度的35%。印度在2003—2004财年财政预算法案中将关税峰值(不包括农产品、奶制品、汽车、酒类、香烟等产品的税率)由30%降为25%。自2004年1月9日起,印度关税峰值进一步降为20%。(2)2004年,印度官方公布的工业品算术平均关税水平为15%,未公布加权平均关税水平。IT产品关税,有线电话机、电报机、传真机、手机关税为15%。个人电脑、打印机、扫描仪、鼠标关税均为10%。可移动硬盘、光驱、软驱等存储设备关税为零。发电设备关税为20%,电力设备(包括输配电项目设备)关税为10%,电表的进口关税为15%,家电产品关税为20%。(3)农产品关税:活动物、鱼、乳品、蛋类、蜂蜜、蔬菜(除洋葱关税为5%外)、水果(除苹果关税为50%外)关税为30%。咖啡、茶关税为100%。小麦关税为50%,大麦、黑麦关税为零,面粉关税为45%。除腊肠关税为100%外,其他肉类关税为30%。糖类产品关税为60%。

其他农产品关税为30%。

2. 出口政策：除不得出口商品清单上规定的少数产品外，商品出口完全自由。印度的促进出口政策的主要的目的在于吸引国外的投资者来印兴办出口型企业。出口利润免征所得税，并按出口交易额与总营业额之比估算。出口免税5年之内逐步实现，每年减20%，自2000—2001财政年度起生效。

经济特区政策(自由贸易区)：2003年，印度出台了有关经济特区的新规定。印度中央货物税和关税委员会(CBEC)在原有已修改过的1962年海关法案的基础上，于2003年7月22日颁布了新的有关经济特区管理的公告。新的规定不仅适用于目前的8个经济特区，也适用于新建中的19个新经济特区。同时，还公布了一项涉及货物和服务流通的程序方面的公告。原有的涉及经济特区免税的公告将不再生效，新的法律法规条款已于2003年8月15日正式生效。根据新的公告，经济特区将分成两部分：一部分为出口加工区，主要由一些获得批准在经济特区内进行经营的企业组成；另外一部分为非出口加工区，由一些为出口加工区提供基础设施方面服务的开发商组成。经济特区内企业和开发商均享有免税和自由贸易的特权。但是如果将特区商品销售至国内关税区(DTA)，则将不能享受进口免税、出口退税和鼓励出口加工业的各项优惠条款。

印度政府为鼓励出口采取了创办出口加工区的特殊措施。目前共有6个出口加工区：坎德拉自由贸易区(古吉拉特邦)、圣他克罗士电子产品出口加工区(孟买)、诺伊达出口加工区(新德里)、马德拉斯出口加工区、科钦出口加工区(喀拉拉邦)和维沙卡帕特南出口加工区(安得拉邦)。在这些加工区建立的企业,均可享受免税 5 年(1997 年时将免税期延长至 10 年),以及自由进口生产所需的原材料和零部件等多项政策优惠。

由于印度 90 年代以来的贸易政策是外向型的自由贸易政策,政策的效果首先体现在进口的增长上,市场的放开大大促进了进口。所以 90 年代以来的贸易表现仍然是进口大于出口,没有一年是贸易顺差。这就是说,对于相对落后的国家,市场的开放就意味着参与了全球的竞争,进口大于出口就说明本国产品的竞争力较弱,尤其是高附加价值的产品、制造业产品的出口竞争力不强,它们的出口所创外汇还是远远不足以抵付进口所需的外汇,因而贸易赤字还照样存在。当然这还存在着国际贸易规则不公平、国际贸易秩序对发展中国家不利等因素。

尽管采取了较大力度的促进出口的政策,但出口对贸易的贡献始终不如进口,因此可以说,推动商品贸易发展的主要因素是进口,是国内需求。而国际市场的需求主要是对服务贸易的需求,90 年代以来,商品贸易的国内需求和服务贸易的国外需求共同成为拉动第三产业快速发展的重要因素。

本 章 小 结

本章从经济增长与产业结构变动的相关性、需求和供给,以及政策因素等方面对影响印度产业结构演进的产业外因素进行了详尽的分析和研究。总的结论是:

从第一、二、三产业与经济增长的关系看,农业与经济增长的关系密切,这是印度的农业大国的特征所决定的。在农业发展不景气、经济增长缓慢的情况下,第二产业尤其是工业也是以非常缓慢的速度增长。增长率的长期低速影响了产业结构的升级和工业化进程。

但是对于印度的产业结构较为奇特的是,第三产业似乎不受第一、二产业的影响,以稳定的速度一直处于增长状态。在进一步对第三产业增长的因素分析时,发现无论是需求还是供给,都对第三产业的发展十分有利。从需求看,贸易是一个推动因素,把贸易分为商品贸易和服务贸易来看,在商品贸易的贡献中,总体上是进口的贡献大于出口,这是符合印度工业化战略的目标和需要的。服务贸易在90年代以来,成为推动第三产业发展的又一个重要力量,并且从重要性来看,有取代商品贸易的趋势。

服务贸易的发展主要是需求和供给共同作用的结果,从需求方面看,国际市场对以信息技术和计算机软件为主的现代服务业的旺盛需求有力地拉动了印度第三产业的发展。从供给方面看,国内在政策的大力倾斜下,解决了发展一个产业的两大问题:通过较大力度的对内对外开放政策,解决了资金问题。通过长期对教育培训的重视,解决了人力资源的问题。

政策对产业结构的影响是明显的,早期倾向于重工业的产业政策对农业产生了不利的影响,也影响了制造业内部的整体协调。20世纪80年代中期以来政府实施一系列推动信息技术产业的政策,使第三产业的发展得到了快速发展的信息软件等现代服务业的强有力的支撑,第三产业较好地实现了传统服务业和现代服务业的衔接,走入了可持续发展的轨道。

所以可以说印度产业结构的发展和演进是多方面因素共同作用的结果。在第3章和第4章从产业内和产业外不同角度详尽分析了影响产业结构变动的经济因素,从印度的经济社会发展的实际看,产业结构变动的原因还不仅只是经济因素的影响,还有历史因素、政治因素,以及宗教文化等因素,它们都对产业结构的形成和发展产生着间接的也是深远的影响,正是这些多因素的综合作用,多样化的土壤,成长出了具有印度特色的发展模式。

第5章 印度产业结构演进的非经济因素

一国的工业化和产业结构的演进与本国的国情、工业化战略开始实施的条件和国际环境有着密切联系。因此仅从纯经济因素来解释印度的产业结构演进是不够的,还需要历史地看待它,同时印度还是一个民主政体、多元政治力量的博弈、多元化的社会,都从不同方面对经济发展和产业结构的演进产生影响,因此分析非经济因素,不仅从纵向分析还应对它进行横向的剖析,才能更深入地解读它。

5.1 历史视角:国内国际环境的影响

要准确地理解和把握印度的发展模式,有必要对历史因素作出分析,以便了解印度独立时的经济社会基础及政策背景,以及它采取的一系列政治经济决策的背景。1947年8月15日印度摆脱英国殖民者近200年的统治,新政府成立伊始就面临着严峻的国内国际环境的考验。

5.1.1 印度独立时的国内国际环境

一、国内环境

(一)经济环境

独立前的印度,经济几乎处于停滞状态。印度独立时,经济陷入了贫困的恶性循环中,它是世界上人均收入水平和消费水平最低的国家之一。低收入水平导致了低储蓄水平和低投资水平。由此形成了低生产率、低收入和持久贫困的恶性循环。低收入限制了市场规模,使企业失去了在多领域投资的激励,经济上的持续低效率又导致低收入和大量的贫困[①]。独立初期的印度是世界上经济最落后的国家之一。1950年印度人均国民总产值只有150美元,相当于世界平均数的17%。在工农业总产值中,工业只占30%,农业占70%,工业的年增长率不到2%,并且带有强烈的殖民地特征,由于从属于和服务于英国工业发展的需要,印度的主要工业部门是轻纺和原料加工业,重工业几乎没有,轻工业工人数量占全部工人总数的80%以上,而纺织工人又占轻工业总数的70%。外国资本控制着印度的经济命脉,主要的工业部门都操纵在英国人手里。截至1948年6月,英国在印度的投资共计32亿卢比,占印度全部工业资本的一半以上。在农业方面,独立前半个

---

① Uma Kapila, Iadian Economy Since Independence, published by Academic Foundation, New Delhi. p.27.

世纪年平均增长率只有 0.25%，全国有 2/3 的人口经常处于饥饿状态，每年都有数百万人口死于饥荒，素有"饥荒之国"的称号①。1947 年印巴的独立打乱了印度的经济秩序。一方面，印度分得原殖民地的 77% 领土和 82% 的人口，大城市和工业区大都留在印度，工业原料和粮食产区多半划归巴基斯坦。印度独立之初粮食产量大幅度下降。另一方面，90% 的工矿企业留在印度境内，如钢铁厂、黄麻厂、造纸厂等都划归了印度。纺织厂的 97% 归印度。但是大部分纺织工业原料产地都在巴基斯坦境内。工业生产地和工业原料产地的脱节，增加了印度经济的混乱和困难。每年不得不用外汇大量进口原料。这些情况表明，英国殖民者撤离印度时，给印度留下了一个工业萧条、农业濒临崩溃的经济烂摊子。

(二)社会环境

独立初期的国内政治也十分复杂动荡。印巴独立后，在教派极端分子的煽动下，在印度一方，大批伊斯兰教徒被杀害，土地和财产被抢劫。在巴基斯坦一方，大批印度教徒和锡克教徒被屠杀和驱逐。两国仇杀少数教派的怒潮不可遏制。据不完全统计，从 1947 年 8 月到 1948 年春的 9 个月里，大约 1400 万印度教徒、锡克教徒和伊斯兰教徒，在印巴两国间进行了大迁徙。双方死于教派仇杀的人数约 60 万②。持续两年之久的大规模教派仇杀，直到印度深受爱戴的民族领袖甘地被刺以后，才日渐缓和。人们似乎从教派仇杀的疯狂状态中清醒过来，但这场大规模的流血仇杀，事实

---

① 培伦等著：《印度通史》，黑龙江人民出版社，1990 年，第 682 页。
② 同上书，第 670 页。

上成了一场内战,它所造成的政治经济恶果后患无穷。

（三）政治环境

独立后的最大政治问题是印巴的领土争端。印度独立时,境内的土邦除了朱那加、海德拉巴和查漠·克什米尔三个土邦外,都加入了印度自治领。1947年10月印度军队开进了宣布加入巴基斯坦的朱那加土邦,土邦王公是伊斯兰教徒,但人口的86%是印度教徒,印度军队进入该土邦后,王公逃亡到巴基斯坦,尽管巴基斯坦对印度提出抗议,但朱那加仍被并入印度。海德拉巴统治者也是伊斯兰教徒,但全邦人口的80%是印度教徒。直到1948年8月该邦统治者还没有作出加入印度的决定,在他们与印度政府达成维持一年现状的协定到期之前,印度军队开进海德拉巴,该土邦王公投降,海德拉巴也并入印度。最后具有领土争议的土邦是查漠·克什米尔,该土邦王公是印度教徒,但全邦人口77%的居民是伊斯兰教徒,而且该邦历史上与巴基斯坦有密切的经济联系,与巴基斯坦相邻的边界线最长,有一条现代化公路从巴基斯坦直达这里。巴基斯坦的三条主要河流,包括印度河都发源于此。但该邦夹在巴基斯坦和印度中间,对两国都有重要的战略意义。两国的干预使该土邦情况极为复杂,最终导致克什米尔土邦的归属问题成为印巴两国的长期争端。

印度独立后的又一政治动荡是工农运动。国家的独立虽然使人民摆脱了近二百年的殖民奴役,但广大农民仍然受着封建地主的剥削、城市工人受着资本主义的残酷压迫。执政党的"土改计划"还停留在口头上或纸面上时,就引起了地主大规模夺佃的浪潮,激化了农村的阶级矛盾,使独立之初的农民反封建斗争日趋高涨。印度独立之初,工人的罢工斗争不断发生,抗议政府取消物价管制和实际工资下降。罢工的特点是,抗议性政治性罢工增多,罢工斗争向广度发展,罢工浪潮不仅席卷了工业发达、富有斗争传统的地区,而且也席卷了落后地区。

二、国际环境

第二次世界大战后,国际政治方面出现了帝国主义与社会主义两大阵营对峙的局面。美国对社会主义国家采取冷战政策,在抵御共产主义威胁的旗号下,集结各种军事集团,四处扩张,严重威胁着夹在中间地带的新独立的民族国家的安全。新中国的崛起,从根本上改变了东西方力量的对比,在亚洲形成了新的政治格局。

国际经济方面,第一次世界大战期间,国家垄断资本主义有了较大发展。大战结束后,世界出现了频繁的经济危机和工人运动,尤其是20世纪30年代的大萧条的打击下,使得传统经济学的解释无能为力,市场自行调节失调。统治者为了巩固统治地位,维护经济利益,要求国家政权对经济加强调节和干预。凯恩斯理论中的政府干预的经济思想成为当时国家干预论的理论基础。各主要工业国颁布法律,建立经济管理机构,通过财政、金融和其他手段全面干预经济。第二次世界大战后西欧一些国家开始建立混合经济。英国工党政府为了制止战后国内经济的急剧衰退,以支付优厚补偿金的办法,把一些亏损的私营企业收归国有,形成国有、私有混合的多元经济格局,这就是战后国际经济发展的趋势。印度新政府顺应了这样的世界经济潮流,实行了国家资本主义,采取了混合经济体制。

5.1.2 独立之初的经济政策和政治安排

一、经济政策

面对独立之初严峻的经济形势,政府首先采取了工农业生产恢复和有计划发展的计划。执政的国大党领导人重视经济计划的传统由来已久。早在印度独立前的30年代,受过西方文化教育的有识之士就提出过土地改革和国家经济发展计划问题。尼赫鲁的计划经济思想的形成很大程度上受了苏联社会主义计划体制的影响。1927年尼赫鲁访问苏联后,曾说过苏联帮他找到了解决经济建设的办法。制定长远的经济计划,促使经济起飞的信念已在许多国大党领导人中深入人心。但从国大党执政的那天起,严重的经济困难和政治动乱危及新兴的政权,为了巩固政权,在忙于平息教派冲突和工农运动的同时,政府立即着手整顿国内经济秩序,恢复工农业生产。对于这样一个落后的农业大国,首先需解决3.6亿人口的吃饭问题,国内政治的安定也有赖农业的恢复,发展农业生产的关键问题是要改革殖民地时代遗留下来的封建生产关系。国大党一方面实施"增产粮食计划",开展增产粮食运动。另一方面着手自上而下地改革农村封建生产关系。1947年成立了以尼赫鲁为主席的"经济计划委员会",该委员会提出了废除"柴明达尔租佃制度"的报告,1948年国大党年会上一致通过该报告。此后国家明确提出由各邦政府视自己的实际情况,自行制定废除柴明达尔租佃制的法律。在印度农业经济中不允许中间人(即柴明达尔地主)存在,土地属于农民,禁止土地转租,农民耕种土地连续6年者,自动获得这块土地的占有权,佃农有权按地方法庭裁决的合理价格赎买土地,建议地方法院设立农民的地权档案。1948年前后,各邦政府开始制定废除柴明达尔租佃制度的法律,大体在50年代初开始实施。

独立初期工业生产形势十分低落,原料缺乏、资金技术严重不足、食物短缺、物价上涨、黑市活动猖獗、生产持续下降、大批工人失业。为了恢复工业生产,1948年初,经济计划委员会提出一份工业改革报告书。要求国家对现有私人大型工业企业、银行实行国有化,对企业的公营化要经过一段适当时期后开始实行。这个报告的政治目标是要建立一个公正的社会秩序,铲除生产领域和分配领域中的剥削,在国家全力支持下,有组织地进行城乡消费品的共同分配。但是在当时资本主义私有制经济占支配地位的情况下,这种工业国有化政策一发表,立即引起工商界的动荡,占印度工业资本一半以上的外国私营企业,对国有化政策的最先反应,就是从企业中大量抽走资金和停止投资,使不景气的印度工业界陷于更加困难的境地。政府为了稳定局面,于1948年4月重新出台了一个新文件,"关于工业改革的决议",这项新的工业政策明确规定:政府管辖已国有的军火工业、原子能和铁路运输等企业。对六种基本工业部门(煤炭、钢铁、飞机制造、造船、通讯器材、石油),政府只关心建立新企业,现有私营企业在今后10年内仍可发展,政府将提供一切便利条件。私营企业在规定的领域内发展不受国家限制,除了为国营企业保留的经济领域外,其他工业部门按常规准许私人资本经营。政府为外资提供优惠,如进一步保证投资的安全,外资可以自由汇出利润、利息和本金。这些内容基本上构成了独立初期乃至以后印度政府一直遵循的政策框架。1948年是印度选择经济发展道路的一个重要转折点,也是政府所推行的实行公私营经济并列发展的"混合经济体制"的开端。1950年1月印度共和国成立后,很快在3月成立了"国家计划委员会",这个计划委员会在编制中、长期发展计划时,混合经济原则被作为印度工业发展的长远战略的核心。由此混合经济也成了印度经济体制的特征。

二、独立后的政治安排

(一)建立议会民主制的政体

印度独立后,执政的国大党政府在政治上开启了民主化进程。提出了在印度建立"社会公正"、"人人平等"的"社会主义类型社会"的目标,确立了议会民主制的政治体制。1949年颁布了新宪法,1950年1月26日生效。宪法规定印度是联邦共和国,中央集权,全部有关财政、国防、外交和国内治安等,均由中央政府直接管辖。印度议会民主制在联邦和邦两级实行。在联邦这个层面,联邦部长会议对联邦议会负责,联邦部长会议由人民院选举中获法定多数席位的政党组成,不足法定席位的政党可以联合其他政党共同组成。部长会议包括总理、各部部长、国务部长和副部长。总理是部长会议领导人,由总统任命,总理必须是人民院多数党议会党团领袖。部长由总理提名,总统任命。部长会议的核心是内阁,它是由总理和内阁部长组成,是政府实际决策机构,其职权是:批准立法提案,政府成员的任免,解决各部之间争端,监督法律的实施和政策的执行。内阁设常设或临时委员会,如外交事务、政治事务,经济事务委员会等,这些委员会提出建议供内阁裁决。议会的立法权实际掌握在内阁手中,每届的议会通过的大部分法案,都是内阁提出的。

联邦议会在国家体制中处于最高地位,这是内阁制的特点。联邦议会由总统和联邦院及人民院组成。联邦院为上院,成员不超过250名,其中12名由总统任命,其余由各邦立法院中普选产生的议员按代表制选举产生。各邦在联邦院中的代表数按人口比例确定,联邦院主席是副总统,副主席由该院选出和罢免。联邦院的作用是对部长会议提出的立法提案进行讨论和通过,为提案制造法律根据;在立法方面牵制人民院。人民院为下院,成员547名议员,其中525名按人口比例由各邦普选。中央直辖区代表20名,由普选或总统任命产生。如果总统认为人民院中缺乏足以代表英裔印度人利益的代表,总统有权任命不超过两名英裔印度人为议员[①]。联邦议会两院对非财政法案有同等立法权。在两院对法案意见不同时,总统召集两院联席会议,可以以简单多数通过议案。

印度第二级政权是邦和中央直辖区。印度各邦政权组织形式同联邦中央政权组织形式基本一致,也实行部长会议制。关于印度的政治结构将在下面有专论。

(二)实行世俗化、社会民主化政策

独立后,为了解决宗教矛盾,维护社会稳定,政府的出路只有

---

① 参见雷启淮:《当代印度》,四川人民出版社,2000年,第145页。

一条,就是坚决实行世俗化政策。印度宪法把世俗化明确规定为立国原则之一。宪法规定,实行政教分离,信仰自由,宗教平等,政府政策不受宗教支配。宪法宣布废除贱民制,保护贱民阶层,法令规定,对贱民实行任何不可接触的歧视活动,都触犯刑律构成犯罪,为贱民在议会和政府中保留法定席位,并为其就业教育提供贷款和助学金等照顾。政府还制定了一系列法令,保障印度教妇女的权利。这对贱民和饱受压迫的印度妇女来说,是有史以来他们的平等地位第一次得到了法律保障。

针对独立后印度社会的种种弊端,政府决心对那些阻碍社会政治和经济发展的因素进行改革,对国内尖锐的阶级矛盾进行调和。在尼赫鲁的阶级合作,财富合理分配,实现社会公正的口号下,首先在1951年前后,国大党政府改变了严厉镇压印度共产党的政策,在某些邦的高级法院对取缔共产党的禁令提出反对,认为这违背了印度新宪法所规定的基本权利。允许西孟邦的共产党活动合法化,并且承认其作为印度主要党派之一,登记参加了第一届大选。在对待工人问题上,颁布了一系列旨在改善工人劳动和生活条件的立法。号召劳资合作,承认工人的合法权利。同时印度政府在归并的土邦中实施民主改革措施,取消和限制了封建特权,实现全国行政和政治统一。

(三)对外政策

在独立后的印度面临着国内动荡的形势和新的国际政治格局,尼赫鲁政府开始探索一条适应新形势的外交路线,在建立一个由印度作为神经中枢的亚洲联邦的战略思想的主导下,首先,从南亚地区开始,确立印度在该地区的霸主地位。1947年独立不久,强迫锡金签订"维持现状协定",1949年6月进军锡金,迫使锡金于1950年12月签订"印锡和平条约",规定锡金首相必须由印度人担任,锡金实际上变成印度保护国,这为以后兼并锡金奠定了基础。1950年8月,印度强迫不丹签订"永久和平友好条约",取得对指导不丹对外政策的特权。1951年2月,印度利用尼泊尔宫廷的权力之争,帮助国王恢复了权力,由此印度成为尼泊尔的太上皇。

其次,对中国的关系上,一方面采取了扩张政策,趁英国撤出印度,继承英国在西藏的全部特权,英国驻拉萨的代表机构,变成了印度的机构。1950年中国人民解放军进军西藏时,印度政府先后7次以照会、备忘录的形式对中国内政进行干涉。另一方面,面对新生的中国,考虑到印度所处的地理环境和政治、军事的实际情况,考虑到中印两国源远流长的友好关系,对中国采取了友好政策。承认中华人民共和国,支持恢复中国在联合国的合法席位等。

第三,在对待西方集团关系上,印度的主导思想是探索一条适应国内外形势需要的外交路线。印度最需要的是争取时间与和平环境,巩固和发展本国政治经济。所以印度政府坚定地推行反对战争,坚决反对帝国主义、新殖民主义政策。维护民族独立、维护世界和平,坚持和平中立的不结盟的外交政策,与一切国家发展友好关系。

印度的不结盟政策既不卷入东西方集团政治中去,又能使双方谁也少不了它,在寻求外援时左右逢源,它不仅向资本主义世界寻求外援,而且也向社会主义寻求帮助。尽管印度外交政策的核心是维护国家独立和民族利益。但是它对西方国家更接近和更有亲和力。出于经济和政治上的需要,印度独立后仍决定留在英联邦内。尽管如此,印度独立后已初步确定了和平中立的不结盟政策,在以后的发展过程中,逐渐成为了印度外交政策上的基本点。

5.1.3 印度实施工业化战略的基础和条件

在第一章讨论了工业化的条件和前提问题,这一问题对于一个国家,尤其是第二次世界大战后的发展中国家是非常重要的,它决定了工业化战略的起点高低,实施效果甚至成败与否。也对产业结构的发展进程产生深刻的影响。对于印度来说,近二百年的殖民地经济,五千年的文化,农村顽固的封建土地制度、城市的服务于资本主义经济的工业体制,面向海外市场的商品经济,古老和文明,传统和现代相互交织,构成了独立后印度工业化战略确立时的经济社会和文化基础。

一、市场经济发育状况

印度三面环海的地理位置决定了它的开放性。早在公元前3世纪,印度与欧洲就有了贸易联系。那时正值印度孔雀王朝时期,城市手工业和商业在这一时期得到发展。印度生产的大量棉布在国内外都有广阔的市场。棉纺织品曾源源不断地运到罗马。在公元6世纪戒日帝国时期,印度的封建制度确立,它推动了经济社会的发展,水利灌溉设施扩建、耕地面积增加,农产品产量有了很大提高,这一时期的农业经济较为发达,纺织业也是这一时期主要的手工业。商业贸易主要集中于沿海港口的城市,对外贸易兴盛。

但是印度国内城市商人和手工业者的行会活动被局限在地方范围,没有竞争自由,这充分反映了印度中世纪早期封建制度经济的保守封闭特征。直到17—18世纪,印度仍是一个自给自足的封建制国家。自给自足的自然经济的基础是农业和手工业的直接结合,虽然有较为发达的手工业,但生产方式仍然是简陋的设备、个体的手工操作。商品主要满足宫廷、贵族等城市消费和对外贸易的需要,广大农村并未进入商品经济的体系中。村社和种姓制度的存在,形成了一种稳定的社会结构,使自然经济自身的发展很难出现大的突破。

18世纪以后,随着英国殖民者的入侵及其实施的殖民政策,最终导致自然经济逐步解体。英国殖民者在印度不断扩张势力的同时,扶植和利用原有的封建租佃关系,使自己成为印度最高土地所有者。英国工业资产阶级凭借殖民政权、掠夺性的自由贸易政策和铁路、商业、银行等一系列剥削印度的经济杠杆,凭借与其勾结在一起的印度商业高利贷资本,终于摧毁了印度城乡手工业,摧毁了以"农业和手工业的家庭"结合为经济基础的村社制度。随着土地的兼并和村社的解体,以往自纺自织的农民,开始从市场上购买英国棉纱织布,有的放弃纺织。城市人口日益增加,要求农村供应更多的粮食、原料,越来越多的农产品进入市场,商品经济在城乡都得到发展。一方面,英国商人和印度商人积累大量货币资本,另一方面,越来越多的人失去土地,不得不以出卖劳动力为生,这就为资本主义的产生创造了前提条件。18世纪中期,印度开始产生资本主义萌芽。19世纪中期,印度资本主义企业开始出现,但它们是殖民地经济体系的一部分。印度成为英国的商品市场和原料产地,在客观上为资本主义生产方式的形成创造了条件。但是印度的特殊情况是,一方面农村还没有形成新的生产关系,封建土地关系一直保留着,只是对其调整和利用,使农业劳动生产力得不到解放。另一方面,随着农村经济和市场经济的关系日益密切,农业开始有了分工,分工促进了商品生产的发展。为适应英殖民者对原料的需要,印度农村形成了农作物专业区。有茶叶专业区、咖啡专业区、棉花专业区、黄麻专业区、鸦片专业区、水稻专业区、小麦专业区。农作物经营的专业化和分工的发展,标志着农产品的商品化和货币关系的发展。

殖民政府的货币金融政策也促进了商品货币关系的发展。早在1861年殖民政府就颁布了货币流通法,并增加了纸币发行额,这促进了商业活动。

印度市场经济的发育就是在对外贸易的发展和殖民经济的冲击下加速的。因此,贸易对于印度经济的商品化、市场化发挥了重要作用。但其贸易是典型的殖民地模式。印度是英国的粮食和原材料的出口国,同时是英国制成品的进口国。印度在英国统治下,在买办贸易和自营贸易中积累了资金,对贸易行情也较为熟悉,也取得了经营现代商业的经验。英国商人看到利用印度廉价地皮、劳动力和原料发展工业可以谋取比单纯的商品贸易更多的利润,开始输入英国机器设备和技术在印度办工厂,当英国商人一开始办厂时,印度商人也就很快跟进。英印商人几乎同时开始兴办大工业,印度大工业的基础就是这样建立和启动的。

二、工业基础及结构

独立前,工业在国民生产总值中所占比重仅略高于10%。印度的工业是从原料出口加工开始的,如前所述,在印度成为英国商品市场和原料产地后,就有英国商人和印度商人尝试建立与原料出口加工相关的小型工业,如缫丝厂、轧棉厂、制糖厂、纺织厂、煤矿、冶铁厂等,这些是印度工业的前奏。19世纪50年代,大工业和现代基础设施开始兴建。相继修建了铁路、黄麻厂、棉纺织厂。黄麻业的中心在东孟加拉,棉纺业的中心在西海岸的孟买,黄麻业是英国人投资,棉纺织业是印度投资。两大产业同时兴起和发展,成了印度最早立足的两大产业并曾在相当长时期是印度的支柱产业,棉麻纺织业的兴起与印度铁路建设的开始标志着印度大工业和现代工业体制的出现。

在大工业出现之前,印度的制成品工业就已经拥有世界市场,国际市场对印度的平纹细白布有大量的需求,此外印度还出口棉纱、蚕丝、手工陶器、丝织品和毛织品等制成品。自1923年起,英属印度政府开始对某些工业进行有选择性的保护,与这种保护措施同时提供的是对英国产品的最惠国条款。这就使印度的棉纺、制糖、造纸、火柴及低水平的钢铁工业得到了发展。但是从工业结构看,殖民地工业结构的特征十分明显,从独立前的状况可看到这一点。

1.工业的内部结构是:消费品工业比生产资料工业占优势,重工业比重很低。在消费品工业中主要是轻纺工业。在生产资料工业中,主要是原材料加工业。1950年,轻工业工人数占全部工人总数的80%以上,而纺织工人数又占轻工业总人数的70%,在英国统治期间,统治者没有作出努力来发展资本品工业,相反设置种种障碍,对发展资本品工业一直持冷淡态度。例如,机械制造业发展缓慢,英印当局一直设法控制、人为阻挠这一核心部门的发展,所以,除了纺织机械工业外,其他机械工业部门基本上是装配修理业。直到1953年,消费品产值与生产资料产值的比仍为62:38。由于工业结构失衡,导致供求失衡。就消费品来看,国内供给大于需求。国内消费品供给指数为120,而需求指数为100。但是国内资本货物的供给却不能满足国内需求。若以国内需求做基数,国内资本货物供给指数仅为80,这种状况加深了印度在资本货物方面对其他国家的依赖。

2.就业高度集中于两端:大企业和小型企业,以及家庭工业。中型工业企业在印度得不到发展。这种企业结构是由殖民地性质的经济决定的。外国公司、大商人和工业巨头所有的公司,规模很大,积累于金字塔的顶端,而大量的小型企业处于金字塔的底部。据1956年的一个统计,在制造业就业的人数为1500万,其中就有1100万人在家庭工业和作坊中就业。只有390万人在工厂(法定10人或10人以上的生产单位为工厂)中就业,其中170万人在大型工厂就业,120万人在小型工厂就业。[①] 在大型工厂和小型工厂就业的人数就占总就业人员的78%。这种结构失衡反映出大量的印度人在英国殖民剥削条件下缺乏资本积累,多数人手中无钱,

---

① 〔印度〕鲁达尔·达特、K.P.M.桑达拉姆:《印度经济》下册(中译本),四川大学出版社,1994年,第248—249页。

无力投资工业,只能发展家庭作坊式的工业。而大量的资本集中到英国殖民者大买办、大巨富手中,这一问题成为印度工业发展滞后的根源之一。一极是具有发展现代工业的极少数的塔尖上的企业,一极是缺乏资金,无力提升技术水平的低层企业,中间缺少过渡环节。这是一种二元结构式的工业体系,在以后的发展过程中逐渐形成了一个断层,现代传统生产方式缺少连接的中间环节,影响了工业技术的传递和整体的协调。

3. 外资企业比例高,外国资本控制着印度经济命脉。主要的工业部门都是英资企业,他们主导着印度的工业。截至1948年6月,外国资本,主要是英国资本在印度的投资共计32亿卢比,占印度全部工业资本的一半以上。

4. 从工业的对外贸易结构可看出印度经济殖民化的特征。见表5-1。

表5-1 印度的对外贸易

年份	出口构成		进口构成	
	食品、饮料、烟草、原材料	制造业商品	食品、饮料、烟草、原材料	制造业商品
1913—1919	76.6	22.4	19.2	79.4
1920—1924	74.2	24.8	21.5	76.7
1925—1929	72.5	26.6	25.4	72.6
1930—1934	72.0	26.9	27.5	70.3
1935—1939	68.5	30.0	33.8	64.4

资料来源:CEHI(1984) and Varshrey(1965), Binal Jalam, The Indian Economry, Penguin Books, 1993, p.3.

从表5-1中可看出,独立前印度的外贸结构,出口偏重于食物和原材料,进口是工业制成品,而且大部分出口的制成品是低技术产品。在1938—1939年度黄麻和棉纺织产品出口占全部制成品出口的68.3%。同样机械类产品的进口仅占全部进口商品额的2.9%(1900—1901)、3.7%(1910—1911)、8.7%(1930—1931)、11.1%(1933—1934)。这种殖民性特征从当时占主导地位的落后技术、停滞低下的农业劳动生产率,以及低水平的受到阻碍的工业发展中得以充分地体现。

　　印度的工业是在两次世界大战中得到了发展。19世纪50年代到第一次世界大战前,印度的工业部门较少,发展缓慢,铁路建设较为突出。两次大战的20年中,印度工业得到了较大发展。1918—1919年登记的公司数有2789个,而1921—1922年公司数量增加到5189个。1921—1923年英国对印度大量输出资本,平均每年输出3020万英磅。民族资本在战时也积累了大量资本。在大工业中,这一时期有较大发展的制糖业和水泥业,这两个产业成为工业的新支柱产业。到1939年,印度大工业的主要产量是,钢78.1万吨,棉纱12.64亿磅,棉布41.15亿磅,黄麻制品118.9万吨,食糖69.5万吨,水泥172万吨,煤2776.8万吨,硫酸58.7万吨,电力25.32亿度。第二次世界大战后,又出现新建企业高峰。1947年,印度公司总数达21853家。出现了一批新工业行业和部门,如汽车制造、机械工业、飞机制造、电气建筑设备等。到1945年印度主要工业品产量:钢材95.4万吨,棉纱16.44亿磅,棉织品47.11亿吨,黄麻制品108.6万吨,糖96.7万吨,水泥220.9万吨,煤2871.6万吨,电力41.16亿度。到印度独立时,也初步建立了一些工业门类,交通基础设施建设显著。铁路达40524英里,公路

115000英里,钢铁、电力、纺织业及交通的发展程度,在亚洲都居首位[①]。印度独立后,政府还没有精力考虑工业化问题,恢复工业秩序,创造工业条件是首要任务,主要是投资于电力等基础设施,也建立了一些化肥厂、机车车辆厂、电缆厂、客车车辆厂、制药、机械制造等工业企业。

通过上述历史角度的分析,对印度工业化和产业结构的演进轨迹有以下方面的认识和启示:

(1)印度是在社会极不稳定的状态下开始自己的独立进程的,教派冲突达到极点,多元化社会只能建立民主政治的体制。这种体制一方面满足了各不同利益集团对自己利益维护的需要,对于稳定社会起到了积极作用;另一方面,由于各不同利益集团的相互博弈,使得政府的决策过程缓慢、低效。但好处是不易有重大失误,从而成为印度经济发展缓慢但稳定的重要原因。

(2)印度是在经济相当困难的状况下开启工业化进程的,印度的历史包袱非常沉重,在印度独立前的半个世纪,国民收入的平均增长率低于1%[②],经济几乎无任何增长,因而基础十分薄弱,在这样的基础上走一条优先发展重工业的道路,本身就已经超越了自身应有的能力,不但影响了农业和轻工业的发展,而且使自身的发展受到了局限,使第二产业长期在低增长、低水平上徘徊。

(3)印度是在畸形发展的殖民经济结构的基础上实施工业化战略的。农业和工业都以严重的结构扭曲为特征,主要服务于对

---

① 林承节:《印度现代化的发展道路》,北京大学出版社,2001年,第74、79页。

② Bimal Jalan, The Future of India: Politics, Economics and Governance, p. 72, Penguin Books, 2005.

外贸易的需要。印度是典型的廉价初级产品的出口国和工业品的进口国,印度独立50多年来,贸易持续地支撑着第三产业的发展,这是解释印度第三产业传统上就好于第二产业的原因之一。

5.2 政治视角:印度的政治和利益集团的影响

印度的政治结构和政治文化对产业结构的变动也许不会产生直接影响,但它们对经济政策的决策过程和决策的结果产生影响。利益集团的作用对产业结构的变动方向和变动的速度会产生影响。

5.2.1 印度的政治结构

在摆脱英国的殖民统治后,印度建立了议会民主制的政体,走上了资本主义的发展道路。由于印度庞大的人口,多样化的民族,民主政体是一个必然的选择。在政治体制上,印度在继承英国政治体制主体的同时,也结合了印度自己的实际,形成了"有印度特色"的政治体制和政治结构。

一、印度中央政府决策部门和决策机制

根据印度的宪法规定,印度是一个联邦制的国家,实行议会民主政体。虽然在名义上总统是国家元首,享有联邦行政的最高行政、立法、司法权力,是国家权力的最高拥有者,但实际上,总统的大部分权力都是总理通过总统的名义来执行,总统只是名誉元首,是"国家统一的象征",实际的权力掌握在以总理为首的部长会议手中,是国家权力实际上的掌握者。

(一)部长会议

一般说来,部长会议的组成包括执政党党内的重要领袖、执政党内各个派别和利益集团的代表,它的核心便是总理。总理的职责一般有:(1)向总统报告部长会议对于管理联邦事务和立法建议的一切决定;(2)向总统提供关于管理联邦事务和立法的建议;(3)经总统要求,将已由一阁员作出决定而尚未经部长会议讨论的任何事项提交部长会议讨论。根据1950年生效的印度宪法,对于总统是否必须接受总理为首的部长会议的建议,是否可以改变部长会议的决定,虽未作明确规定,但却明白规定"部长会议集体对人民院负责","总理与部长对总统是否提出建议,以及提出何种建议,任何法院不得加以干预"。这实际上证明了印度实行的是"议会制政府",而不是"总统制政府"[①]。

部长会议是由大选后在人民院获得半数以上席位的一个政党或多党联盟组织的国家行政机构。部长会议由总理和全体部长、国务部长和副部长组成,集体对人民院负责。其人数无明确规定,可由总理根据政府的工作需要随时决定。部长会议所有成员都必须是联邦院的议员,如非议员被任命为部长会议成员,必须自任命之日起6个月内被选为议员,否则就自动终止其部长会议成员资格。

(二)内阁的组成及职权

---

① 林良光:《印度政治制度研究》,北京大学出版社,1995年12月,第136页。

印度宪法中并没有设立内阁的规定,只规定设立部长会议。但在现实的政治生活中内阁不仅存在,而且逐渐取代部长会议而发挥着越来越重要的作用。内阁是由总理和内阁部长(各部部长)组成的一个独立机构,一般由12—20人组成,是部长会议的核心,由于内阁的人数少,便于总理及时通过内阁处理一些重大问题。

按照惯例,内阁一般有以下几项职权:

(1) 对国家重大问题作出政策决定并提请议会讨论或提请总统直接颁布实施;

(2) 执行议会通过的法律和总统颁布的法令;

(3) 执行所有重大的人员任免事项;

(4) 划分和协调联邦政府各部权限,督促和监督政府政策的执行情况。

内阁之中还存在着"小内阁",其成员往往只有二三人。他们是总理最亲近或党内极重要的人物。在一切重大问题上,总理总要先与其"小内阁"成员进行商量或作出决定,然后再向内阁全体或部分成员提出有关问题进行商议,或只是把已作出的决定通知一下内阁而已。印度报纸曾把英·甘地的"小内阁"称为"庖厨内阁",意思是说,政府的政策和决议是先由英·甘地最亲近的人物"烹调好",然后才拿到内阁批准的[①]。

(三) 行政机构与立法机构的关系

宪法规定,"部长会议对人民院集体负责"。所谓集体负责,就是指包括所有部长在内的整个政府对人民院集体负责,全体部长

---

① 孙士海、葛维钧:《列国志·印度》,社会科学文献出版社,2003年,第168页。

共进共退。如果人民院通过了对一位部长的不信任案,整个部长会议就要集体辞职。如果人民院拒绝通过政府的财政预算或通过对政府的不信任案,部长会议就应该集体辞职;否则就要由总理建议总统解散人民院,重新举行大选,由新的人民院决定政府的去留。由于立法与行政的这种密切结合,人民院可以使得不到它支持的政府垮台。但是,只要政府能在人民院中保持多数,就可操纵着议会的立法。当人民院的政治力量于政府不利时,政府则通过行使它解散人民院的权力来控制议会。议会的作用只不过是使政府合法化,使政府的政策合法化罢了。

二、地方(邦)的决策权限

印度是一个由邦和中央直辖区组成的联邦制国家,自称共有28个邦和7个中央直辖区[①]。印度各邦的政权组织形式与联邦中央的政权组织形式基本一致。各邦行政机构由邦长、首席部长为首的邦部长会议、邦内阁等组成。中央直辖区由总统通过他任命的行政长官进行管理,也实行部长会议制。

(一)邦长的职权

根据印度的法律,邦长由总统任命,任期五年,但总统可随时将其免职。邦长不能兼任联邦议会任何一院的议员,也不能兼任邦议会任何一院的议员,如果联邦议会任何一院议员或邦议会任何一院的议员出任邦长,则其所在的院的议席为空缺;邦长也不能

[①] 印度自己宣称印度有28个邦,另外三个邦是"查谟和克什米尔邦"、"阿鲁那恰尔邦"和"锡金邦"。

兼任其他任何有收益的职务。

邦长的地位和职权类似于总统。依照宪法,邦长是本邦的元首,在名义上是邦行政、立法和司法的最高拥有者。从法律上来说,邦长拥有非常广泛的权力。具体说来,邦长的权力表现在以下几个方面:

(1)行政权。邦长的行政权有:任命邦议会多数党议会党团领袖为邦部长会议首席部长,并根据首席部长的建议任命邦各部部长;任命本邦的检察官,任命邦公务员委员会主席及成员;有权了解邦部长会议工作的有关情况;兼任所有邦立大学的校长并任命副校长;在个别事项的处理上有自主权,并且可以在行政机构失控的情况下建议总统宣布实行紧急状态,在紧急状态期间,邦长代表联邦中央政府负责该邦的全部行政工作等。

(2)立法权。邦长虽不得担任联邦议会和邦议会任何一院议员,但他是邦议会的重要组成部分,它和立法院(以及参议院)共同组成邦议会,行使立法权。邦长可以随时召集邦议会开会;宣布议会闭会,在必要时解散立法院。邦长还可以就邦议会中的未决议案或其他事项向邦议会致送咨文,接受咨文的议院应立即讨论咨文要求考虑的事项。

邦长拥有批准邦议会法案和颁布法令的权力。邦议会通过法案后,应送至邦长。邦议会通过的任何法案,只有经过邦长批准才能成为法律。在邦议会休会期间,只要邦长认为有立即采取行动的必要,即可颁布法令,这些法令与邦长所批准的邦议会法令具有同等的法律效力。

(3)司法权。邦长能对总统任命高等法院首席法官和其他法官提供意见和建议;与高等法院协商任命、委派及提升各县法官;有一定的赦免和判刑权等。

(4)财政权。邦长独享财政法案的提出权;建议拨款和追加经费;支配邦临时基金等。

邦长的境况和联邦总统相类似,虽然名义上拥有广泛的权力,但实际上手中并没有实权,以首席部长为首的部长会议才是邦政权的实际掌握者。邦长所行使的职权一般都是在邦部长会议的建议下行使的,其礼节性、象征性的活动多于实质内容[1]。

(二) 邦的部长会议

部长会议的组织形式与联邦部长会议相似。其首脑称首席部长。部长会议向立法院负责,其成员必须是邦议会议员。按宪法规定,部长会议是协助邦长行使职权的机构,但实际上,首席部长地位与联邦总理相似,是各邦实际权力的执掌者。

与联邦政府一样,在各邦真正行使职权的不是部长会议,而是范围较小的内阁。邦部长会议或邦内阁的职权大体可以归纳为以下几方面:(1)为宪法规定的邦职权范围内的事项制定一般性政策;(2)批推向邦议会提交的立法建议和法令;(3)编制邦的预算;(4)控制和监督本邦行政管理工作;(5)协调政府的一切重要活动;(6)批准本邦发展计划。

三、中央与地方(邦)的关系

印度作为联邦制的国家,一方面各邦在一定程度上享有自治

---

[1] Das, Hari Hara, *India: Democratic Government and Politics*, Himalaya Publishing House, Mumbai, 1991, p. 269.

权,为各利益集团在联邦内实现本集团利益提供了渠道,这在一定程度上削弱了分离主义势力分立的必要性;另一方面中央集权的联邦同各邦关系确保中央对各邦进行有力控制,使得地方分离主义势力的目的不能实现。

(一)立法控制

宪法虽然规定各邦在自己的权限内享有单独的立法权,但又规定在某些情况下,联邦议(国)会也可以为各邦立法。按照宪法,如果联邦院以出席并参加表决议员的 2/3 多数作出决议,(国会)则有权就决议中指明的各邦的立法项目立法;如果有两个或两个以上的邦通过决议,(国会)就有权为提出要求的邦立法。另外,在紧急状态中,(国会)有权为全国或部分地区就各邦的任何事项进行立法。

(二)行政控制

印度宪法规定,联邦政府有权向各邦政府直接发布任何指令。在紧急状态中,联邦有权向各邦下达任何指令。对实行总统直接治理的邦,总统接管邦政府的一切职权,也可授权邦长代行。

如果邦政府违反联邦法律,中央政府可以宣布该邦处于紧急状态,也可以派遣中央后备警察部队进入该邦强行实施这些法律。联邦政府可以在某些情况下对各邦实施行政管理,包括就它认为具有全国意义或军事意义的交通线的建设和维护等问题向各邦下达指示。同时,总统在征得邦政府同意后,可以有条件或无条件地委托该邦政府及其官员对联邦行政权限内的事项行使职权。另一方面,邦长在征得联邦政府同意后,同样可以有条件或无条件地委托联邦政府及其官员对本邦行政权限内的事项行使职权。此外,宪法还赋予总统建立邦际委员会的权力，以便就邦际纠纷进行调查并提出建议，就各邦或者联邦与数邦有共同利益的问题进行调查和研讨，就上述问题，特别是就如何在该问题上协调政策与行动提出建议。

（三）财政控制

印度宪法规定，中央政府和邦政府财政独立，开支分别核算。宪法对中央和邦的主要收入来源税收的项目和分配作了较详细的规定。列入中央政府税收的主要是一些重要税收项目，如农业收入以外的所得税、有关烟草等的货物税、公司税、房地产税等。列入邦政府税收的主要项目有土地税、农业所得税、电力销售税、交通税等。因此，联邦政府控制和掌握了财政收入的最主要的部分，而邦政府所控制的税收不足以维持其日常开支和发展支出。因而，邦政府在财政方面必须有联邦政府的支持和帮助，这就为联邦政府在财政上控制邦级政府提供了条件。

从上述印度的政治结构来看，存在着联邦和邦双轨政府，如何处理好两者的关系，是一个两难的问题。一方面联邦制国家应该使各邦有自治权，充分发挥邦级政府治理的作用，调动地方在经济发展上的积极性，体现民主制国家的优越性。另一方面，要保证政府系统高效运作，以及中央政府的政令能得到贯彻执行，保证国家稳定和经济生活的正常运行，巩固国家政治体制，又需要集中权力，实施中央对邦的直接控制。

为了提供一个有效的治理体系，印度的行政管理结构分为两个组成部分，一是管理结构的顶层，是政治方面的代表，他们由总理、部长领导下的内阁提出。二是永久性的行政机构（过去称文官机构),其公务员通过公开竞争的体系来任命。行政机构对所有合格的印度公民开放,不考虑种姓等级、信仰或宗教。在所有中央政府和邦政府的行政机构职位都不受政治干预。管理结构划分为政治和非政治部分,这是希望保证在所有影响公众的政策由政治家决策的同时,这些政策的贯彻是由独立的非政治的行政机构来完成。决策职能和实施职能分离,这是宪法的一个重要特点,因为它希望平等地对待所有公民,而不考虑他们的政治或党派①。政府的重点和工作进程(任务)是由选举出的政治家来部署安排的,行政机构(官僚机构)是保证这些进程(任务)按照法律通过的行政程序来实施。在内阁和部长部署实施这些项目的同时,行政机构希望保证这些项目的利益流到人民那里而不论他们的政治派别如何。

这种政治结构和行政管理体系带来以下问题:第一,决策的层次多,过程长。这就造成了政府运作的低效率。第二,管理的各不同层次有相对独立性。而且在执行中央政府决策时无法贯彻到位或使政策走样。

5.2.2 印度的政治文化及利益集团对决策的影响

一、印度的政治文化

政治文化包括个人对政治,以及对在一种政治体制运作下的

---

① Bimal Jalan, *The Future of India*: *Politics*, *Economics and Governance*, p.61, Penguin Books, 2005.

社会组织的态度。这些态度和社会模式在社会志向和期望的形成、影响决策的形式等方面发挥着重要的作用,并成为一种可以接受的政治行为。这种一致性使政治体制有了合法性,缺乏这样的认同,政治体制的持久性就将受到威胁。尽管现代印度的政治体制是以英国为模式,但它是在一个政治经历、个人期望、社会结构和社会价值观完全不同于产生西方议会制的英国的国家中运行。英国教育政策的结果之一就是在城市创造了一大批关注政治的公众,这部分人热衷于政治,他们参与各种政治活动,并且对政府的政策、程序和领导人持有清晰的见解。虽然城市人群在大量问题上所持观点会具有极大的差异性,但知识阶层作为一个整体,在过去往往对政治表现出比其他社会阶层有更高的挫折感和疏离感。在近年来,这种疏远的感觉已经开始在印度的企业界发展[1]。

近年来,政治生活中的更多的消极观念大量地反映在印度社会的各个阶层,包括未受教育的文盲、低收入群体和农村人口。这部分人口对政治和政治活动没有明显的兴趣,这种相对的消极与他们的低水平的政治知识和他们无能力对重大问题形成明确观点有关。独立以来,在公众的公民权利、大众教育,以及权力分散和下放的影响下,这些群体的政治意识逐步增长和成熟化,以至于城市精英与大众的差距开始逐步缩小。这样,印度的政治行为正在开始成为一种较为热衷的意识[2]。

殖民统治和英国教育政策的结果,发展了一个强有力的中央

---

[1] 参见 Stanley A. Kochanek: *BUSINESS AND POLITICS IN INDIA*, University of California Press, Ltd. pp. 197—198。

[2] 参见上书,第170页。

政治权力和那个在印度传统社会阶层之上的新的国民政治精英，正如我们所看到的那样，导致了印度二元政治文化的出现。一个新的精英政治文化出现在受英语教育的中产阶级知识分子、高级官僚、军队、国家政治领导、工会领袖、各行业的企业精英中。但是传统的政治文化继续存在，相对不变，其中大量的是地方的不识字的农民，以及被划分为各种同一部族的社会单元。双重政治文化的存在，显然对希望通过直接手段获得大众支持的任何集团形成了实际的障碍。只有少数受过良好教育的人才能意识到印度的政治问题，而且有能力理智地去思考它们。而那些可能对政治有兴趣的低阶层来说，他们所处的发展中社会的政治对他们并不透明，他们既不能对政治争议作出有意义的反应，也不能解决当前的问题[1]。

在印度独立以后所经历的政治过程看，一个最突出的问题就是思想意识和体制的进口。而印度根深蒂固的传统政治文化仍然存在着。这样就出现了二元价值体系，一方面是传统的行为模式。印度人仍然习惯于通过传统方法处理问题，例如个人关系、行贿、亲属关系、种姓和社会联系，而不是通过自愿组织的协会或合法的机制和非个人的行为。印度存在的大量腐败的原因就是由于政府在运作过程中存在着二元价值体系。人们害怕放弃传统行为模式的原因是担心新的模式完全不起作用（或者这是他们认为起作用的方式）。另一方面是现代的、程序化的行为模式。生活在城市的

---

[1] 参见 Stanley A. Kochanek: *BUSINESS AND POLITICS IN INDIA*, University of California Press, Ltd. p.172。

人们必须依靠各种公共服务（公共事业），那是非常有组织的、一视同仁地为公民服务，排除了个人的因素。根据程序规则，每一个公民都享有对某种服务的权利。但是事实上，当人们要做成什么事情的时候，他很少仅仅依靠规则。他会通过亲戚、朋友或者亲戚的朋友，在规则不起作用或者不能更快地发挥作用时能满足他的需要。那些没有亲戚或朋友的人会感觉到他们受到冷落。令人吃惊的是，几乎每一个人都能找到一些个人联系，至少一些相关的人。这样，政治体系就不得不去对付这种二元价值体系带来的弊端。

这种二元政治文化形成了两种行为：

(1)第一种是与印度传统政治文化相联系的不合法的腐败行为，印度被认为是一个非常腐败的国家，"关于腐败，最令人不可接受的不是说在印度存在腐败，也不是说在印度这个国家里腐败随处可见，而是腐败已经被广泛地接受为印度生活中一个不可避免的特征"[1]。在印度，另一个不幸的发展就是腐败的政治化，越来越多的腐败案例带上了政治的色彩，却没有任何要去解决这一问题的危机意识，这就是一种文化的影响。关于腐败的实例有很多，比如，一些大企业为使其产品获得垄断控制，广泛采取贿赂许可证发放当局的办法。通过钻《公司法》的空子，他们还能通过发放红利股来成倍地增加公司的股本[2]。另一个实例是：瑞莱恩斯集团是印度第一家进入《财富》全球 500 强的企业：这个在 45 年前靠

---

[1] Bimal Jalan, *The Future of India*: *Politics*, *Economics and Governance* Penguin Group, New Delhi, January 2005, p.118.

[2] 〔印度〕鲁达尔·达特、K.P.M.桑达拉姆：《印度经济》下册（中译本），四川大学出版社，1994 年，第 729 页。

500美元起家的公司,如今资产总额已达180亿美元,相当于印度国内生产总值的3.5%,是印度规模最大的财团。集团的主人安巴尼家族与印度政界的关系相当密切,他们甚至知道政府高级官员的生日和结婚纪念日,通过影响高级官员甚至总理本人,使政府颁布了数不清的对瑞莱恩斯十分有利的产业政策。一个典型的事例就是在1977年说服英迪拉·甘地政府颁布了一项政策:允许那些有能力出口尼龙织物的公司进口稀有的聚酯纤维。而这项政策的受益人只有一个:印度唯一的尼龙出口商瑞莱恩斯;1978年,政府又将聚酯纤维高达125%的进口税取消,从此瑞莱恩斯完全垄断了印度的聚酯纤维市场。1980年,政府通过一项产业政策,允许瑞莱恩斯在纺织业的扩张,同时禁止其他五家纺织企业的扩张请求。瑞莱恩斯借此机会迅速控制了印度全国纺纱业生产能力的50%。印度甚至流传着一则笑话:有人问,谁是印度最强大的政党?答案是:印度瑞莱恩斯党[①]。

(2)另一种是与现代的西方政治文化相联系的通过合法渠道发挥作用的利益集团的行为。他们对印度政府的决策都产生着重要的影响,下面将要详述。

二、印度的利益集团及其影响

在一个国家内部,行政部门履行着维持国家秩序、管理社会生活的职能,掌握着很大的实权。行政部门在某种政策和规定方面作出任何的调整或变动,都会直接或间接地影响到这种或那种利

---

① 信息时报,2005年7月3日。

益集团的得失。利益集团是指那些具有特定的共同利益的人们的集合①。利益集团都有自己特殊的集团利益。因此,他们往往利用各种机会影响政府官员,或是在当地政府寻找代理人,影响那些他们选择的在关键部门的决策者,与在职的和潜在的决策者建立强有力和亲密的关系,使他们接受或部分地接受自己的观点。从而影响政府制定的政策②。对政府部门的决策者进行影响是利益集团的主要工作。在议会民主制下,反对党和利益集团通过议会内外的活动对国家法律、政策的形成产生影响。在印度也是如此,人们为着共同利益自愿组织成集团,它们是维护和增进集团利益的专门民间组织,有完善的组织机构和专职负责人员。他们不纯粹是政治组织,没有一整套政治纲领,不谋求通过选举直接获得权力,但这些利益集团利用手中掌握的资源,想方设法对政府施加影响,并在政府寻找自己的代理人,力图在具体问题上影响国家政策,以期从政府制定的政策中为自己谋得好处。印度的利益集团主要有以下几类:

(1)代表企业主的利益集团。印度的企业不同于其他功能性集团,如工会、学生组织、农民集团,它是非常发达的、独立于政党的联盟。企业利益集团主要是工商联合会和工业联合会等。不同地区或社会群体有自己的工商会,这些工商会又参加工商联合会。印度最大的两个代表工商企业的联合会就是印度工商联合会(FICCI)和印度工业联合会(CII)。联合会有研究机构,有信息中

---

① 〔日〕辻中丰:《利益集团》,郝玉珍译,经济日报出版社,1989年,第12页。

② Stanley A. Kochanek: *BUSINESS AND POLITICS IN INDIA*, University of California Press, Ltd. pp. 197—198.

心,联合会邀请部长官员就政府政策交换意见,派代表参加政府的各种委员会与政府各部官员接触较多。政府在制订具体政策时会征询联合会的意见。财政部制定政策时会参考联合会的信息。由于政府的政策由公务员执行,联合会同高层公务员保持密切联系。联合会还会通过向议员提供有关议案的资料或向政府提出质询的报告来影响议员,也会派联络员游说议员,在决策过程中和政策实施中产生影响。

(2)教派性质的利益集团。有宗教团体,有种姓集团等。如具有强烈的印度教大民族主义色彩的国民志愿团、伊斯兰协会等。种姓协会一般由几个种姓组成,这些种姓有的在社会地位和关系方面具有一致性,有的只是具有共同利益或目标。这些组织借种姓联系谋求经济利益和政治权力。这类协会主要在选举中发挥作用。

(3)各类工会和农协。印度的工会很多,由不同政党领导,非共产党的政党也领导工会。除印度共产党组织了联合工会大会外,民主社会党组织了印度工会,人民党组织了婆罗多团等。不同政党领导的工会相互对立。工会通过在罢工、示威和选举中发挥作用。农协有两类:一类是共产党建立的贫苦农协。另一类是代表富农和中农利益的农协。农协主要通过选举也通过施加压力影响政府决策。

印度利益集团行动的特点是由四个方面的因素决定的,即政治文化、社会的现代化水平、决策结构和公共政策的要求。印度的利益集团从四个方面对政府的决策产生影响。

首先,利益集团的活动从选举开始,它们为自己的政党创造有利的舆论环境,向政党提供竞选资金,使政党提名它们的代表,从而使他们的代表能进入议会。利益集团还采取参加选举、直接参政的形式为自己的集团谋取利益,在印度的年轻一代中,越来越多的人认为商人参与政治选举是一件理所当然的事。现在,商人进入政府和当选议员的现象越来越多。

其次,在法案由议会委员会讨论修改时,利益集团的代表有机会对法案修改产生一定影响。由于立法工作十分复杂,议会制定大政方针后,具体法律由有关部门制定。这时,部长或部秘书处就有可能按利益集团的意见在具体问题上作灵活规定。

第三,在法律政策的实施阶段利益集团能发挥较大影响。法律政策是由公务员实施,利益集团通过着力影响公务员来影响政策的实施。

第四,在政府制定的某项政策或法规严重地损害了自己的利益,而又无法通过游说来达到目的时候,利益集团就有可能通过影响公众的情绪,组织集会抗议、游行示威等激进手法来对政府施加压力,促使政府最大限度地作出让步,极端的时候甚至可能发生暴力事件。在2005年2月26日,为反对印度实行新的"专利条例(修正案)",印度的公共利益组织和贸易联盟就组织了一场大型抗议活动①。有些代表某一地区或宗教利益的种族和民族集团甚至发展到与政府对抗的地步,有的还演变成了分离组织。如克什米尔河谷(the Kashmir Valley)的 All Parties Hurriyat Conference 和印度东北部的 the National Socialist council of Nagaland 就要求政府给予

---

① "Global Campaign Against Indian Patent Amendment",http://www.essentialdrugs.org/indiadrug/archive/200502/msg00002.php.

他们更大的公共自治或地区自治权①。令印度中央政府头痛不已。

在利益集团如何进入和影响政府决策方面,一个成功的案例是棉花贸易商成功说服印度政府降低对棉花价格的控制,这种努力的成功主要是因为棉花行业的代表有能力形成了一个以广泛的贸易商、种植者、地主、工厂主为基础的联盟,他们强迫政府改变政策。一个失败的案例是印度政府不管私人部门的持续反对,经过20年努力,最终修改了专利立法。利益集团反对专利法修改运动失败的原因是,来自印度左派利益集团的强大压力。这说明印度利益集团对政府决策的影响是较大的,各种利益集团的交互作用也是复杂的。

如何评价利益集团的作用?从企业联盟对政治体制来说,履行着几个积极的作用:首先,他们提供了一个有用的平台,政府可利用这个平台教育企业和公众,他们使政府决策者解释现行政府政策并使之公正,回答对这些政策的批评等;第二,企业联盟发挥着集体代理人和反馈机制的作用。第三,在对企业的批评作出反应时,政府必须评议政策决定,评估其结果,使他们的行动公正。没有这种有组织的集团提供这样的激励,就不会有这样的评议,对产生相反效果的政策也不会识别得这样快。第四,企业联盟是有利的,因为它们提供了一种富有成效的咨询机制。第五,这种咨询会使企业界感到了一种参与意识,即使其建议不被采纳。参与意

---

① "Political pressure groups and leaders", http://www.indexmundi.com/india/political-pressure-groups-and-leaders.html.

识有助于消除不满和疏远。第六，企业与国外私人资本有着重要联系，有助于为印度建立利用外国投资和技术的渠道。最后，没有私人部门在广泛领域的合作，政府的运作就不会成功。总之，在印度，有组织的企业联盟的存在，对于一个有计划的、民主的政治体制的长期成功运作是具有重要作用的。

印度利益集团之间的冲突是经济低增长的一个重要因素。普拉纳布·巴丹、伊塞·阿鲁利亚等经济学家曾分析过工业经济低增长的政治经济结构方面的因素，实际就是利益集团的冲突对经济的影响。在印度的有产阶级中，有工业资本家集团、富农集团、白领阶层等自由职业者集团。工业资本家集团支持政府将进口替代政策作为工业化的手段，支持政府经营大批公营企业，这些企业以相当低的有时甚至低得难以置信的价格向私营部门提供资本货物、中间产品和基础设施。大财团是工业资产阶级的领头人，尽管从理论上讲，政府要控制印度国民经济的制高点以便掌握投资渠道，但实际上公营金融公司把大部分贷款贷给了大财团。而且政府不仅为工业提供资金，它还充当风险的最终承担者，从而成为不良企业的庇护所。大财团为获取政府为发展小型工业提供的优惠，往往采取分散承包、化整为零的策略。

第二个重要的集团是富农。这个集团一度成为印度力量强大的高压集团。他们凭借其强大的经济力量在印度的民选政治中起决定作用。富农阶级自诩为农民的领导，他们经常以城市工业经济同农村地区产品间不平等交换的论点把印度农村中不同阶层的农民团结在共同的旗帜下。人民党曾经组织农村富农集团反对城市工业院外活动集团和自由职业阶层。为了安抚富农阶层，政府曾在20世纪60年代中期后制定了较高的支持价格,放宽了对农业投入的补贴,并提供贷款。

第三个重要的利益集团是包括白领在内的自由职业阶层。可以划分为政府官僚和白领阶层。他们是受过良好教育、有技能和专门知识的群体。政府官僚曾利用"工业许可证"制度、外汇管制条例、垄断与限制性贸易行为审查,以及提供贷款的投入物等工具维护自身利益,他们利用其官僚权力获取非法收入,他们获得了一份赃物,也就要阻止任何反对本阶级的行动。白领阶层因为更有组织,能够按物价升调薪金,从而持续不断地从国家获取物价津贴、额外津贴等优惠。

可以从公共资金的使用和管理看出各利益集团的博弈对经济的影响。当统治联盟中的各个派系都在力争掌握方向盘的时候,当任何一股势力都无力单独控制资金的分配过程时,政策的结果就是形成了满足各利益集团的补贴和优惠制度,以安抚各派。这就导致用于资本积累的资金被吞蚀,非发展的费用无限制地增加,从而减少了可用于公营部门资本形成的资金。印度中央政府预算中的补贴有三项:粮食、化肥和出口,这三项补贴在1980—1981年度共为150多亿卢比,相当于公营制造业总资本的一半。如果将中央和各邦政府的补贴加起来,以1982—1983年度为例,政府开支中的补贴总额为386亿卢比,而此项补贴在60年代初为9亿卢比,70年代初为34亿卢比[1]。

---

[1] Bimal Jalan, *The Future of India*: *Politics*, *Economics and Governance*, Penguin Group, New Delhi, January 2005, p.282.

由于决策层次多、过程长、政治结构复杂、各利益集团的相互作用,使印度的经济效率受到影响。这是经济发展速度缓慢的原因之一。印度的民主政治一直对不断发展的腐败负有重大责任。这也反映在公营企业的管理上:机构臃肿、人浮于事、营私舞弊、虚报工资、职业道德沦丧等已成为共同特点;不愿行贿的有能力的企业管理人员常常被调到次要的工作岗位上;巨大的工程项目不作可行性论证而往往只根据政治权宜就批准开工,从而造成工程造价增高,工期拖延。对于印度这样一个复杂的多元化的社会来说,民主政治同经济的有效管理是两难目标。能否将经济管理与政治腐败(即各方伸手、钻营取巧、徇私拨款等)的过程截然分开,这是对印度民主制度的考验。

5.3 社会视角:印度宗教文化的影响

印度是一个多宗教的国度,被称为世界宗教博物馆。有七大宗教,它们是印度教、伊斯兰教、基督教、锡克教、佛教、耆那教和拜火教。印度是宗教大国,10亿人口几乎都信教。占总人口99.36%的民众是上述七大宗教的信徒。仅印度教徒就有8.11亿,占总人口的82%以上,占世界总人口的13.4%,如果按信教人口排序,印度教是世界第三大宗教。其次是伊斯兰教,有1.3亿教徒,在世界上仅次于印度尼西亚,超过整个阿拉伯世界的穆斯林人口[①]。在印度,宗教冲突由古至今,尤其是印度教和伊斯兰教的矛盾和冲突

---

① 参见邱永辉、欧东明:《印度世俗化研究》,巴蜀书社,2003年,第362页。

不断。

印度社会是一个有长期宗教传统的社会,从古代到中世纪时期,宗教全面地影响着社会历史的进程。直到现代,印度的世俗化进程开始启动,英国殖民统治打破了印度原有的宗教统治者建立的统治秩序,采取了一系列的世俗统治政策。印度独立后,坚定地走政治世俗化和社会世俗化道路。为了使这个饱受苦难的国家摆脱自相残杀的境地,让人民生活在一个自由、民主、和谐的社会中,坚持用制度来保障这个新生的共和国,是一个多民族、多宗教的大家庭必须选择的道路。印度独立后首先建立了民主政治体制,世俗主义与自由、平等、民主和民族主义一道成为印度宪法的基本原则。宗教自由、公民平等、国家与宗教分离写进了《印度宪法》。这就使得任何宗教不可能控制国家制度、行政制度和立法制度。政教分离在制度上得到了保障。其次,把教育作为推动世俗化进程的重要措施,并取得了重大成效。应该说,印度的世俗化进程给社会带来的变革是广泛而深刻的[①]。

但是,世俗化制度的建立与世俗化观念的形成是不同步的,印度的政治世俗化是用制度来规范政治行为,使其脱离宗教色彩。而世俗化的观念才是最基础的,如果世俗化的观念没有真正树立和深入人心,那么制度的执行是会有偏差的。印度政治世俗化进程与根植于几千年宗教文化基础上的社会世俗化进程相比,前者的进展比后者的进展快,以至于今天的印度,已是一个世俗的政治

[①] 参见林承节:《印度现代化的发展道路》,北京大学出版社,2001年,第406—418页。

体制，但仍是一个宗教的社会。宗教文化和思想观念具有顽强的生命力，尤其在中下层人民的头脑中仍具有根深蒂固的保守观念[①]，这是影响印度经济发展和现代化的重要因素之一。印度经济社会进程中的多样性和复杂性就是源于宗教文化的多样性和复杂性。

5.3.1 印度宗教对经济的影响

可以从两个方面来看待印度宗教对经济的影响。一是作为印度第一大宗教印度教的影响。由于印度教徒占总人口的比重达80%以上，如此大的群体无疑对经济发展有着重要影响。二是印度教与其他宗教的冲突对经济的影响。最大的教派冲突是印度教与伊斯兰教的冲突。

一、印度教对经济的影响

（一）印度教倡导超脱现世，逃避现实的解脱观阻碍了追求经济利益的理性"经济人"的形成

"经济人"就是自然关心经济利益的人，从事谋利活动的人。古典经济学家亚当·斯密反对中世纪流行的观点，即真正的美德是自我克制、禁欲主义。德国社会学家马克斯·韦伯在研究宗教伦理与现世的关系时认为，古代和中世纪的宗教是完全不关心现世和一切世俗事务，对现世采取禁欲态度的禁欲主义。它排斥对财富

---

① 参见邱永辉、欧东明：《印度世俗化研究》，巴蜀书社，2003年，第404—408页。

的追求,认为追求物质享受是一种邪恶,对财富的追求不能获得宗教上的解脱,而且也不道德。亚当·斯密认为,每一个人追求物质财富的利己活动,不是邪恶。而是通过相互依赖促进人类社会发展的必然趋势。人追求幸福的欲望是从胎儿到坟墓都同人联系在一起的。因为人都是"经济人",人的正当属性就是利己主义。"不论是谁,如果他要与旁人做买卖,他首先就要这样提议,请给我以我所要的东西吧,同时,你也可以获得你所要的东西。……我们每天所需的食料和饮料,不是出自屠户、酿酒家或烙面师的恩惠,而是出于他们自利的打算"①。而且个人追求自身利益的经济活动和社会的集体利益是协调的。因为社会利益就是建立在个人利益基础上的,每个人都按照自己的利己心活动,他们在追求个人利益的过程中也增进了社会利益。斯密认为,个人按其利己心活动,推进社会福利,这是自然秩序的要求。不管人类是否对它进行干扰,它照样存在。在他看来,人类经济生活的自私行为,既符合自然秩序,也就符合资本主义发展的基本规律。因此,应该让个人自由活动、自由发展,而不应该用法律或习惯去限制或束缚他。在自由放任政策下,"看不见的手"会把国民经济安排得合乎自然秩序的要求。这只"看不见的手"就是在资本主义自由竞争下的市场机制作用。可见,经济人是推动经济发展的基本动因,同时也是自由资本主义发展的基础。

　　印度教追求个体灵魂与宇宙灵魂的彻底合一。"宇宙灵魂"在

---

① 亚当·斯密:《国民财富的性质和原因的研究》上卷,商务印书馆,1974年,第13—14页。

印度教中称做"梵",它是一个神秘的力量,规定着宇宙间的万事万物。在个人的感觉世界背后也有一个神秘的力量,这就是"我"(或称阿特曼),它规定着人的一切活动。印度教的个人终极目标就是努力发现自己精神世界背后的"我",通过冥想达到与"宇宙灵魂"的合一。根据印度教经典的描绘,这是一种超越轮回、不生不灭的极乐境界。这是印度社会的最高理想,也是人生的终极目的。印度教认为世界只是一种幻觉,应当把脱离现实世界作为人生追求的最高目标。这种观念把人引导到脱离现世的道路上去了,人们并不认为在世俗世界里有自我完善的可能性,因而具有一种不断放弃世俗努力、逃避现实世界的心理倾向。个人在经济上的追求,社会责任,以及积极向上的努力都降到次要的地位,而这些正是经济发展、社会进步的动力。印度很大一部分民众,尤其是中下层民众,不是理性的经济人,这使社会缺乏经济的推动力。韦伯认为,印度教中缺乏像新教那样的对现代资本主义产生和发展起重大作用的"进取心"、"成就感"这类的精神素质。因为在印度教教义中,缺乏教导人们通过努力履行天职或改变自己命运以亲证神明之伟大的思想。这是近代资本主义未能在印度产生的重要原因[1]。

　　按正统印度教的教义,世俗的家庭幸福、财产、功名等不仅无助于实现个人解脱,反而是一切苦的根源。有欲望就有痛苦,有了荣华富贵和爱,就更觉病、老、死、离的痛苦。所以印度教徒的理想生活方式应是断绝一切世俗欲望,从世俗生活中真正地解脱出来。

---

[1] 参见朱明忠、尚会鹏:《印度教:宗教与社会》,世界知识出版社,2003年,第168—169页。

印度人尤其是中下层群体,具有一种悲观主义和冥想式的神秘主义特征。多数印度教徒具有强烈的脱俗意识,甚至对苦行生活和神秘体验抱有一种尊敬和热衷。这种思想意识阻碍了印度教徒产生理性化的生活方式和积极向上的人生观,从而影响了经济的发展和社会的进步。

(二)印度教"业报轮回"的思想和种姓制度,导致人们对人生和生活产生悲观态度和认命的思想,对经济发展产生消极影响

在印度教中,正如万物由"梵"决定那样,人的现世、来世和前世都是命中注定的,即由隐藏在感觉世界背后的"我"决定的,而这个"我"是不能体认的,因为有"业"的作用,"业"其实就是善和恶的行为。因为有"业"必有报,即便人死后也不能回归于"梵",所以人就要受轮回之苦。在如何获得解脱上,佛教和印度教则不同,佛教认为人生之苦是因为作"业","业"必有报,人死必进入轮回,生死不已。要求得解脱,就要"出世",脱离家庭、社会、生产劳动等一切现实世界的活动。印度教则认为,要免除轮回之苦求得解脱,应有新的修行方式和解脱之道。不应"出世"而应"人世",不主张放弃现实世界,而主张参与人生的所有的劳动和工作并将自我奉献给神,忘我工作和献身工作。但是,轮回过程是永无完结、无限循环的,其本身也会给人带来烦恼,所以与其通过努力争取一个美好的来世,不如通过冥想彻底摆脱这种轮回,寻求一个终极的安乐之处,达到与"梵"合一的境界。而要做到这一点,现世就必须得严格履行种姓义务,避免为挣脱自己原有种姓而采取任何行动。只有遵纪守法并规范自己行为的人,才不会受到"业"的束缚。在这种业报思想的影响下,对一个印度教徒来说,"前生"是不可改变的,

此生无论是什么命运都得屈从。人的地位和生活状况的差异是合理的,要改变现实社会是不可能的。在种姓体制下,人们从事的职业是由出身所决定,并且终身不变。劳动被划分为"洁净"和"污秽"两种职业,低种姓的人从事"污秽"职业,例如洗衣工、清洁工、运尸体者、纺纱工、织布工等。手工业者被认为是不洁之人,从事"洁净"职业的种姓如果从事了"不净"的工作,就会降低或丧失其种姓身份。只有那些从事洁净职业的人才能获得解脱。这种状况,使职业之间形成自我封闭,现代经济需要的广泛联系与合作难以形成。而且种姓的分工是不可改变的,因为任何变化都是对种姓"法"的不忠实,从而会带来地位的下降甚至丧失种姓身份,一旦丧失种姓,就只有在下一次转生前进行苦行才能在来世恢复种姓地位。人们重视的是自己的地位不要丧失,而不是生活的变革和创新。人们世世代代沿袭同一种职业、同一种生产方式,遵循严格的职业世袭制。新技术、新工艺、新的管理方法和组织形式难以打破传统,并且这种职业世袭制排斥经济上的竞争,因为种姓之间的相互竞争是不允许的,种姓制度通过把各种姓的劳动、服务的形式和对象、报酬的量和形式以及其他种种权利加以固定化的方式,把各种姓集团间的经济生活中的竞争压到了最低限度,从而保证了村落生活的正常运行和秩序的安定[1]。

种姓制度对经济的影响完全是保守的和反理性主义的。印度的中下层尤其是下层普遍有着一种认命的思想,它们不去争取自

---

[1] 参见朱明忠、尚会鹏:《印度教:宗教与社会》,世界知识出版社,2003年,第181页。吴永年等:《21世纪印度外交新论》,上海译文出版社,2004,第2—31页。

己认为得不到的东西,反应迟钝、意志消沉。不为现世而奋争,这与印度教不追求现世,而追求来世的解脱观有重要的关系。印度传统社会,看似有很细的分工,但这个分工不是由于经济因素造成的,而是由于种姓制度造成的。这就是为什么印度的分工非常发达而细致却不能产生现代资本主义生产方式,反而阻碍了经济的发展的重要原因。

二、印度教与伊斯兰教的冲突对经济的影响

早在18世纪印度教徒和穆斯林之间的冲突就开始发生并为人所知,19世纪后期这种冲突越来越多地出现,20世纪20年代后,英殖民政府实行分而治之的殖民政策,加剧了两大教派的矛盾。在印巴分治前后的一段时期,两大教派的冲突发展到白热化的程度。1946年穆斯林联盟拒绝参加国大党组成的临时政府,宣布8月16日为"争取建立巴基斯坦直接行动日",从直接行动日开始,仅加尔各答市,在72小时的冲突中,就有5000人丧生,2万人受伤,10万人无家可归。从1947年8月到1948年春的9个月里,大约1400万印度教徒、锡克教徒和伊斯兰教徒,在印度和巴基斯坦两国间进行了大迁徙,双方死于教派仇杀的人数约60万,巨大的经济财产损失无法估量[①]。印度独立后,国大党政府努力推进世俗化政策的结果,使教派冲突相对处于低潮。但1964—1971年两大教派的冲突开始呈上升趋势。20世纪80年代,印度教原教旨主义兴盛,印度政府强调统治权力集中和放弃世俗主义原则,导

---

① 培伦等:《印度通史》,黑龙江人民出版社,1990年,第669—670页。

致了80年代到90年代印度的宗教冲突和民族纠纷此起彼伏。1980年4月,印度教圣人为拯救圣牛而绝食,在全国范围内造成轰动效应,穆斯林等非印度教徒针锋相对地举行牛野餐会。具有印度教民族主义倾向的人民党敦促议会不顾穆斯林议员的反对,强行通过了全国保护牛的法案①。1984年6月旁遮普动荡被镇压,同年10月英·甘地总理被刺,全国各地尤其是德里地区引发了大规模的印度教徒和锡克教徒的冲突,死伤无数,财产损失巨大。1992年在北方邦的小城阿约迪亚发生了震惊世界的寺庙之争事件。传说印度教的罗摩大神就诞生于这个小城,1528年,伊斯兰统治者莫卧尔王朝第一位皇帝巴卑尔在该地建立了巴布里清真寺。印度教徒认为,这个清真寺是拆毁罗摩神庙,在神庙的原址上建立起来的,让其存在是对罗摩大神的亵渎,对印度教徒的侮辱,号召拆除清真寺,重建罗摩神庙。20世纪80年代中后期,争辩愈演愈烈,并开始有组织行动,从当地波及到全印度。1992年,全国各地约10万印度教徒进军阿约迪亚,狂热的印度教徒不顾警察部队的阻拦,潮水般涌入清真寺推挖敲砸,终将清真寺拆除。随之两大教派教徒们的血腥残杀席卷全国,3000余人丧生②。2002年2月,"世界印度教大会"不顾当地阻止在遗址上举行宗教活动的法令,在阿约迪亚召集宗教会议,宣布在阿约迪亚重建罗摩神庙的计划不会改变,并宣布了动工日期,当这批印度教徒在乘火车返回途经古吉拉特邦一车站时,与当地穆斯林发生冲突,导致四节车厢被

---

① 任佳、王崇理等:《南亚报告2002—2003》,云南大学出版社,2003年,第174页。
② 参见朱明忠、尚会鹏:《印度教:宗教与社会》,世界知识出版社,2003年,第113页。任佳、王崇理等:《南亚报告2002—2003》,云南大学出版社,2003年,第168页。

纵火焚烧,58人丧生大火,43人烧伤,都是印度教徒。此后在古吉拉特邦印度教徒的报复性残杀在4个主要城市、城郊、县镇、乡村迅速蔓延,甚至波及到相邻的邦。大约有120万印度教徒参加了对穆斯林的暴行。短短几天在这次教派残杀中丧生者就达500多人,成为震惊世界的暴力事件。

5.3.2 印度文化对经济的影响

文化对经济的影响主要是体现在印度作为整个民族的文化价值观和文化认同感对经济发展的影响。

一、文化价值观对经济的影响

印度文化受宗教的影响很大,从文学艺术到民族风俗都是在宗教的影响下发展起来的,其表现形式和内容也与宗教有关。西方文化与印度文化在价值观上有着不同的认同和追求。西方价值观突出人本主义,一切为了人的生存,人的努力奋斗是为了追求自身的利益,为了追求物质利益的享受。而印度传统文化在宗教根深蒂固的影响下,更注重追求精神价值,而不是物质价值。印度人没有太多的物质上的攀比心理,对物质上的占有和享受是比较淡漠的。大多印度人都有一种扶困济贫的民族心理习惯,把施舍穷人看做是富人积德行善的机会,这与因果报应、轮回转世的宗教思想密切相关。到过印度都会有这样的感受:印度人对吃、穿、住、行并不讲究,崇尚俭朴的生活,印度人的餐桌上素食较多、植物蛋白、蛋类、牛奶等食物较常见,平时不大吃鱼肉之类的荤菜。在穿着上一般都穿本民族服装,并不华丽昂贵。出行时有身份的人一般不骑自行车,尤其是女士。但有车族一般也是买便宜的国产车或经济型轿车,即使是中上阶层也并不摆阔。由于这样的消费习惯,总体上看对物质产品的消费水平不如中国高,大众性消费水平和农村消费水平都还达不到中国的水平,但极富阶层的消费水平就比较高了,他们崇尚外国产品和奢侈品,这种消费结构从某种程度上影响了本国工业和制造业的发展。但印度人普遍对服务业的需求水平相对较高,受等级观念的影响,脏活和体力活一般都不自己干,而是请低种姓的人干,高种姓家庭或中产阶级家庭一般都有雇工,还有专职驾车人。城市印度人还重视教育、医疗等社会社区服务,这也是为什么印度第三产业、服务业发展历来就好的重要原因之一。

二、文化认同感的影响

印度是一个世界文化博物馆、宗教博物馆,文化的多样性堪称世界之最。由于印度是世界文明古国,有着五千多年的人类文明史,仅主要的本土文化就有吠陀文化、达罗毗荼文化、婆罗门文化、泰米尔文化等。主要的外来文化有伊斯兰文化、波斯文化、中国文化、希腊文化,以及以英国为代表的西方文化。如果按宗教文化划分,本土文化主要有印度教文化、佛教文化、耆那教文化、锡克教文化等。外来文化主要有伊斯兰教文化、基督教文化等[1]。如此纷繁复杂的文化体系,在文化认同上必然会发生冲突,最极端的文化

---

[1] 吴永年等:《21世纪印度外交新论》,上海译文出版社,2004年,第5页。

冲突表现为印度教和伊斯兰教的冲突,教派冲突的根源就是文化认同上的冲突,这种冲突对经济的破坏和影响是无法估量的。

印度教和伊斯兰教是两大文化体系,在信仰、礼仪、习俗上存在着很大的差异。在信仰上,印度教是多神论者,伊斯兰教是一神论者;在祭祀上,印度教奉行偶像崇拜,伊斯兰教反对各种偶像崇拜;在习俗上,印度教崇拜母牛,把母牛视为神,认为牛是他们的母亲,是最神圣的,也是丰收和富足的象征。印度教规定,宰杀和虐待牛是一种罪过。直到现在,在印度各地甚至大城市,都可以看见"神牛"在街头、市中心、公路上及公共场所自由行走、睡卧,城市里的牛啃吃垃圾,农村里的牛啃吃庄稼,没有任何人去干涉。伊斯兰教却相反,在习俗上不崇拜牛,反而有宰杀牛羊、吃牛羊肉的习俗。在宗教仪式上,宰杀牛羊献祭,或相互馈赠等。由于宗教文化上的差异,印度教徒和穆斯林相互反感,蔑视对方。印度教徒认为穆斯林反对偶像崇拜,不讲究礼仪,信仰上不虔诚,心灵上不洁净。穆斯林认为,印度教徒崇拜众多偶像和生殖器,并且伴有各种繁琐的祭祀仪式,在文化上是下等的、低级的。在对牛的态度问题上,印度教徒和穆斯林经常以此引发冲突。印度教徒认为宰牛是对神的亵渎,是极大的犯罪,而穆斯林却认为宰牛献祭是一种神圣的权利,以至于印度现代的多次教派冲突是起源于牛的问题[①]。文化认同上的差异往往是冲突的基础。

实际上,印度教和伊斯兰教的矛盾古已有之,从8世纪伊斯兰人进入印度以来就没有断绝过,尽管在现代两大教派的矛盾和冲

---

① 吴永年等:《21世纪印度外交新论》,上海译文出版社,2004年,第112页。

突已带有政治因素,但从根源上看还是两种文化的冲突。所以印度多元的宗教文化产生的矛盾和冲突对经济的影响是深远的,并且还将伴随印度整个工业化和现代化的进程。

本章小结

本章从历史、政治、社会的视角研究形成印度产业结构和经济发展独特性的深层原因。任何一个国家经济的发展、结构的形成与变迁,都与历史、文化和政治分不开。尤其是印度,如果仅从经济因素来分析其结构特征和结构的演进,是不足以说明问题的,也不能完全解读它。一定要把它放在历史、文化、政治的大背景下才能更好地把握其内在原因。独立后的印度是在一个极其困难的条件下实施工业化战略、开启工业化进程的。应该说,印度开始推进工业化的外部条件已不是发达国家工业化的外部条件,发达国家可以依靠的外部市场和外部资源十分广大,从某种意义上讲,发达国家是靠发展中国家的市场和资源完成资本积累从而实现工业化的。而印度自独立时就已不具备这样的外部条件,不公平的贸易条件、不合理的国际秩序,使印度的经济发展和工业化进程处于十分不利的国际环境中。从内部看,印度几个世纪以来都是一个靠海外贸易发展的国家,是世界殖民掠夺的中心,经济结构的殖民性很突出,国内经济主要以开发自然资源,满足初级产品和农产品的出口,国内几乎没有自己独立的工业体系。在这种状况下发展工业化就只能依靠国内需求,要靠国内的自我循环来解决发展问题。在国内收入状况极低的情况下,发展重工业是一个好的选择,它的投资靠政府,它的产品靠自我装备,它依靠自身的循环可以维持发展。这就是印度实施重工业为主导的工业化战略的深层的经济原因,它具有某种必然性。

印度又是一个多民族、多种族、多宗教、多元文化的统一体,还是一个有悠久历史,以及文化积淀深厚的国家。各民族的不同发展历史、不同的文化认同、不同的信仰、不同的心理、不同的诉求,使得印度是一个纷繁复杂的社会,因此,专制集权的统治是行不通的,议会民主政体是必然选择。它可以代表和反映不同阶层,不同群体的利益,但在如此大的国度里实行民主化的管理,无疑带来了决策的低效率和政府能力的降低。更为奇特的是,在独立后相当长时期里,印度政治上是民主体制,经济上却是高度集中的命令经济,僵硬的经济管理体制,导致严重的腐败现象。不同利益集团的博弈对产业结构调整和经济改革产生着影响。

印度宗教文化对产业结构特点的形成和发展也有着潜移默化的影响。由于宗教文化的差异和历史积怨所导致的宗教冲突是文化和经济矛盾激化的表现,对印度经济产生了破坏性的影响。

在印度工业化和现代化的进程中,保守的、传统的、腐朽的习惯势力,与先进的、现代的、进步的观念一直进行着较量,这种较量通过党派斗争表现出来,最终影响着印度产业结构调整的方向。

第6章 印度发展模式的可持续性分析

从上述对产业发展的详尽分析中可以得出这样的结论：印度的产业发展基本不是在前一次产业发展的基础上发展的，都有脱离前一次产业独立发展的特点，或者说都有跨越式发展的特点。第二产业的发展不是建立在第一产业发展的基础上，尤其是重工业的发展不是建立在轻工业充分发展的基础上。第三产业不是建立在第一、二产业充分发展的基础上。印度经济已经形成了以第三产业为主导的发展模式。服务业成为经济发展的主要推动力，拉动印度经济持续快速增长。这是一种知识密集型的、以服务业为主导的发展模式，或"以服务业为导向的工业化模式"(Nirvikar Singh,2006)，这种发展模式带来的主要问题有哪些，它的持续性如何，是否具有自身的优势，以及未来的走势如何等，是本章要研究的问题。

6.1 印度发展模式的主要问题和面临的挑战

经济发展的实质是产业结构的变动，产业结构的变动方向预示着经济发展的方向，产业结构存在的问题也是经济发展过程中存在的问题。要分析和判断印度经济发展模式的趋势和可持续性,需要首先分析经济发展过程中产业结构存在的问题。

6.1.1 印度发展模式存在的问题

一、三次产业的衔接和发展不协调,产业结构出现断层,以知识密集型的服务业主导的发展模式强化了城乡二元结构的矛盾

尽管印度的服务业已经占 GDP 的 50% 以上,达到了中等发达国家的水平,但可以肯定地说印度仍是一个农业国,截止到 1999—2000 年度,全国总人口为 10.04 亿,农村人口为 7.275 亿,农村劳动力为 2.7 亿,农村就业人口为 2.51 亿,农村失业率超过 7%。这还只是公布的失业率,不包括隐性失业率。70% 的人口生活在农村,农村劳动力占劳动力总量的 74.41%,农村就业人口占总就业数的 74.50%[①]。印度的二元经济结构十分突出,一极是传统的农业经济,一极是以高新技术产业为代表的现代经济。随着城市经济的发展,农村可耕地面积在减少,城市和乡村的差距日益拉大,大量无地可耕的农民和剩余劳动力开始涌向城市,到城市寻找工作以增加收入。

可是从产业发展的进程来看,是按一、三、二和三、一、二的轨迹发展,即第二产业始终没有主导过经济发展,这就是说在三次产

[①] India Development Report 2004—2005, Indira Gandhi Institute, p.278.

业之间,缺少了处于中间环节的第二产业的快速发展,从低一次产业向更高一次产业过渡时的中间环节发展不足,因此印度的产业出现了断层,即第二产业和制造业的发展不足。这就出现了第二个问题:缺少中间环节的产业来承接大量的教育程度低下、劳动技能低下的农村剩余劳动力,本应由大规模的制造业的发展来吸纳这支劳动力大军,却因为其始终没有过起飞而无法吸纳更多的劳动力。而以知识密集型为特征的服务业吸纳的是印度知识精英阶层的劳动力,把低教育程度低素质的农村剩余劳动力排斥在外,他们传统的农业无法进入现代化的高新产业和现代服务业。这支劳动大军或者涌入城市,成为无业乞讨人员,或者滞留在农村。这种状况一方面使城市特别是大城市出现大规模的城市贫民窟,城市成为接纳无家可归的流动人口的避难所,不堪重负,印度的城市乞丐已成为闻名世界的一大"景观"。再加上印度的文化对乞讨不鄙视,乞讨被看做是穷人给富人一个施舍的机会。这就更加助长了贫民大军的形成。另一方面,由于农业剩余劳动力大量留在农村,使得农业劳动生产率难以提高,7亿农民的收入状况难以改变。这就更加强化了二元结构的矛盾和城乡收入的差距。在这种状况下,以信息技术为主导的服务业越发展,城乡收入差距就越大,二元结构的矛盾就越难以解决。

  这种二元结构在工业内部也体现得很明显,在独立初期,就业高度集中于两端:大企业和小型企业,以及家庭工业。中型工业企业在印度得不到发展。这种企业结构是由殖民地性质的经济决定的。直到现在这种结构并无太大的改变。2003—2004年度小型工业企业的数量达357.2万,就业人数为2600万,出口占全部出口总额的比重为 33.7%[①]。

从上述分析可以看到印度二元结构具有刚性特征,除非印度能很好解决产业断层和城乡二元结构的问题,否则这种发展模式的意义将是有疑问的。

二、信息服务业的发展缺乏国内经济的支撑

服务业的快速发展主要是靠国际市场需求的拉动,印度的服务业是从高端市场进入,服务于发达国家的市场需求,而不是从低端市场进入,主要服务于国内的第一和第二产业,服务业的发展没有经历一个与第一和第二产业很好的衔接和结合的阶段,或者说就国内的需求看,还不具备快速发展信息服务业的基础。传统服务业的发展还没有进步到大规模发展现代服务业的阶段。农业、工业乃至服务业的信息化水平并不高。这一高技术产业所带来的技术进步主要是为国外服务,而不是装备本国的农业和制造业。这就使印度的第三产业失去了可持续增长的稳固的基础。事实上,现在印度信息技术产业的发展就受到工业发展水平较低的制约。落后的基础设施、低下的收入水平、大量的技术处于低端的企业,无法引进 IT 技术应用于生产和管理,大大影响了对 IT 产品的需求。所以离开物质部门生产的增长,服务部门的增长就失去了基础。因为物质经济增长是人类社会生存和发展的基础。科学发现和技术发明,可以促进物质经济增长,推动生产力不断发展,但

[①] Statistical Outline of India 2004—2005, TaTa Services Limited Department of Economics and Statistics, p.62.

不能取代物质经济本身。信息技术尽管在优化物质经济增长方面具有不可比拟的重要作用，但它同样不可能取代物质经济增长。信息产业、网络经济只有同物质经济、传统产业结合才更有生命力。也就是说，信息产业是不可能脱离农业、工业而获得持久的发展的。

三、印度信息服务业对本国经济的影响不明显，带动作用不大

印度的发展模式创造了依赖于高新技术和城市中心的"卫星经济"，它仅有选择地集中于像班加罗尔、新德里、孟买、海德拉巴、加尔各答等城市区域。这种在信息技术产业的巨大跳跃下对经济不可能产生巨大的影响。印度信息产业的发展已经历了20年，可它的通讯状况、电脑普及率和低效率的服务与这样一个信息技术大国完全不相称。2003年2月19日世界论坛公布的"2003年世界IT报告"，IT竞争力排名第1位的是芬兰，第2位是美国，第10位是德国，第20位是日本，印度的排名在40位之后。印度1.8亿户家庭中，只有约4500万户拥有电话。在10.5亿人口中，只有2610万人拥有手机，65.9万户家庭拥有电脑。到2004年3月，印度全国电脑拥有量也只达1127万台，其中商用电脑为888万台，家用电脑为239万台，电脑普及率仅为1%[1]。因而，仅靠以信息技术产业的扩张来支撑经济发展或实现经济发展目标的难度非常大。

印度的服务业从整体上来说与发达国家并不是一个概念，它

---

[1] 《环球日报》，2004年6月14日。

主要是为国外服务,其中又是软件服务业的发展异常迅速,软件的产值占所有电子产品产值的比重高达66.29%,出口的软件产值占全部电子产品产值的52.99%,提供国内的软件仅占13%[1]。因此,印度软件服务产业的主要市场在国外,而不是在国内,在其出口市场中,北美占64%,欧盟占23%。在软件服务业中,IT相关服务——企业外包业务相当大,2002—2003年度印度软件和服务业出口为4610亿卢比,其中IT服务和产品出口达3480亿卢比,占出口比重的75.48%。企业外包市场的增速还快于出口的增速。2004—2005年印度IT行业的增长速度是33%,出口增长速度是36%。其中软件出口增长37%,达5569.2亿卢比,业务流程外包市场增长38%,达2262亿卢比[2]。美国和英国在2003—2004年度占印度出口软件和办公支持服务市场的70%和15%[3]。这就可以看出,印度的软件主要是为发达国家"代加工"。

从上述市场结构的分析可看出其对印度软件产业的持续发展造成不利影响。一是软件业以出口为主,这使得印度的软件业与国内市场结合得不紧密。二是出口市场的集中无疑增加了其持续发展的风险。一旦发达国家市场出现波动,就会直接影响印度软件产业的发展。例如2000年开始的世界通信、网络经济泡沫破灭后,就曾使印度软件业大受影响,不仅出口增速减缓,而且不少在欧美工作的印度软件工程师回国找工作,而国内的软件企业要么

---

[1] 根据印度Electronics & Information Technology, Annual Report 2004—2005. pp. 110—111的数据计算得出。

[2] 印度驻华大使馆:《今日印度》,2005年,第7期,第28页。

[3] 《人民日报》,2004年6月6日。

裁员,要么减薪。直到世界软件业重新启动后,印度软件业才获得了稳定发展。三是印度长期以发展软件外包为主,这又会使其自主创新能力减弱。一个没有自主创新能力的产业要获得持久稳定的发展也将非常困难。更为重要的是,软件外包独立性很强,很少能与国内工业、农业和其他第三产业结合,要依靠国内经济支撑其持续发展就更难。

四、信息产业的超前发展带来的人才外流和社会问题

一方面,印度发展软件业需要大量高级的专业软件设计和技术服务人才。由此大大推动了印度的教育成为以培养高知识阶层和精英阶层为重点的体系,其高等教育在发展中国家居领先地位,其培养的软件工程师已成为世界的抢手货,印度成为世界软件人才的摇篮,大量人才外流,有近60万优秀毕业生到国外深造不归,4000名知识专家移居美国。仅在美国硅谷的印度软件人才就达10多万人,其中1996—1998年间有近80%的计算机及其相关专业研究生到发达国家谋职或留学。2009年的信息技术行业人才缺口将达50万人,其中IT人才缺少23.5万人,由IT带动的其他服务业缺少26.2万人[①]。另一方面,由于信息产业本身吸收的人员就是受过高等教育中一个较小比例的精英阶层。没有广阔的产业基础作为支撑,仅此一个产业的发展吸纳的劳动力是十分有限的。目前,印度全部信息科技业雇员有100万左右,而登记的失业人口

---

① 《经济日报》,2004年2月17日。

就高达4000万左右①。这样的经济发展模式更加强了印度社会现存的阶级和等级的分化。绝大多数人享受不到信息化带来的好处。这正是2004年瓦杰帕依领导的人民党在信息产业高速发展并获得举世瞩目成就的时期下台的一个重要原因。人民的呼吁是：我们要的是面包而不是电脑。

6.1.2　印度发展模式面临的挑战

一、制造业的发展面临的挑战

制造业的发展是解决产业断层的关键。印度本届政府已经充分注意到了这一问题，国大党领导的统一进步联盟（UPA）政府2004年就职不久就确立了印度经济发展的中期目标，把发展工业、农业提到相当重要的位置，突出社会公平原则，提出了一系列解决就业问题、缩小收入差距和贫富差距的政策目标。尤其是政府已经注意到制造业是整个经济的薄弱环节，在2004年9月，即就任4个月后宣布成立"国家制造业竞争力委员会"，2005年该委员会发布了"印度制造业国家发展战略"白皮书。要争取印度成为全球制造业的中心之一。

但制造业的发展面临着激烈的国际市场竞争。制造业中低端产品面临着中国制造业的挑战。印度制造业的强势产业有钢铁、

---

① 根据亚洲开发银行数据，2004年印度失业人数为4046万人。根据印度计划委员会数据，2005年失业人口3600万人，失业率为9.1%。

纺织、制糖、水泥、造纸等传统产业，还有新兴产业如石化、电力机械制造业等，在这些行业的发展中，中国已先行一步进入国际市场，中国已经成为"世界工厂"。一方面，大量利用廉价劳动力生产的中国制成品进入国际市场加剧了低端市场的竞争，部分中低档工业品的国际市场价格出现下降趋势。印度近年已成为对中国产品提起反倾销诉讼最多的国家之一。印度已抵挡不住价廉物美的中国商品的冲击，惊呼中国商品像潮水般涌入。另一方面，由于中国制造业的生产和出口的高增长，需要大量的工业原材料、初级产品、中间产品和零部件的进口，由此引起了国际市场初级产品和原材料价格上涨。印度是一个资源并不富裕的国家，由于制造业自身水平不高，发展制造业所需的原材料及中间产品同样有大量进口需求，在中国制造业的影响下，无疑对印度制造业的发展形成了挑战。

印度的发展模式是知识密集型、以服务业为主导的模式。印度是否可以依靠以信息技术为支撑的现代服务业而跳过工业化社会直接进入"后工业社会"或"信息化社会"呢？印度必须解决产业断层的问题，必须回过来发展劳动密集型的制造业和非知识密集型的服务业。把劳动大军吸纳到非传统的经济活动中，完成工业化的必经阶段，即工业的大幅度提升。发展工业不仅可吸纳农村剩余劳动力、提高劳动生产率、提高人民生活水平、改变产业结构、提高国际贸易地位等，而且可以为农业、服务业的发展提供装备、人力资本和市场需求等。因而，工业化是经济现代化的核心和其他领域现代化的基本推动力[①]。印度作为一个大国,工业对其国家的重要性是不言而喻的。促进经济快速发展,提高人民生活水平,缩小贫富差距,充分就业,实现社会公平,减少对西方国家的经济依赖性,实现自力更生等任务需要物质部门的发展和工业化来完成,这是信息服务业所不能替代的。

二、来自制度的挑战

正如前面所分析的,这个模式的最大问题无法把全社会的力量调动起来,无法动员全体劳动力参与到经济发展过程中来。印度最大的资源是廉价劳动力和巨大的人口规模,有劳动力就可以创造财富,有人就有潜在的市场。但是在这种发展模式下,劳动力被排斥在现代经济之外,没有7亿农村人口收入的大幅度提高,就没有国内市场的形成,也就不可能有巨大的需求推动经济的起飞。

印度从英国那里继承了发展完善的制度体制。但是该制度却是为保持土地的完整性而制定的,并不是为了促进经济的发展。独立后的印度未能就该制度框架进行再修订,以促进经济的发展,相反却阻碍了经济的发展。换句话说,印度的制度基础不能有效地动员和分配资源。

独立后的印度致力于资源再分配基础上的民主发展。为实现该目标,成立了以总理为主席的计划委员会。然而,政府所制定的这些目标却冲不破几个世纪以来封建规范的桎梏。这种封建结构的延续产生了印度精英阶层的利益。精英们以中世纪社会经济结

[①] 林承节:《印度现代化的发展道路》,北京大学出版社,2001年,第16页。

构为其工具,维护其支配地位。中世纪的封建官僚体制、法制和价值观的再出现,使得经济现代化的力量遭到了削弱。在面对历史遗产时,印度的政策和策略是,使精英阶层可以利用中世纪社会经济法制继续其支配地位。

尽管印度每届政府几乎都要强调"平等主义"和社会弱势群体的利益,但更加重视企业家、商人、科学家、工程师等社会精英的利益,强调他们的地位和作用。"知识密集型、以服务业为先导"的经济发展模式与"精英主义"是协调一致的。印度的经济政策向精英教育倾斜而忽视大众的基本教育。这种教育政策为印度知识密集型、服务业部门为先导的发展模式奠定了基础。而中国首先重视基础教育以及整个国民的基础设施建设。这种"平等"为劳动密集型的制造业发展奠定了良好的基础。更多的社会群体的融入可以创造更大的国内市场,吸引外国投资者,促进国内企业的发展。而印度模式仅容纳少部分人参与经济活动,而大部分的人则被排斥于经济"舞台"之外,与经济和货币隔离。排斥多数社会群体的融入导致市场狭小,而且物价过高,这使得外资仅能进入有限的领域。中印在外国直接投资上的差距说明,市场规模在吸引外资投入时是一个重要变量。导致中印之间经济差距的主要因素就是"容纳"还是"排斥"经济主体。

印度虽然强调社会主义的平等信念,却难以动摇几个世纪以来的封建等级和种姓制度的影响,以至于不能建立平等的社会经济结构,这是印度工业化和产业结构调整所面临的又一挑战。

6.2 印度模式的后发优势

印度模式尽管有上述问题,但这一特殊的发展道路也具有自身的优势,只有充分认识印度发展模式的优势和劣势,才能客观判断它的发展走势。进入21世纪以来,印度经济良好的表现日益被西方国家看好,使我们有必要对其国际竞争力和后发优势作出分析。

6.2.1 印度的国际竞争力

从印度在世界经济中的地位看其经济力,有两个评价体系,一个是世界经济论坛《2005—2006年全球经济竞争力报告》,另一个是瑞士洛桑国际管理开发学院(International Institute for Management Development,IMD)《年度世界竞争力报告》。

(1)印度在《2005—2006年全球经济竞争力报告》中的排名(总共117个国家)见表6-1。

表6-1 印度与中国的全球经济竞争力比较

	2005年排名	2005年分数	2004年排名	变化
印度	50	4.04	55	5
中国	49	4.07	46	-3

资料来源:世界经济论坛,《2005—2006年全球经济竞争力报告》。

评价指标:宏观经济环境;技术创新水平和传播;人力资源、教育、卫生和劳动力;基础设施;公共机构;国内竞争;城市化发展;公司运作和战略;环境等一共9个指标。

从近两年的情况看,印度的位次上升了5位,中国的位次下降了3位。

(2)根据瑞士洛桑国际管理开发学院的《世界竞争力报告》(共有60个国家)的排名见表6-2。

表6-2 印度近几年的竞争力排名变化

	2005年排名	2005年分数	2004排名	2003年排名	2000年排名	2000—2005年变化
印度	39	59.053	34	50	41	2
中国	31	63.219	24	29	24	-7

资料来源:根据2004年IMD报告和2005年IMD的排位得分情况列表。

从2000年和2005年比较,印度的排名上升了两位,中国的排名下降了7位。2004年是变化幅度较大的一年,印度的排名为第34位,比2003年上升了16位。中国排名第24位,比2003年上升了5位。从位次上升的幅度看,印度比中国幅度大。无论从哪一个角度看,印度的竞争力排位都是趋于上升的。

评价指标:经济表现;政府效率;商业效率;基础设施。

从印度上述四个方面的指标看,经济表现指标是排名较前的,尤其是该项指标中的"国内经济"这一项较突出。

印度的四大指标排名:

经济表现排名12位,在其中的各项指标中,印度在前20位的指标有:国内经济排名第8位;国际投资排名第16位;就业排名第15位;价格排名第6位。

政府效率排名第33位,在其中的各项指标中,印度在前20位的指标只有财政政策,排名第3位。

商业效率排名第44位,在其中的各项指标中,印度在前20位的指标有:劳动力市场排名第3位;观念和价值观排名第16位。

基础设施排名第57位,其中的各项指标无一排在前20位。

从上述两种评价体系看,印度经济的总体竞争力都是处于上升趋势,其表现好于中国。

印度具有竞争力的主要产业有以下领域:

(1)纺织业。这是印度唯一从原料到高附加值成品完全自给的产业。以原料划分主要有棉纺织业、黄麻加工和丝纺织业,印度的纱线和织物生产在世界占据重要地位,其年出口额上百亿美元。纺织业的生产规模已达370亿美元,2010年的目标是达850亿美元。其中服装现在的出口额已达60亿美元,2015年的出口目标将达250亿—300亿美元。印度在这个产业的主要竞争者是中国和孟加拉国。但印度纺织业有自身特色和市场,是一个可持续发展的产业。

(2)制药行业。该行业印度的生产规模已达70亿美元,产值居世界第13位,行业规模居世界第4位,2010年的目标是达250亿美元。印度制药业(配方药和原料药品)一是采用符合美国食品与药品监督管理局和WTO要求的生产设备和标准。二是众多人口提供大量病例进行国际性的临床实验。三是有充足的技术人才和强大的智力资本支撑。四是在世界生物技术和制药领域有10%的研究人员和15%的科学家是印度裔,使印度的制药产业源源不断得到技术补充和研发支持。

(3)化工行业。印度化工行业的增长率是世界平均水平的5

倍,是近些年印度增长率最快的行业之一,其近期目标是尽快使其出口额达100亿美元。

(4)钢铁行业。印度的铁、锰、铬,以及煤的资源储量丰富,而且铁矿的品位很高。钢铁行业是印度最早的工业之一,著名的塔塔钢铁公司、印度钢铁公司和以生产特种钢为主的迈索尔钢铁公司等都是具有很长历史的钢铁公司,20世纪90年代以来,印度加速钢铁工业现代化步伐,加快技术更新,不断增强实力,已经开始兼并世界上的钢铁公司。

(5)汽车配件行业。该行业正在崛起,其出口规模将从现在的15亿美元上升至2010年的25亿美元。

(6)宝石和珠宝业。这个行业是印度传统上的发达行业,2004年的出口额已达140亿美元,也是印度极具发展优势的行业之一。

(7)服务业。包括信息技术产业、金融业在内的现代服务业,在人才支持、政策支持和客观的产业需求方面都有良好的前景。

(8)旅游业。印度是世界上旅游资源最丰富的国家之一,其文明古国的文化遗产、自然风光、民族风俗、宗教文化等资源十分丰富并具有独特性。因而是一个具有潜在竞争力的产业。

6.2.2 印度经济的后发优势

在判断印度发展模式的趋势和前景时,需要分析它的后发优势。印度作为世界上的一个后发展国家,如何利用自身的后发优势促进经济持续发展已成为一个十分重要的问题。后发优势来源于后发性利益假说,其代表人物是亚历山大·格申克龙。他认为,相对的经济落后性具有积极作用,即落后有落后的好处。因为落后国家可利用先进国家的先进技术、开展制度创新、采用资本密集型等途径,以"大冲刺"的方式实现经济起飞和赶超先进国家[①]。在格申克龙之后,阿莫拉诺维茨将后发优势论提高到一般性的理论层次,提出不论是以劳动生产率还是以单位资本收入衡量,一国经济发展的初始条件与其经济增长速度呈反向关系的追赶假说。他同时指出,这一假说是潜在的而不是现实的,只有在一定条件下才能成立,限制条件包括作为外在因素的技术差距、作为内在因素的社会能力,以及一国历史、现实及国际环境的变化。纳尔逊、希尔曼、南亮进等人通过对美国以及日本、韩国等亚洲高经济增长国家的分析,论证和修正了格申克龙的后发优势论理论和阿莫拉诺维茨的追赶假说,使其更具广适性和解释力[②]。郭熙保等学者把后发优势界定为由后发国地位所致的特殊益处,这一益处先发国没有、后发国也不能通过自身的努力创造出来,而完全是与其经济的相对落后性共生的,是来自于落后本身的优势[③]。

后发优势强调的是一个学习过程,通过学习达到制度的变迁和技术的升级。一方面,后发国家从先发展的国家引进各种先进技术,并经模仿、消化、吸收、改进去缩小与先发国家的差距;另一方面,后发国家向先发国家制度学习,效仿或借鉴先发国家的先进制度并经本土化改进实现制度变迁,获取制度改进效益。这使得

---

① 陆德明:《中国经济发展动因分析》,山西经济出版社,1999年,第16—17页。
② 汪青松、卢卫强:"比较优势、竞争优势和后发优势",《商业研究》,2005年第8期;陆德明:《中国经济发展动因分析》,山西经济出版社,1999年,第23—24页。
③ 郭熙保、胡汉昌:"后发优势新论",载《武汉大学学报》,2004年第5期。

后发国家从一开始就站在更高的起点上,既节约时间,又少走弯路,从而促使后发国家在较低成本和短时间内实现经济追赶式增长。一个国家后发优势发挥的过程,就是比较优势向竞争优势的转化过程。

一、资本的后发优势

这一后发优势主要是指资本报酬递减规律所产生的优势。发达国家的资本丰富,而发展中国家资本稀缺,因此,发展中国家的资本收益率要高于发达国家。如果国际资本是自由流动的,那么资本将从发达国家向发展中国家流动,由此将会促使发展中国家经济增长得更快。在结构方面,外资的引进过程,也就是先进的技术和管理经验的引进过程,由于国内总体上低下的技术及管理水平使得一部分投资不能通过国内储蓄予以实现,只得通过外国资本流入补充,由此改善的是国内的技术结构和产业结构。

外资的引进是需要条件的,这个条件就是投资环境。印度自1991年实施改革开放政策以来,经济发展环境和政策环境已发生了巨大变化。这为外资的大规模进入创造了良好条件。世界银行和国际金融公司发布的《2005年全球企业经营的政策环境报告:消除经济增长的障碍》,把印度列为2004年全球对投资环境改革的十个国家之一。科尔尼公司发布的2004年外国直接投资信心指数,印度排名在中国和美国之后,居第三位。该公司发布的"2004全球零售业发展指数(前30位的新兴市场)"报告中,印度被评为最具吸引力的新兴市场的第二位,紧随俄罗斯之后,名列中国之前,印度被评为全球六个"投资最具潜力的国家"之一。近年来,印度外国直接投资的增长很快,2002—2003年度外国直接投资为30.3亿美元。2003—2004年度为43亿美元,2004—2005年度为56亿美元①,2005—2006年度为84亿美元,2006—2007年度预计为120亿美元②。与此同时,印度的外国间接投资(FII)流入处于领先位置,2005年印度的外国间接投资占国外投资(包括外国直接投资和投资证券净流量)的近70%,而中国和巴西分别为26%和30%。据《2006年全球金融发展报告》显示,印度吸纳了流入发展中国家的有价证券净投资总额的20%③。2005—2006年度,外商投资额占印度净资本流入量的80%以上,而上年同期所占比重为46%。这种增长主要是证券投资的拉动④。在中国国内市场竞争日益激烈、劳动力成本升高的情况下,很多外资把目光投向了印度。印度对资本控制的放松使债务性资本流入转为各种非债务性资本流入,如外国直接投资和外国间接投资。这说明了印度吸引外资方面的巨大潜力,其引进外资的后发优势在未来将得到进一步发挥。

二、人口优势和人力资源后发优势

庞大的人口规模为经济发展提供着源源不断的廉价劳动力资源。2003年印度人口已达10.64亿。在1990—2003年期间印度人口的年均增长率达1.7%,大大高于中国的1.0%和世界平均水

---

① Economic Survey 2005—2006,p.124.
② 印度驻华大使馆:《今日印度》,2006年,第5期,第18页。
③ 印度驻华大使馆:《今日印度》,2006年,第6期,第20页。
④ 印度驻华大使馆:《今日印度》,2006年,第8期,第30页。

平的0.7%,预计到2050年印度人口将达16亿,取代中国成为世界人口第一大国。庞大的人口基数和高增长率为印度提供了丰富的廉价劳动力资源。同时,也成为吸引外资的一大优势。仅有劳动成本低的优势是远远不够的,还必须将从国外引进的高新技术与本国丰富的劳动力资源相结合,对劳动密集型产业进行人力资本投资,使其由简单劳动密集型转变为复杂劳动密集型。印度的教育培养了一批又一批训练有素的科技人才。印度的教育大量补贴在高等教育上,成功的高素质教育培养了世界级的管理人才和技术劳动力,加上巨大的会说英语的人口,使印度成为高智力人力资本和企业家群体的蓄水池,也是世界第三大工程师人才库。

人口规模不仅可以无限供给工资成本低廉的劳动力,而且巨大的人口就是潜在的市场规模。印度的人口优势也是消费市场的优势。目前印度已是世界上最大的消费市场之一,尤其是大众性生产制品的消费市场。可以从下面的分析中看到这一点。

表6-3 印度市场结构

消费者群	家庭收入(年)	数量(百万)
极富阶层	215000 卢比以上	1.2
消费阶层	45001—215000 卢比	32.5
上升阶层	22001—45000 卢比	54.1
追求阶层	16001—22000 卢比	44
贫困阶层	16000 卢比以下	33

资料来源:《印度商务机会》,印度投资与技术促进局、外交部和阿瑟·安德逊公司,印度大使馆提供,2004年。

极富阶层和消费阶层的家庭占总数的20.45%,这部分就是所谓的中产阶级以上的消费群体。印度官方在1997年就称拥有快速发展、人数达2.5亿的中产阶级消费市场。上升阶层的家庭占32.83%,追求阶层的家庭占26.70%,贫困阶层的家庭占20.02%。

印度的市场反映了人们不同的收入水平和生活方式,这一现象在印度是十分明显的,表6-3的顶部(极富阶层和部分消费阶层)的群体数量相对较少,但增长极快。他们购买国际名牌产品,如汽车、电器、服装、化妆品等,且常按国际价格购买。表6-3底部(贫困阶层和追求阶层)是这样的消费者,他们在市场中只购买供基本消费使用的非耐用性生产制品。中间部分(大多数消费阶层和上升阶层)就其本身而言,差异极大,消费选择视产品情况而定。他们对价格敏感,对产品的设计和价位都有预定的要求。

从总体上看,印度的消费市场处于上升状态。可以从印度1993—1994年度至1995—1996年度单位家庭数量做的统计看到这一点。在这一时期,印度贫困家庭和追求家庭从8300万户下降到7700万户,即从7%下降到3%,同时,其他三个阶层的家庭数量增加了约13%。一方面,高消费阶层在增加,他们有成熟的消费心理。另一方面,印度中低阶层家庭占的比重较大,大众性的消费品市场有很大潜力。

当然在消费品市场方面,消费市场与人口数量、收入和消费水平有关。据世界银行资料,2003年印度按PPP衡量的国民总收入达30680亿美元,居世界第4位,成为世界第四大经济体。按PPP衡量的人均国民收入也达到2880美元。这使得印度居民的消费能力有了较大提高,各种耐用消费品市场非常兴旺。因此印度巨大的人口规模和丰富廉价的劳动力资源,以及不断增加的人力资本积累必将在未来的经济发展呈现出巨大的能量。

三、技术的后发优势

大多数先进的科学技术是由发达国家花费了巨大的投资和时间发明创造的,这些先进科学技术知识被认为是公共产品或准公共产品,具有很大的溢出效应,这对于科学技术比较落后的发展中国家来说是一个非常有利的条件。发展中国家不需要投入巨大的资源来重新研究和开发这些已经存在的科学技术,他们只要花费很小的成本和时间就可以把这些科学技术学来并运用于生产之中。这一方面节约了发展中国家的大量资源,另一方面也缩短了与发达国家的技术差距,使发展中国家能够比发达国家发展得更快。除模仿创新之外,一个重要的技术上的后发优势就是技术的跨越式发展,即在一定条件下跨越技术发展的某些阶段,直接进入技术的前沿领域与发达国家展开竞争。印度有较强的科技实力和技术人才队伍,具有引进、吸收先进技术的能力。可以引进大量先进技术,从而获取后发利益。印度信息产业的发展模式就是运用英语的优势,充分利用先进国家开发的现代信息技术,实现了信息产业的跨越式发展。印度政府明确提出要进一步加快信息产业发展的同时,要用信息产业改造传统工业,信息化带动工业化,加速经济发展和工业化步伐是印度发挥技术上的后发优势的一个重要方面。印度所具有的科技实力已具备了引进先进技术的能力。其科技主要体现在以下方面:

一是原子能技术。印度不仅能自行设计、建造核电站,而且还把原子技术广泛应用于科研、农业、工业、医疗和军事等多个领域。二是空间技术。印度在1975年就自行设计了第一颗人造地球卫星。1980年用自制火箭成功发射了自制卫星,成为世界上第七个能自制运载火箭的国家。1990年印度用自制火箭把一颗卫星送入极地轨道,成为世界第六个有能力把卫星送入极地轨道的国家。而近年印度的空间技术更是突飞猛进,不仅送卫星上天,而且制定了登月计划。三是信息技术。印度现在不仅可以研制每秒上万亿次的超级计算机,而且其软件已成为仅次于美国的世界第二大出口大国,正向软件超级大国迈进。此外,生物技术、海洋开发技术等也居世界前列。印度在本国科技不断发展的基础上,还可以通过学习和借鉴,从先发展国家获取和引进知识和技术。随着全球化加速推进和印度更加开放的技术引进政策的实施,不仅印度获取国外先进技术的成本下降,而且国外的跨国公司不断把先进技术通过专项贸易、合作生产、许可证贸易、交钥匙工程、直接投资等方式转移到印度。这将使印度能站在更高的起点上进一步推进工业化,并迅速缩小与先进国家的差距,获取后发技术利益。

四、制度的后发优势

制度方面的后发优势是指发展中国家学习、效仿和借鉴发达国家的先进制度和管理经验,并经本土化改造所产生的效率和益处。一种有效制度的形成,是一个需要支付高额代价的不断试错的过程才能形成,而制度又是一种公共产品,一旦这种制度形成并行之有效,后来者就可以避免这种试错的高额代价,通过制度的移植、模仿和创新,节约经济发展的创新成本和时间成本,以相对较小的社会成本和代价取得相对较大的发展收益。对一个国家而言,为了适应国际竞争和合作的需要,其制度安排也逐渐向国际通行的制度靠拢。

印度在经济制度上实行以私有化、自由化、市场化、全球化为目标的改革。通过自由化的改革,彻底废除了工业许可证制度,引入了竞争机制;推动贸易与 WTO 的制度安排接轨;金融市场也与全球金融市场靠拢、实现了资本账户的可兑换;活跃的资本市场引入了新的竞争者,增加了国外机构投资者的作用;健全的银行体系,与国际惯例相结合,增加采用国际标准的风险管理制度。在政治制度方面,实行了议会民主制度,有独立的司法体系等。这些制度都是在学习、借鉴、参考先发国家的制度经验,然后制定切合自己实际的制度安排,从这个意义上讲,体现了印度在制度上的后发优势。2005 年初,美国新闻周刊把印度评为外来投资"最好的国家"时,就是把印度"成熟的政府机构"作为一个评选的重要理由[1]。印度对外国制度的学习和借鉴,不仅节省了探索成本,而且为其将潜在的后发优势转化为现实后发利益创造了条件。

五、结构的后发优势

不考虑其他因素,仅就结构转变而言,印度的经济增长速度也要快于发达国家。经济全球化和信息化促进了印度的产业结构转变,这就是服务业的比重大大提升,由此带来最大的后发效应就是拉动了经济的快速发展。使整个经济增长率得以提升。印度过去

---

[1] 印度驻华大使馆:《今日印度》,2005 年第 1 期,第 14 页。

强调发展资本密集型的重工业,劳动力资源方面的后发优势未得到充分发挥。近年来,印度政府正在采取一系列政策促进工业发展,并把劳动密集型的工业放到重要位置。提出加强食品加工、纺织服装、日用消费品、皮革等劳动密集型产业的发展,同时加强工程、医药、资本货物、IT硬件等制造业的发展。

印度的市场化和私有化改革正在加快私营企业及中小企业的发展,所有制结构调整的后发优势也逐步显现。私营经济成为国家的主要骨干,已占国民生产总值的75%。从中央集权下的统制经济和命令经济转向市场导向的经济;从公营部门占主导地位转向在各个部门引入竞争机制,增加自由化程度;从进口替代和关税及数量限制转向在WTO框架下的自由贸易;从有管制的金融市场转向金融市场的自由化等。随着印度经济体制的不断转型和经济的发展,部门结构、地区结构、贸易结构等也将逐步调整。通过开放引进和学习先发国家的技术和经验,使技术结构等不断优化和升级,也正在获取结构效益。总之,结构效应对经济增长的贡献会不断显现出来。

本章小结

印度产业的发展具有其结构优势,即突破了在第二次世界大战后国际经济秩序不利于发展中国家走传统工业化道路的瓶颈,挖掘自身的优势,紧紧抓住世界信息革命的机遇,下大力推进信息技术产业的发展,走出了对发展中国家工业化具有示范意义的发展道路。这一模式的持续性如何,尽管对此还不能作出绝对的回答,但可以从趋势上作出一些判断。首先,印度将会继续在信息产业上成为世界的领军者,其规模会不断扩大,并有覆盖全球市场之势;其产业链将不断延伸,这对整个第三产业的革命性变革将产生重大影响。其次,印度政府已经开始注重第二产业的发展,提出要重振工业增长,政府将全力支持印度工业成为高产且有竞争力的产业。为此成立了"国家制造业竞争委员会",为政策对话提供长期的论坛。2003—2004年度印度制造业增长了7.3%,2004—2005年度增长了9%[①]。印度制造业在轻纺、化工、制药、汽车配件等领域一直保持较强的竞争优势。印度整个制造业的出口规模现在已达400亿美元,2015年将达3000亿美元。可以说,印度第二产业正在复苏,其增长潜力不容忽视。第三,政府承诺进一步的改革开放,本届政府在最低纲领中提出将引入促进私人投资的激励措施;将继续鼓励和积极寻求外国投资,特别是在基础设施、高科技和出口等领域及可大规模吸纳就业的领域鼓励外资进入,外资流入量将至少是目前的2—3倍[②]。

  从发展趋势看,只要印度政局不发生动荡,社会各宗教派别不发生频繁冲突,印巴关系不断缓和,中印关系不断改善,印度与南亚各国能和平相处,印度政府的精力主要用于发展经济上,在注重产业结构调整优化的基础上,随着后发优势的不断发挥,印度的产业发展是有可能持续的。

---

  ① Statistical Outline of India 2005—2006, Department of Economics and Statistics, Tata Servics Limited, p.55.
  ② 参见国大党(UPA)领导的统一进步联盟的"最低共同纲领",来源于印度驻华大使馆,2004年。

第7章　中印发展模式的比较与借鉴

7.1　中印发展模式的比较

中印同是两个发展中大国,两个具有数千年历史的文明古国,在近代有着相似的殖民掠夺和压迫的屈辱史,印度独立和中华人民共和国成立以来都经历了五十多年的经济建设和发展的历程,在发展的初期都实施了以优先发展重工业为主导的工业化战略。但在20世纪80年代以后逐步走出了具有自己特色的发展道路和发展模式。正如前一章提到的,印度的发展模式是知识密集型的、以服务业为导向的模式,或"以服务业为导向的工业化模式"(Nirvikar Singh,2006),是非传统的工业化模式。中国的发展模式是劳动密集型的、以制造业为导向的模式,是传统的工业化模式。两个国家的发展道路和发展模式早期都有同样的选择和经历,最后在发展模式的转变上作出了不同的选择,从某种意义上讲,这两种发展模式的选择都带有一定的必然性。

7.1.1 印度发展模式的特点

一、采取非均衡发展战略

20世纪50年代和60年代,大多数发展经济学家认为工业发展对经济发展起着决定性作用。1943年罗森斯坦-罗丹在"大推进理论"中就明确提出了工业化发展战略。1950年普雷维什等经济学家提出中心—外围理论时,也倡导实行工业化。1953年纳克斯提出应通过大规模投资的工业化来打破贫困的恶性循环,1954年刘易斯提出只有工业化才能吸收农村剩余劳动力,改变二元经济结构。1958年赫希曼提出不平衡增长理论,认为工业具有较大联系效应,应优先发展工业。此外,库兹涅茨、钱纳里等人也研究了工业化与经济发展、增长的关系等问题。印度独立时正值西方发展经济学家提出发展中国家的根本出路在于工业化的时期。这个时期工业化成为经济发展的同义语。在印度,工业化就意味着实施非均衡战略。在非均衡发展战略中,有两个方面的理论:(1)工业优先发展的理论,其中包括优先发展进口替代工业、优先发展重工业、优先发展主导部门的理论;(2)地区优先发展的理论,其中有"发展极"理论、地理上的二元经济结构理论等[1]。

印度独立时的经济基础是殖民地经济的基础,几乎没有重工业,因而新政府的首要任务是发展自己的重工业,以摆脱殖民控

---

[1] 参见谭崇台:《发展经济学概论》,武汉大学出版社,2003年,第174—185页。

制,实现经济上的独立自主。应该说,当时苏联优先发展重工业的成功无疑对开国总理尼赫鲁有着重要影响。他接受了苏联通过经济计划发展重工业模式,把它与资本主义基本制度结合起来,实行混合经济体制。与尼赫鲁和马哈拉诺比斯的名字相联的以重工业为主导的工业化战略,是印度在这一时期实施的非均衡战略。通过这一战略的实施,印度已建成了比较完整的工业体系。冶金工业、化学工业、机械工业都初具规模。钢铁、铝、化肥、机械、石油等产品获得了较快发展。随着工业部门的发展,运输通讯、金融及其他部门也迅速发展起来。但是这一战略并不是十分成功。首先它没有使印度经济增长达到预期的目标,反而在非常艰难的状况下缓慢前行,以至于人们用"印度式的增长率"来形容一个国家经济的缓慢增长。其次,它没有使人民的生活得到明显改善,贫困人口反而居高不下,以至于人们用世界上最大的"贫民窟"来形容印度的贫困问题。

20 世纪 80 年代中期,以拉吉夫·甘地担任总理为标志,进入了以发展高科技、发展信息产业为主导的时期。这一时期采取的仍然是非均衡发展战略,但已从简单地强调重工业而转向了知识密集型产业。首先是实施 1983 年的全面的科技政策,紧紧追赶第二次世界大战后兴起的世界电子革命的浪潮。把信息、材料、电子、生物工程作为新兴领域,在科研、人才、投入上给予大力倾斜。第二是制定的"七五计划"中科技经费比"六五计划"增加近 1.5 倍[①]。第

---

① 参见孙培钧:《中印经济发展比较研究》,北京大学出版社,1991 年,第 212—213 页。

三是在引进国外技术设备上,作出了比1983年的技术政策规定更宽的规定,强调凡是有利于技术更新的产品都可以进口。由此奠定了发展知识密集型产业的基础。

二、依靠IT产业作为经济的驱动力

在拉吉夫·甘地总理的设想中,计算机和电子技术是继农业、工业之后把印度带入21世纪的一个强有力的工具。拉吉夫·甘地把电子工业比喻为一个国家的神经。他提出要争取在10年内使印度电子工业在某些领域走在世界前列。一系列政策措施的出台不仅推动了全印度IT产业飞速发展,而且他被誉为"计算机总理"、"计算机之父"等。在他之后印度每届政府都坚定不移地大力支持IT产业的发展。上届总理瓦杰帕伊上台后不久就表示要集中所有的资源,努力使印度成为信息大国,希望在未来的5—10年内,互联网和相关技术与服务能够走进每一印度人的生活。为此,1999年10月,印度政府成立信息技术部,制定了信息技术法案、信息技术行动计划和发展目标,并制定了2000—2008年"全面IT化"的战略目标和发展规划,从而使IT产业成为独立的经济部门,并走在世界前列。曼莫汉辛格政府在最低共同纲领中提出要加强IT硬件等制造业的发展。可以说,随着20世纪90年代世界信息化浪潮的推进,印度的发展战略已经发生了转变,已经确立了IT产业作为主导产业的地位。印度政府在"全面IT化"的战略目标和发展规划中[1],对IT基础设施建设、高科技园区建设、IT教育和

---

[1] 参见陈利君等:《中国与印度信息产业合作新趋势》,云南人民出版社,2003年,第54—64页。

普及、政府信息化建设、制度法律保障等涉及 IT 产业发展的各个方面都进行了规划,提出了每一个阶段的具体任务,从其实施的力度上看,可以说,印度已经把 IT 及其服务业作为经济的驱动力。随着 20 世纪 90 年代世界信息化浪潮大步向前推进,印度 IT 产业也开始了起飞的历程。

三、把软件产业和 IT 服务业作为核心竞争力加以培育

印度政府提出到 2008 年使计算机软件出口达 500 亿美元的目标,在计算机及通讯硬件出口达 100 亿美元。预计到 2008 年软件领域可实现产值 870 亿美元。1986 年政府制定了《计算机软件出口、软件发展和培训的政策》,1987 年,印度政府提出了"软件技术园区计划"。各邦也纷纷出台了鼓励 IT 产业的发展政策,并加强信息技术产业基础设施建设。随着一系列相应的政策措施的出台和实施,软件产业和 IT 服务业成为 IT 产业的核心竞争力。

印度对 IT 产业提供的产品和服务的划分是:(1)IT 软件(IT software),也可以称为计算机软件(Computer Software)。是指以可读方式录入在机器中、用户可以利用属"IT 产品(IT product)"的自动数据处理机器进行操作的或提供交互功能的任何指令(instruction)、数据、声音或图像,包括源代码和目的代码。(2)"IT 服务(IT service)"是指任何为取得增值而在一个 IT 产品上使用 IT 软件所形成的服务。(3)"IT 产业(IT Industry)"是指与 IT 产品相关的开发、制造和服务。(4)"信息技术产品(Information Technology Products)"包括计算机、数字/数据通讯和数字/数据广播产品,以体现此三类产品所集中代表的先进技术。

(一)制度法律保障

印度政府在大力推广信息技术和普及电脑的同时,十分注重构建完善的法律体系。《印度的版权法》(下称《版权法》)和《信息技术法》是 IT 产业顺利发展的法律保证。印度计算机软件的知识产权保护涵盖在《版权法》中。为适应软件产业发展的需要,1994年,政府修改了《版权法》中的有关条文,明确界定未经版权持有人授权的复制计算机软件、出售、出租盗版计算机软件的行为皆属违法。这次重新修订的版权法是世界上最严厉的版权法之一。2000年 10 月 18 日,印度《信息技术法》正式生效,使印度成为世界上第 12 个有此类法律的国家。政府专门成立国家信息安全局,并且在很短的时间内制定了《国家信息安全、保密和数据保护法》《网络法》,把对信息犯罪的惩处纳入法律框架内。

(二)税收支持

税收的支持体现在以下方面:对 IT 软件完全免除关税和消费税;IT 软件和 IT 服务免除预扣赋税;对 IT 产品零部件、存储器材、价值超过 1000 卢比的集成芯片、显示器、彩色显像管以及彩色显示器的重要部件自 1999 年初开始实行完全免税政策;一些原来就计划实行免税的产品,其执行时间也提前一至三年;对一些生产 IT 产品的资本货物和原材料实行免税;改革对利润的计算方法,对 IT 软件和服务出口所得利润免除所得税,并要求企业把从免交所得税所获得的利益用于支持对 IT 软件和服务的开发。

生产软件产品,包括出售技术和提供技术咨询服务,不征收流转税,企业开始经营的头 8 年中,可免除 5 年所得税;为鼓励厂商进行软件研究开发,印度规定公司两倍于 R&D 的费用的收入部分免征所得税;对于软件产品出口获得的利润,免征企业所得税;对软件出口额占销售额 80% 以上的企业,免征全部企业所得税;对个人购买包括计算机在内的所有 IT 产品的支出,可以在缴纳个人所得税时予以抵扣。

(三)鼓励出口

印度政府在积极促进 IT 相关的基础设施建设和相应放宽有关政策的同时,还为从事 IT 软件和 IT 服务(包括 IT 应用服务,即 IT Enable Service)的出口商创造良好环境。为了在 2008 年达到 500 亿美元的出口目标,印度政府也为 IT 产品和服务出口出台了一系列的鼓励措施:(1)在"信息技术行动计划"中,印度政府对软件实施零关税、零流通税和零服务税,海外投资和采购的一揽子协议,以及实施银行优惠贷款和风险投资等方面的一系列促进软件出口的措施,甚至通过外交渠道为这些企业的产品和服务出口创造必要的条件。(2)印度政府为促使其软件产品顺利出口,从 20 世纪 80 年代开始,印度电子部软件发展局每年都有一笔专款用于开拓国际市场;商业部与印度多家 IT 产业机构合作,在世界各主要 IT 展览会上建立"印度馆",通过印度的营销机构在海外建立批发公司,大大提高印度开发的软件在国外的销售收益,这些公司还可以在因特网上推销软件包,鼓励在印度的服务器上建立网站,以多种方式鼓励和推销印度的软件产品,为了更有效地推销印度开发的软件包(系统软件和应用软件),购买印度软件包的用户将得到财政方面的鼓励;外交部和印度驻外机构通过一系列外交策略促使接收国放宽对 IT 服务业的签证,其中还包括签署一系列必要的一揽子协议,以维持印度公司在国际市场上的竞争优势。(3)放宽外汇限制,方便电子/软件的网上支付。因为 IT 软件和服务出口经营具有高速、高度竞争和技术更新快等特点,印度储备银行对涉及 IT 软件、产品和服务进出口使用外汇的规定进行了重新修订,简化了审批程序,放宽了一些限制。对于在过去 3 年累计实现出口额超过 2500 万美元的印度软件/IT 公司,其吸引的海外投资可一次性获得各有关部门的全套批准。允许海外公司产品和服务的资本化。印度储备银行对外汇收益外币(Exchange Earnings Foreign Currency,EEFC)指导方针进行修订,允许 20% 的外汇收益外币余款用于支付下载软件的汇款(每笔交易最多 10 万美元)、购买设备及相关支出等;允许 IT 软件和 IT 服务公司在国外使用国际信用卡,以及支付通过因特网和企业外联网购买的 IT 软件和 IT 服务和域名登记等费用。

印度 IT 产业的腾飞,其实是软件产业的飞速发展。随着上述政策的实施,到 2004 年 2 月,已建立了 39 个软件技术园区,基础设施和服务一应俱全,约 3500 个公司在软件园中落户,其 IT 产品和服务出口额达 3700 亿卢比,约 82 亿美元,占 IT 总出口额的 80%[①]。

(四)迅速聚集人力资本

印度十分重视信息技术的人才培养,通过自已的培养和吸引出国人才回国创业。一是在国家教育框架下建立远程教育网络。2000 年以前所有大学、工程学院、医学院和其他高教机构,以及研究与开发机构都接入这个网络,利用电脑在线系统获取知识,在全

---

① 印度驻华大使馆:《今日印度》,2004 年,第 50 期,第 29 页。

国各地建立虚拟学院提供优秀的远程教育;二是成立了一个由业内专家和学术界人士组成的国家 IT 教育委员会,为 IT 业的迅速发展不断审定学校课程及内容,将 IT 课程列为学位课程中的必修课,该委员会还启动一个"教师培训"计划,以提高 IT 教师的素质;三是设立印度信息技术学院(Indian Institutes of Information Technology,IIIT),这样的高科技学院被认定为重点学院,培养高级人才和加强科研;四是以印度注册会计学院的模式,建立印度电脑专业人员学院,由 IT 企业和政府提供资金支持,该学院作为 IT 资质教育机构,其证书得到政府的承认,实施一个"教育分库"计划,以便在各个不同机构学习的人士更方便地通过学分获得证书和学位;五是在国家 IT 特别工作小组的支持下,组织一个专门委员会以协调国家级和邦级的数字图书馆建设,在一些文化程度普遍较高的地区开展电脑教育试点项目,在当地的中学生中普及电脑知识。根据印度"软件服务公司国家联盟"(NASSCOM)的评估,2002—2003 年度印度的 IT 服务[①]及培训业的收入从 2001—2002 年度的 71 亿卢比增至 117 亿卢比[②],虽然其总量在整个信息技术产业中比例不大,但是我们看到印度的 IT 服务及培训业的增长速度却是惊人的。在与其他国家的竞争中,印度依靠其低廉的价格,优质的服务和信誉在全球承接了大批的服务项目。

---

① IT 服务是利用电信网络和国际互联网,使处于不同地域的使用者受益的商业服务工程。它包括:客户互动服务、保险索赔服务、在线教育、远程医疗等。

② "Indian IT Industry, IT Software Industry, E-commerce", http://www.nasscom.org Services Companies: 2004 年 10 月 IT Enabled Industry and Internet and National Association of Software。

四、建立开放式的资本形成机制,创新投资与开发模式

对于印度来说,发展高新技术产业最困难的是资金问题,按照传统的资本形成模式,国家是不可能解决所需的大规模的资本投入问题的。政府能做的就是制度创新,以良好的制度环境来动员民间资本、引导资金流向。因此依靠制度创新最大限度地动员国内投资是印度的政策目标。

首先,改革资本运作方式,鼓励对 IT 产业投资。由于传统的以资产为基准的流动资本投资不能适应软件部门的现实需要,所以根据这个产业的特殊性,对企业流动资本的比例采用不同以往的、更有弹性的划分要求。储备银行在 1998 年 8 月 15 日发布新的对 IT 软件和服务部门流动资本比例要求的规定,这个新的流动资本的划分比例只根据一些如营业额这样的简单标准;银行在 1998 年起的 5 年之内把软件和服务业认定为优先扶持产业,各主要银行在 IT 软件和服务单位较多地区的分行开办专业化的 IT 金融服务;银行向 IT 软件和服务出口商提供低息贷款;IT 产业中流动资本从 1998 年的估计 40 亿卢比增加到 2000 年的约 120 亿卢比,而且不只是数量上的增长,还建立了一个保证银行提供流动资金实质增长的机制。

第二,建立风险投资。印度不仅为 IT 产业提供宽松的金融贷款等服务,而且建立了风险基金。允许银行以产权的形式,以向 IT 业投资为目的,向风险基金投资;允许印度的部分银行和其他金融机构、公司(包括印度和国外的)组建合资机构,并建立至少拥有 5 亿卢比资金的风险基金,以满足产业的资金需求,把基金的大

部分投向了 IT 产业,这有力地支持了印度 IT 产业的成长。

第三,建立激励软件人才的分配制度,以鼓励员工投资本企业。对公司法进行相应的修改,确保公司中对软件产品及其知识产权作出贡献的人,包括公司的发起人、管理者或雇员,都可参与相应的分配,持有"贡献股",以体现"报酬公平合理"的原则。鼓励 IT 公司的雇员持股,并且可以选择美元挂钩的股票。印度软件公司员工对公司股票享有优先购买权。在 1998 年的政府预算里,印度就宣布了软件公司雇工享有股票优先购买权。印度财政部也为此公布了具体的方针,并且明确规定,雇员只是在出售股票时须缴纳个人所得税,而在获得股权时则不必缴税。

第四,允许软件公司利用 100% 的 ADR/GDR(美国寄托证券/全球寄托证券)债券购买其他公司。财政部允许 IT 软件和 IT 服务部门从 ADR/GDR 吸收资金,采用以美元计的股票,按 ADR/GDR 管理体制发行[①]。

第五,为创造宽松的软件开发环境实行优先政策。对海外留学或工作的人员实施优厚待遇政策,吸引他们回国开办软件企业或者参与软件开发。对于进口的已经包含文本、数据或多媒体内容的 CD-ROM 或光、磁介质产品,只对媒介而不对内容征收关税;进口的 IT 产品应获准在两年后由其所有的电子/IT 单位捐献给教育机构、政府机构和已登记的福利医院等;IT 软件和 IT 服务公司作为知识产业的一个组成部分,免受工厂、锅炉、消费税、劳工、污染和环境等方面的检查;不向电脑软件开发业收取服务税;为配合

---

① 印度投资与技术促进局、外交部:《印度商务机会》,印度大使馆提供,2002 年。

IT产品的高时效性的特点,民航部门规定出口货物的航空货运时间不得超过24小时,并允许运输公司和其他相关机构将数批小宗出口货物合并进行航空运输。

印度模式创造了印度奇迹,1995—1996年印度的IT软件及服务业产值只有11亿美元,出口额为7.3亿美元。2000—2001年度产值达83.4亿美元,出口额达62.4亿美元。2001—2002年度出口达77亿美元。2003—2004年度出口达136亿美元。2004—2005年度出口达185亿美元。2006—2007年出口超过300亿美元。[1]印度预计到2008年庆祝独立60周年时,其软件业可获得1000亿美元的年收入,出口达500亿美元,并成为一个世界软件超级大国。

据世界银行的一项调查,目前在全球按客户要求设计的软件开发市场中,印度的份额已经占到16.7%,其中在信息产业发源地的美国市场份额高达60%。在全球通过美国卡内基—梅隆大学软件工程研究所设计的CMM品级第五级的40家企业中,有29家来自印度。在《财富》杂志所列的全球1000家大企业中,已有266家企业采用印度软件。印度教育部计划在两年后提高到400家。印度生产的计算机软件产品远销世界75个国家,其中28个国家完全依靠印度的计算机软件和服务支撑。印度软件产业的高速增长使比尔·盖茨都惊呼:未来的软件超级大国不是美国,不是日本,也不是欧洲国家,而是印度。

---

[1] 印度驻华大使馆:《今日印度》,2007年,第1期,第20页。

五、印度在产业发展上倾向于"同时开发的发展模式"

"同时开发发展模式"[①] 是后发的经济发达国家在发展技术集约型工业中所采取的一种主要的发展模式。随着技术集约化的发展,整个工业的基础在更新,传统产业正在让位给新兴产业,整个工业结构都在面临一场大的变革。在这种形势下,各国都把未来经济发展的希望寄托在高技术工业的发展上,为了抢占技术"制高点",加速工业结构转换升级,以取得发展的主动权,各国都竞相开发高技术产品和建立高技术产业。后发的经济发达国家在这些技术的开发和产业的建立上,同先行的经济发达国家大致是同期进行的。由于基本上处于相同水平,因此这类工业产品的进口较少,今后也不会有太大的增长。印度在IT产业、医药产业、生物产业等高新技术产业上已经在采取同时开发的发展模式,正在抢占制高点。印度采取同时开发的发展模式的可能性在于:一是世界上越来越多的高新技术的研发基地纷纷落户印度。由于印度科学技术人才居世界前列,有基础和实力与发达国家在同期进行技术的开发和研制。美国管理学大师彼得·德鲁克在接受美国《财富》杂志采访时很肯定地表示,中国在成为未来世界经济火车头的竞争中可能最终输给印度,尽管中国国内生产总值的增长速度更快,在吸引外资方面取得的成就更高。印度的优势在于,它有明显多得多的优秀的训练有素的程序设计师、工程师和经理,而对于中国来说,仅靠大学的扩大招生并不能赶超印度所拥有的持久优势。

[①] 参见李悦:《产业经济学》,中国人民大学出版社,2004年,第341页。

二是印度在利用外资的规模比中国小得多,中国已经达到600多亿美元的引进外资的规模,而印度还只是60亿美元左右的水平[①]。印度在引进外资上与中国有不同的战略,印度国内对利用外资有争论,认为过多利用外资会使民族工业的发展及其自主性、独立性受到影响。因此,国外大量低水平的产业转移在印度没有像在中国那样突出。这使印度在技术引进上有可能在选择先进技术与自主研发的结合方面做得比中国更好。

7.1.2 中国发展模式的特点

一、从部门的非均衡战略到地区的不平衡战略

中国同印度一样,在建国后实施了优先发展重工业的工业化战略,中国的工业化模式同样也受苏联的影响。中国要建立社会主义国家,一是按照马克思列宁主义理论作为发展的指导思想。二是苏联的社会主义实践给中国提供了示范。在发展工业化的指导思想上,斯大林说过,不是发展任何一种工业都算做工业化。工业化的中心,工业化的基础,就是发展重工业,归根到底,就是发展生产资料的生产、发展本国的机器制造业[②]。当时成功进行工业化的社会主义国家就是苏联,因此苏联模式理所当然成为中国的榜样。另外中国确实也面临着西方帝国主义的包围和台湾反攻大

---

① 国家统计局国民经济和社会发展公报,http://www.stats.gov.cn,印度 Economic Servey,2005—2006,p.124。

② 转引自郭庆、胡鞍钢:《中国工业化问题初探》,1991年,第93页。

陆的威胁,所以发展重工业、发展钢铁工业就成了当务之急。在"大跃进"期间甚至实行了"以钢为纲"的方针,使工业出现了严重的全面失调现象。尽管为了纠正结构的扭曲,在毛泽东时期就提出了综合平衡的问题,已经认识到"大跃进"的重要教训之一是没有平衡。在整个经济工作中,综合平衡是个根本问题。要搞好工业内部各个部门、各个环节的平衡,工业和农业的平衡。还提出农业是国民经济的基础,要把农业放在国民经济的首位,提出了农轻重协调发展的方针,要按照农轻重的次序安排经济工作。

但是,上述方针政策并没有得到落实。一是受当时反右倾思潮的影响。二是在60年代中期,对国际形势和苏联入侵威胁的判断过分严重,从1965年开始进行中国特有的"三线建设"。第一阶段是以西南地区为重点,把钢铁基地、煤炭基地、能源基地,以及为国防服务的项目迁移或重新布局在大西南。第二阶段将重点转向豫西、鄂西、湘西。根据备战的要求,将全国划分为十个经济协作区,要求建立不同水平、各有特点、各自为战、大力协同的工业体系和国民经济体系,特别要发展冶金、国防、机械、燃料动力和化学等工业部门。经过"三五计划"和"四五计划"时期的10年内,中国进行了人为的重工业大转移。这是一次从沿海地区向内地"三线地区"的大转移。加之"四五计划"不切实际的工业增长速度和钢产量,过大的钢铁生产能力和大中小星罗棋布的钢铁工业布局。造成了中国的地区不平衡发展,沿海和内地投资的不平衡影响了沿海地区的工业发展,"三五"时期沿海地区的投资降到了建国以来各个时期的最低点,比"一五"时期低了10.9个百分点。"四五"时期比"一五"时期低2.2个百分点。10年合计,沿海地区的基本建设投资占全国基本建设投资的35.2%,直接影响了沿海地区工业的技术改造,削弱了沿海地区的工业基础。同时由于过分强调重工业,大量投资用于三线地区的重工业上,严重影响了轻工业的发展,"三五"时期,轻工业投资在全国基本建设投资总额中占4.4%;"四五"时期占5.8%。都低于"一五"时期6.4%的水平[1],这就更强化了经济结构中的突出问题。

总体上看,上世纪50年代初到70年代末近30年的工业化道路,是一条政府主导的,以高度集中的计划经济体制为保障的,重工业优先发展的非均衡发展模式。它通过价格的扭曲和产品的不等价交换,牺牲农业,进行迅速的原始积累;它通过对重工业的倾斜投资,牺牲轻工业,为重工业聚集了资本。这种非均衡发展战略的成就是迅速建立了完整的工业体系。但是它的后果是造成了农业和轻工业发展的严重滞后,生活必需品短缺,人民生活水平得不到提高,而且导致了地区发展的不平衡,这种地区的不平衡在80年代以后发生了逆转,这同样是以部门的非均衡发展为内在动力,当然政策是重要的外在因素。

20世纪80年代,中国改革的设计师邓小平提出鼓励一部分地区、一部分人先富起来的不平衡发展战略。实施了沿海地区优先发展的地区不平衡发展战略,确定了一批沿海开放城市,建立经济特区和加工工业园区,给予一系列优惠政策,采取出口导向型的发展模式,允许利用国内国外两种资源、两个市场,大进大出,大力发展出口加工工业,抓住了发达国家产业转移的机遇,使中国沿海

---

[1] 《中国统计年鉴》,中国统计出版社,1984年,第308页。

地区的制造业获得了空前发展。带动了整个东部地区乃至全国经济的高速增长。但却造成了地区发展的更大的差距。东中西部差距日益拉大,针对这种状况,在 20 世纪末 21 世纪初,中国实施了西部大开发战略,力图通过政策倾斜和加大投入,以及实施鼓励东部帮扶西部等措施,使西部地区获得更大的发展空间,逐步缩小东中西部的差距,缓解不平衡发展带来的社会不稳定因素,使更多的西部地区民众也能享受到中国改革开放的成果。

二、第二产业成为经济增长的驱动力

中国的三次产业对 GDP 的贡献完全不同于印度,中国推动经济增长的主要动力是第二产业,而印度则主要是第三产业在推动 GDP 的增长。早在 1978 年中国改革开放初期,产业结构就显示出这一趋势,第二产业占 GDP 的比重为 48.2%,第三产业为 23.7%;到 2003 年,上述比重分别上升为 52.2% 和 33.2%。2006 年,一、二、三产业的比重为 11.8∶48.7∶39.5。按照钱纳里等经济学家总结的人均 GDP 和产业结构变化的国际标准,人均 GDP 在 1000 美元时,第二产业占 GDP 的比重为 31.4%,第三产业的比重为 50%[1],2003 年,中国正值人均 GDP 1000 美元的时期,第二产业比重超过国际标准 20.8 个百分点,而第三产业比重低于国际标准 16.8 个百分点。按 2003 年的数据,中国第二产业占 GDP 的比重比印度高 27 个百分点,第三产业占 GDP 的比重比印度低 18 个百

---

[1] 参见胡晓鹏:"中国产业不平衡发展增长效应的实证研究",载《国民经济管理》,第 49 页。

分点。由此可看出中国的经济是靠第二产业支撑的,其经济的驱动力也是第二产业。这是中国长期实行的重工业优先发展的政策导致的结果。

改革开放以来,由于政策向东部沿海地区倾斜,两头在外的加工工业迅猛发展,城市发展速度在相应加快,使第二产业获得了空前的发展机会,由此成为经济增长的驱动力。而第三产业发展则非常缓慢,与第二产业的快速发展不相适应。第三产业是物质生产部门的重要保障,同时也是社会发展的重要保障。要使第二产业得到新一轮的增长或提升其水平,第三产业尤其是生产性的服务业需要得到较快发展,例如在产前需要为投入生产资料、资金、生活资料提供顺畅的流通渠道,要求运输业、商业、仓储业、金融等有相应发展。在产中和产后,要求第三产业在产品的储存、运输、中转、销售等方面提供高效优质的服务,使生产出来的产品成为最终产品。从国际趋势看,服务业在19世纪和20世纪之交异军突起,很快超越工业成为主导产业。产前、产中和产后的生产性服务业的发展,对于制造业效率的提高起了很大作用,20世纪制造业的一项革命性变化是它与服务业相互融合,又称为"服务业—工业化"(Service-Industrialization)[①]。

三、传统制造业成为第二产业的核心竞争力

第一,制造业是 GDP 和第二产业贡献的主体,也是对税收贡

---

① 吴敬琏关于中国工业化道路和发展模式讨论的观点,2005年,http://business.sohu.com。

献的主体,同时还是吸纳就业的主体。在中国的统计中,第二产业包括工业(制造业)和建筑业。在2003年的GDP中,工业所占的份额为45.3%,建筑业仅占6.9%①。根据2005年中国统计局发布的统计公报计算,全部工业增加值占GDP的比重为41.79%,占第二产业增加值的比重为88%。工业上缴的税金占第二产业的90%,占国家税收的近1/3。制造业就业人员8000万,占第二产业就业人员的90%②。

第二,制造业是中国出口的主力军,但出口主要是劳动密集型和技术含量低的产品。制造业出口占全国外贸出口的91.2%,进入21世纪,中国主要工业品出口增长速度加快,2003年,纺织品、服装、钢铁、化学制品、汽车及制品、办公机械与通信设备出口的增速分别达到31%、26%、45%、28%、33%、56%,占世界同类产品出口总额的比重2003年分别达到15.9%、23%、2.7%、2.5%、0.5%、12.9%③。制造业在越来越多的领域具备了国际竞争力。由此可见,制造业是第二产业的核心竞争力。

第三,制造业的核心竞争力仍是传统的劳动密集型制造业。从制造业结构看,具有核心竞争力的不是知识、技术密集型的制造业,而是劳动密集型的制造业。中国制造业的结构偏轻,装备制造业在制造业中的比重还不到30%,远远低于美国的41.9%,日本的43.6%,德国的46.4%的水平。中国光纤制造设备的100%、石

---

① 《中国统计年鉴》,中国统计出版社,1984年,第54页。
② 徐匡迪:"中国制造业面临的挑战",中国装备制造业论坛,2005,http://business.sohu.com。
③ 杨丹辉:"中国成为世界工厂的国际影响",《中国工业经济》,2005年第9期。

油化工装备的80%都靠进口,每年要花费6000亿元从国外进口重型设备①。中国制造业主要是靠传统制造业的优势,如纺织、服装、鞋类、玩具、家电、食品等轻纺家电行业。而汽车、航空、新材料、集成电路、生物制药、重型机械设备等发展不足,处于劣势。中国已经成为世界制造大国,钢铁、水泥、玻璃等100多种产品的产量居世界第一,世界水泥产量的一半出自中国。② 我们的现实是制造业发展很快,在国民经济中占的比重也很大,但是制造业却是大而不强,产品以低端为主,附加价值不高,劳动生产率比较低,劳动力用得比较多,年人均创造的价值则较低。劳动生产率只有美国的4.38%,日本的4%,德国的5%。

制造业的核心竞争力应是装备制造业,但中国的装备制造业只占26%,比发达国家低10个百分点左右。集成电路95%要进口,轿车制造装备、数控机床、纺织机械70%依赖进口。中国出口的是中低端产品,即使少数高新技术产品也是劳动密集型的或者是来料加工型,而进口的则是高新技术产品。③

四、制造业的资本形成是采取大量利用外商直接投资(FDI)的模式。

中国经济具有明显的投资拉动的特点,改革开放以来,这种模式更加强化,1998年以来,投资品在国民生产总值中占的比重越

---

① 来源:中国制造业论坛,http://news3.xinhuanet.com。
② 中国制造业研讨会,2005,http://business.sohu.com。
③ 徐匡迪:"中国制造业面临的挑战",中国装备制造业论坛,2005,http://business.sohu.com。

来越高,而消费品比重越来越低,目前消费对国民生产总值的贡献只有46%左右,加上政府消费也只有50%左右。而全世界平均水平中消费占GDP的比重达到78%[1]。因此,资本形成不足的问题仍是经济发展中的突出问题。中国实行了出口导向的发展模式,制造业开始不断承接国外产业的转移,利用外资解决资本形成不足的问题,是制造业发展的有效途径,也成为一种具有特色的模式。以2003年为例,仅工业企业的三资企业资产,就占了全部国有及规模以上非国有工业企业资产的23.26%,这不包括其他所有制形式的企业利用外资的情况。利用外资占本行业全部资本形成总额在60%—30%的行业有:通讯设备、文教体育用品、皮革毛皮制品、家具制品、塑料制品、仪器仪表、纺织服装、食品、金属制品、造纸及纸制品、电器机械、木材加工及制品[2]。中国改革开放以来吸收外商直接投资的最大成效就是造就了第二产业尤其是制造业的高速发展。从1979—1990年,外商直接投资(协议额)在中国第一、第二、第三产业中的份额分别为2.9%、60.3%和36.8%;而在1991—2003年分别为1.98%、68.6%和29.4%[3]。2004年外商直接投资在第二产业中为74.98%,第三产业为23.18%;2005年上半年,第二产业的比重提高为75.45%,第三产业的比重为

---

[1] 参见马晓河:"中国制造业面临的挑战",中国装备制造业论坛,2005,http://business.sohu.com.

[2] 根据中国统计年鉴数据整理,中国统计出版社,2004年。

[3] 转引自殷凤:"中国服务业利用外资:现状问题与影响因素分析",《世界经济研究》,2006年第1期。

23.37%[①]。在 2005 全年实际使用外商直接投资中,制造业和房地产的比重分别为 70.4% 和 9%;租赁和商务服务业、交通运输仓储和邮政的比重分别为 6.2% 和 3%;信息传输、计算机服务和软件占 1.7%[②]。但是这种模式也带来了十分明显的弊病。因为中国的引进外资是建立在发达国家和地区产业转移的基础上,这就不可避免地成为国外淘汰技术和设备或低技术的承接地,一些二手设备和中低技术借此转移到中国,当然这与中国的制造业基础和劳动力素质是相适应的。随着中国制造业的进一步发展,越来越感觉到产业结构在优化升级中存在着问题。一是由于引进外资寻求发展的模式导致企业在技术创新上具有依赖性,缺乏自主创新的精神,无法把先进技术与自主创新结合起来。企业的自主知识产权和自主品牌不多。二是随着跨国公司全球化战略的实施,国内大量加工工业实际上只是加工某个零件的大车间,无法掌握其核心技术。从而使制造业很难完成优化升级的任务。

五、中国制造业的发展采取的是"雁行发展模式"

雁行发展模式是后发工业国为了赶超先行工业国而通常采取的一种发展模式。由于工业起步较晚,后发国家对一些工业新产品不得不依赖进口,因此国内市场最初是由进口产品开拓的,这是发展的第一个阶段。随后是引进技术或设备自己生产,在国内逐步形成新行业、产业,通过产品国产化以替代进口并满足国内市场

[①] 转引自裴长洪:"吸收外商直接投资与产业结构优化升级",《中国工业经济》,2006 年第 1 期。

[②] 《中国统计年鉴》,中国统计出版社,2005 年。

日益扩大的需要,这是第二阶段。随着对引进技术的消化、吸收、创新和规模经济的逐步形成,产品质量和生产成本都进一步得到改善,再结合本国廉价劳动力或资源的优化,终使产品打出国外,这是第三个阶段。雁形形态发展模式中上述的进口、国内生产到出口的过程,就像三只飞翔的大雁。最成功的典型是日本。日本的纺织工业、钢铁工业、机械工业的形成和发展就是这一发展模式的结果。中国改革开放以来所采取的发展模式基本上是"雁行发展模式",家电产业是典型的"雁行发展模式",首先进口产品,通过引进技术、设备、形成自行生产能力,通过产品的国产化替代进口,在国内形成新的产业。中国在纺织工业、汽车工业、钢铁工业等领域也同样在走"雁行发展模式"的道路,完全或部分替代进口,同时带动国内其他产业的结构升级,最终建立起自己的民族工业体系。与此同时,中国应重视"同时开发模式",加大对高科技产品、高技术产业的投入,力争与工业发达国家在这些技术的开发和产业的建立上大致同期进行,并力争处于相同水平。

7.2 中印发展模式的相互借鉴和启示

印度模式发展的是软实力、软件,而中国发展的是硬实力、硬件;印度是一个注重内在的国家,中国是一个注重外在的国家;印度有服务业的传统,中国有制造业的传统;中国有重工轻商、鄙视服务业的传统观念,印度有重商的传统,几个世纪以来,印度就是一个贸易国家。中印的发展模式都是在各自的土壤里成长起来的,有其发展的客观环境和深厚的文化基础,同时也是两国赶超战略选择的结果。中印的首轮赶超战略是发展以重工业为主导的工业化战略的赶超。这样的赶超并没有实现工业的快速发展和制造业的起飞。两国改革开放后,都开始了第二轮赶超战略,中国是发展以制造业为主导的强国战略,印度是发展以信息技术为主导的强国战略。这一轮赶超两国都取得了明显的成效。中国成为世界制造业大国。印度成为信息技术大国。可以说,印度在工业化进程中闯出了一条新路,中国在工业化进程中也取得了突破性的进展。印度对发展模式探索和实践的意义已经超出了印度本国,它有可能为世界经济发展和工业化模式提供一种有价值的借鉴和启示。

7.2.1 中印模式的启示

一、依靠内需还是外需拉动经济增长的启示

对于发展中的人口大国,经济发展应主要依靠国内市场需求的拉动,要极大地提高国内需求,就要解决大量中低阶层的收入问题,尤其要解决大量农村人口的收入问题,中印两国农业人口占70%以上,这部分社会群体的收入不提高,国内需求就难以提高。中国的制造业和印度的 IT 业都有依赖国际市场的趋势,中国贸易依存度 2005 年已高达 70%,2006 年也达到了近 66%。这种模式一方面给制造业的发展带来很大风险,现阶段不断出现的贸易摩擦、不断升级的贸易壁垒已经预示着风险。中国应逐步转变过度依赖国际市场的发展模式,把依靠投资和出口实现经济总量的增长转变为依靠国内需求和消费实现增长的模式。

印度电子及信息技术的出口占该产业产值的61%,其中软件出口占软件产值的比重更是高达80%。两国在这两个产业发展中的共同点是利用外国的资金,学习国外的先进管理和技术,依靠国外的市场获得快速发展的。不同的是,中国的制造业主要是承接发达国家的产业转移,生产的是低技术的低端产品。而印度是紧紧跟上世界信息化的步伐,甚至是信息产业先进技术的代表,属于世界软件产业的领军者,生产的是高技术的高端产品。中国的制造产品不是国内已满足需要后的过剩,而是国内有效需求不足,农民的收入太低,城市下岗失业人员的增加导致的城市收入降低。而印度的情况是,由于产业出现断层,工业发展水平还无法与现代信息技术对接,社会发展水平也还没有到可以大规模运用信息技术的程度,因而国内市场仍然是狭小的。这两类问题的性质不同,中国需要通过大力发展农村经济和新农村建设,启动农村消费来扩大内需。而印度需要提升整个工业和服务业的水平以扩大对IT产品的需求,但是这样的结果是,中国扩大了制造业低端产品的规模,而印度将是完成对整个传统工业的改造和服务业水平的提升。这一点应该引起中国的高度重视。

二、中印模式的相互启示

中国制造业的成功不仅在于快速拉动了GDP的增长,更重要的是吸纳了大规模的农村剩余劳动力,对解决中国的贫困和温饱问题作出了贡献。但是低技术、低端产品制造业的发展已经走到了尽头,利用低素质的廉价劳动力、高消耗、高污染的粗放式的增长方式使制造业的可持续性受到了挑战,随着大规模低技术产品涌向国内外,资源约束、市场约束、劳动力素质约束日益显现。如果说在工业化初级阶段向中期过渡的时期,发展劳动密集型的制造业是必然选择的话,今天的制造业的升级也应该是必须的选择。印度信息产业的成功在于集聚了世界越来越多的高技术人才和知识精英,成为世界级的高科技基地和研发基地,世界500强中的100余强在印度设立了研发中心,其中不乏世界最顶尖的公司:英特尔、IBM、微软、摩托罗拉、惠普、SAP、索尼、三星和德州仪器,它们都需要依靠和借助IT工业的实力,这种后发效应是不可估量的,它像一台技术发动机,不断输出最新技术,并且能享有应用的优先权。信息产业的成功同时也对崇尚技术、崇尚知识起着导向作用,激励一批又一批的青年追求提高科技素质、增加科技能力的目标,这种力量是不可低估的,它使印度成为并将继续成为世界高科技人力资源库。但是这种模式的弊端是把大量的低素质劳动力,尤其是农村劳动力排斥在工业化进程之外,高技术产业对劳动力素质的高要求,无法吸纳大量低素质的农村劳动力,这就是为什么印度会有如此大规模的滞留在大城市的贫困人口并造成极度的农村贫困的重要原因。这是过早地发展资本、技术密集型产业的代价。这是印度发展模式的反面启示。如果印度能够坚持已提出的制造业发展目标,并用信息技术产业装备和改造传统制造业,印度的人力资源基础、研发基础并不弱于中国。这将是一个巨大的财富,是印度发展的后劲之所在。中国的财富是硬件,而印度的财富是软件;中国的形象是宏大的基础设施、气派的高楼大厦;印度的形象是强大的科技实力、高素质的人才队伍。中国是靠硬实力,印度在靠软实力。

三、印度第三产业发展对中国的启示

印度发展模式的成功在于,第三产业的发展从传统服务业到现代服务业的过渡和升级衔接得很好,过去是靠贸易、社会社区等传统服务业支撑第三产业,现在IT信息和软件服务业迅猛上升,金融保险、商务等现代服务业也在上升,已出现了现代服务业替代传统服务业的趋势。第三产业自始至终处于良性发展的状态,其占GDP的比重历来高于第二产业,有可能为第二产业的发展提供高效服务,并加快传统工业的信息化建设步伐。而中国的服务业发展比较落后,已经影响到第二产业的发展。中国服务业大致分为传统服务业如批发零售贸易餐饮业、交通运输业,以及现代服务业如信息、咨询、科技、金融等行业。中国服务业的问题,一是占GDP的比重低,低于40%。二是生产性的服务业较为落后。为制造业服务的物流业,如交通运输,以及社会性的服务业,如医疗、教育、文化等都发展不足,既满足不了第二产业进一步发展的需要,也满足不了社会进一步发展的需要。非生产性的服务业尤其是现代服务业如金融、信息、商务、中介咨询等也发展滞后。近年来第三产业占GDP比重不升反降。第三产业内部结构的转换和升级不明显,第三产业主要是靠对外贸易的拉动。金融、保险、商务、信息服务业等现代服务业的主导作用还没有显现。要尽快发展现代服务业,实现第三产业内部传统服务业向现代服务业的转换。

中国服务业比重偏低的原因,首先与现阶段工业规模的急剧扩张、工业投资过度有关。其次是服务业投入不足、政策支持不够,抑制了高附加值服务业的发展。国内学者认为,服务业近期大幅上升的阻力在于:一是我国目前还是世界制造业转移的中心地之一;二是我国工业对服务业的支撑度还不高;三是金融保险不动产、工商服务业比重偏低,这是目前我国服务业发展中面临的一个突出问题。中国长期以来"重工轻商"的观念对服务业的发展不利。中国服务业比重保持快速上升的产业环境还未形成①。

四、印度产业发展路径的启示

中国的产业发展是正向发展,印度的产业发展是逆向发展,印度以信息技术产业为代表的现代服务业在第二产业没有得到充分发展的基础上实现了跨越。1990—2003 年,印度的工业增长变化不大,但其服务业已占国民生产总值的 60%,而中国则恰恰相反,工业速度和规模都快速增长,但服务业却相当滞后。②中国有这样的观念:没有工业化,服务业就发展不起来。而印度就是一个还没有实现工业化,服务业就超前发展的很好的例子。为什么中印两国在同一时期开启的工业化进程,在改革开放后却选择了完全不同的模式。第一,首要的一条就是,中国是政府主导经济发展,国有经济就是政府主导的基础。制造业成为各级地方政府倾之全力发展的产业,"无工不富",没有工业就没有经济增长已成为各级政

---

① 国家发展改革委员会产业发展研究所服务室任旺兵主任主持的《第三产业发展布局与预测》、《我国服务业评价指标体系研究》、《服务业国际比较研究》三个相关课题研究提出的观点。

② 参见国家发展改革委员会发展规划司司长杨伟民对"农业—轻工业—重工业—服务业"的产业转移模式提出的质疑。2005,http://business.sohu.com。

府的口号。工业发展目标是各级地方政府规划、计划的重要目标。而印度的IT产业等现代服务业是在市场主导下发展的,私营经济是市场主导的基础。随着印度私有化、市场化、自由化、全球化改革的推进,私营经济已成为国民经济的主要力量。政府和私营企业的关系在IT等现代服务业的发展中树立了典范。政府的角色和作用,首先是制定政策,这些政策都是企业迫切需要的,因而是对企业帮助最大的。其次是提供服务,政府在全国有条件的地方建立软件园,提供完善的基础设施和服务。第三是政府在美国、欧洲的大使馆和办事处协助企业促销。外交部和印度驻外机构通过一系列外交策略促使接收国放宽对IT服务的签证,其中还包括签署一系列必要的一揽子协议,以维持印度公司在国际市场上的竞争优势。这些政府驻外机构与印度软件和服务业全国联合会(NASSCOM)及其他组织一起合作,努力推进IT进入国际市场。这样的成功模式也正在硬件产业中推行。第四是建立信息化政府。印度IT工业产值的85%用于出口,为了解决内需问题,各级政府部门正在大力推动信息科技和电子政务,印度从中央到邦的各级政府,以及各部门和机构都制定了"IT五年计划"。为实现政府工作方式IT化的目标,建立国家"智能政府"研究院,专门研究政府IT化的有关问题,同时对邦公共行政管理研究院进行调整以促进各邦的政府IT化进程。规定各部委1%—3%的预算要作为专项资金用于该部门的IT化建设,不仅用于购买IT产品和IT软件,还要包括IT培训和服务。中央级的国家信息中心和邦级的技术服务机构要与信誉良好的供应商建立合作关系,通过大批量采购,以优惠的价格购买相应的IT咨询、专业化服务以及IT产品。今后政府和公共部门的雇员都必须具有 IT 方面的知识,并且要经常性地受到培训。政府还要对劳动法进行相应的调整,鼓励和推广弹性更大的远距离办公。印度政府认为积极参与国际大项目,如"政府在线"项目,不仅可以学习别国的经验,还可以向全球政府 IT 化项目贡献自己的经验。这些措施,对开辟广阔的国内 IT 服务需求,帮助印度保持 IT 产业发展的良好势头。正如微软印度公司总经理拉吉夫·卡尔所言:"是众多优秀的企业家和富有远见卓识的政治家一起,把印度软件业推上了快车道。"

在与印度的对照中,中国应向印度学习什么,为什么制造业过度膨胀而服务业发展不足,这里有制度缺陷的问题。首先是市场中的政府角色定位仍是一个没有解决好的问题。对政府政绩的评价是把 GDP 的增长作为主要指标,这就从制度上规定了政府必须介入经济,因为它对经济增长负有责任。时至今日,各级政府在现有制度环境下,仍然在配置资源和参与经济活动方面发挥着不小的作用。一是靠投资,各地政府都热衷于上大项目,上基础设施项目、城市建设项目、形象工程、政府豪华办公楼、高档住宅区等,以此拉动 GDP 增长。二是政府仍希望控制有利润前景的竞争性行业,有的地方政府不但不愿退出,反而还行使政府权力在所谓"做大做强企业"的口号下拉郎配,通过行政干预而非市场行为,强迫有效益的企业组建集团,使企业的活力和积极性受到影响。三是企业和政府的关系从过去的政府直接投资、干预和管理企业来掌控经济,变为通过给予企业土地、信贷等优先权的间接方式掌控经济。

印度的经济已经从高度集中的管理走向规范的市场化运作,

其市场制度逐步成熟,并且已从这种模式中看到了经济实实在在地增长,而中国还尚未摆脱传统管理模式的阴影,政府边界还不够清晰,政府职能的转变还有很长的路要走。党中央提出了树立科学发展观、正确政绩观的要求。这对于明确政府职责,规范政府行为,弱化政府配置资源的权力,建设有限政府和有效政府,对于中国经济的良性发展和可持续发展都具有重要意义。

7.2.2 中印模式的相互借鉴

一、中国制造业为导向的模式仍然在走资源导向型的资本积累模式,而印度服务业为导向的模式已走入技术导向型的知识积累模式

在低技术水平下的制造业发展的模式是外延式扩张的模式,这种模式主要是依靠投资拉动和规模扩张,大量投入资本、消耗资源来实现增长,而不注重通过技术创新,设备更新和改造,挖掘内部潜力,增加产品附加值来实现增长。外延式的增长是一种粗放式的增长,而内涵式的增长是集约型的增长。尽管中国一直在号召走集约型的发展道路,但从总体上看,中国制造业仍是处于高投入、高能耗、高污染、低技术、低效益的状态。下面一组数据可说明制造业存在的问题:据国家发展改革委员会的统计,美、德、法等国GDP中用于投资的比重占10%—20%,而中国为40%—45%;中国制造业的单位能耗偏高,火电、钢铁、乙烯、合成氨、水泥与世界水平的差距分别为18%、11%、27%、19%、29%。按照中国工程院院士张彦仲提供的数据,清晰表明了制造业占能源的消耗比例。2003年,全国总能耗为17亿吨,建筑业能耗9.3亿吨,占全国的54.7%;制造业煤耗为5.8亿吨,占全国的35.5%;全国的原油总量为2.49亿吨,制造业用掉2.07亿吨,占全国的83%;全国天然气总量为339亿立方米,制造业就用去175亿,占全国的51.6%;2003年我国GDP占世界4%,而资源消耗石油7.4%、原煤31%、铁矿石30%、钢材21%、氧化铝25%、水泥40%。我国制造业资源利用率低,目前的矿产资源总回收率约30%,比国外先进水平低20个百分点;木材综合利用率约60%,低于国外先进水平的80%;工业固体废弃物综合利用率为55.8%,固体堆积物多;废纸回收率28.7%,低于世界水平的70%[①]。能耗是工业发达国家的一倍,污染是工业发达国家的两倍。高速增长的中国制造业存在创新能力不足、核心技术对外依赖度高,低水平生产能力严重过剩,高水平生产能力严重不足,飞机、集成电路等新型制造业所占的比重很小;劳动生产率较低,仅及美国的4.38%,日本的4%,德国的5%多一点[②],同印度差不多;建立在高能耗基础上的经济增长已受到了缺水、缺电、缺油的约束,要维持更高的GDP增长,显然资源约束已经非常严峻。

印度以高科技产业作为经济的驱动力,就决定了印度在选择一条集约型的经济发展道路。印度建立在知识密集型基础上的、

---

① 中国工程院院士张彦仲在中国工程院第六次"工程前沿"研讨会上提供的数据,2005年。

② 中国工程院院长徐匡迪在中国工程院第六次"工程前沿"研讨会上作题为"中国制造业面临的挑战"的报告,2005年。

服务业为主导的模式是内涵式扩张的模式。它主要是靠技术上的自主创新,新技术的应用,靠大量的研发来提高产业和产品的竞争力。它靠人力资本的投入和知识的积累来实现经济的增长,而不是主要靠资源的消耗、环境的破坏来实现增长。随着高新技术的扩散,以IT产业为基础的一系列领域正在印度快速发展,如生物技术、纳米技术、远程医学、远程手术、远程教育、嵌入式产品、自动化生产技术、产品设计等,将在几年中有突飞猛进的发展。在IT产业,印度已掌握了一系列核心技术,不仅在软件设计上占据优势,而且已进入高科技硬件产品的设计。如飞利浦DVD视频编解码器、苹果iPod音频编解码器、德州仪器的OMAP处理器、微软的Jsharp、掌上电脑Palm和iPaq使用的阅读软件Adobe reader、英特尔公司的"start up"、思科的IOS核心组件、惠普的HP-UX系统、OpenView管理平台内核、甲骨文公司的Pro-c软件,以及位居世界第三位的印度光盘生产商MBIL公司、排名世界第三的终端生产商VXL公司、印度HiCal公司为世界最主要的移动手持设备生产商Impulsesoft提供磁性元件、印度Manmar公司为超声波扫描仪设计的图像软件、印度Purple Vision公司的信号处理器等高科技产品,都是由印度为主设计的。印度正在加速对IT产业发展所需的基础设施建设,已铺设了50万公里的光纤通讯网;印度硅谷班加罗尔和其他IT产业基地的网络连接已经部分完成,9个城市的主要研究所都将连接到网络中[1]。印度已在银行业、证券业、电信、能源、工具系统集成等方面拥有信息技术优势,并已在寻求与中国

---

[1] 印度大使馆:《今日印度》,2004年,第2期。

的合作。印度正在把 IT 领域成功的模式引入其他部门,按这样的路子发展,印度将在一个较高的技术平台上,提升传统服务业水平,改造传统工业,实现工业的集约化发展。

二、中国的产业结构重心应从制造业向服务业转移,印度应拓宽服务业的领域,并提升制造业水平

中国不仅面临着低水平的制造业的结构升级,即从劳动密集型的制造业向技术密集型的制造业过渡和转换,从粗放式的制造业向集约型的制造业转换。更重要的是,中国的产业结构已经进入了需要从制造业向服务业结构升级转换的阶段,进入到需要从服务业来寻找新的经济增长点的阶段。制造业结构升级带来的劳动力过剩应该由服务业的大发展来吸纳。发展服务业可以使中国经济获得新一轮发展的动力,为经济的可持续发展创造条件。

印度已经形成了依靠信息技术带动经济增长的成功模式,但突出的问题是不能解决大量劳动力的就业和收入问题。所以印度模式也面临调整,第一,要大力发展制造业,通过信息等高新技术的运用,提升制造业的水平,改造传统工业。一方面,使制造业有可能与信息产业对接,使信息技术能广泛应用到制造业。另一方面,制造业的发展可以更大程度地解决就业问题。解决因收入水平低下带来的国内需求不足的问题。通过这样的调整,印度模式的可持续性问题可以解决得更成功。第二,服务业的内部结构应有所调整,其方向是使其容纳更多的劳动力,例如印度生产性的服务业发展非常落后,交通运输、仓储、邮电通信业等都应大力发展,生活性的服务业如商业零售业、娱乐业、社区服务等都是可以吸纳

大量劳动力的行业。重要的是要认识到服务业并不总是知识密集型的,印度服务业内部结构需要很好定位和调整。印度需要结合低附加值的和大量劳动力集中的商业,去拓宽服务业的基础。既使是现代服务业,也有各种外围服务并不需要很多的知识。例如商务流程外包(Business Process Outsourcing BPO)作为印度增长最快的服务业部门,有许多环节需要大量的劳动力。包括扩大大众教育,以及在欠发达地区进行基础设施建设等,都可以扩大服务业的领域。因为服务业和制造业两个部门都有增长的巨大潜力。对印度模式的再调整,需要借鉴中国模式,同样对中国模式的再调整需要借鉴印度模式。

三、印度服务业的成功在于制度创新,中国服务业的发展取决于制度创新

印度信息产业的崛起是多种因素促成的结果,但是制度因素是主要因素。建立竞争机制、引入市场机制;放宽准入、扩大开放;建章立制、规范市场等都是印度成功的经验。中国服务业不仅总水平占GDP的比重低,而且内部结构不合理。传统服务业所占比重大,但服务的质量不高、服务的能力不强、服务方式老化、效益难以提高。现代服务业比重小,其发展的滞后是多种因素造成的,但制度和体制因素同样是重要因素。要进一步发展中国的服务业,应借鉴印度的模式,通过制度创新,建立进入与退出的机制,第一,除了涉及国家安全和必须由国家垄断经营的领域外,要放宽市场准入,引入竞争机制,鼓励非国有经济进入,对非垄断性行业的国有企业,应要求其改制成为非国有企业,政府应完全退出。第二,

要加快推进和完善垄断性服务行业的改革。准许新的市场主体特别是非国有市场主体进入本行业,参与市场竞争,以利于提高效率,改善服务。第三,政府的扶持政策要倾斜在吸纳就业人数多、投资能力弱的服务企业上,如信贷、税收、用地等方面以予支持。第四,理顺阻碍流通等服务领域的条块分割体制和政策,建立大流通、大服务的体系。第五,扩大开放政策程度。不仅在金融、保险、贸易、零售商业等领域允许外资进入,而且应在通讯、旅游、商务服务、会展等领域扩大开放程度。第六,建立质量评估和信用评价制度。强化服务业的服务质量和信誉意识,规范服务业行为。目前,中国有关促进服务业发展提速的政策措施已经出台,在结构政策上,已将促进服务业发展放在更重要的地位,服务业快速发展的条件已经成熟。

四、在开放的条件下加快发展中国信息技术产业,尽快实现以信息化带动工业化的发展目标

印度软件与信息服务产业的发展是在开放的条件下,利用国际资金、技术、人才和管理,利用与大型跨国公司合作的机会,与本国高技术人力资源相结合,在充分实现优势互补、强化竞争优势的基础上,实现跨越式发展的。借鉴印度的成功经验,中国的软件与信息产业要走开放之路。中国软件产业发展缓慢的原因之一就是软件企业缺乏竞争力。一方面,国内需求层次低,没有形成高端需求的客户群体,降低了软件企业竞争的强度,制约了整个软件产业的行业标准和生产水平的提升。另一方面,国际一流的软件信息服务业的企业的进入较晚,使中国的企业缺乏与大公司竞争与合

作的机会。而印度的软件业是在国际高端市场的竞争中成长的，面对欧美发达国家的客户，迫使企业形成与国际接轨的高标准的行业规范，从而培育了印度企业的竞争优势。中国的软件产业一方面要引进来，引入竞争机制，国内企业要在与国外企业合作和竞争中成长壮大。另一方面要走出去，找市场、找伙伴，在国际市场上培育企业的竞争优势。

五、印度信息产业的市场在国外，中国信息产业的市场在国内。印度应扩大国内市场需求，中国应在抢占国内市场的基础上再走向全球

印度已具备了向全球扩张信息产业的能力。印度信息产业的发展基础和条件有三个方面，一是印度具有西方文化和语言的基础，教育体系也是与西方国家接轨的，精英阶层大多受过西方教育，能把握世界高技术产业的发展动向，对信息技术的需求变化能作出快速反应；二是印度储备了大量软件信息技术人才，是世界软件信息人才的输出地和人才库；三是它的生产已完全与国际市场接轨，按照国际市场的需求进行生产。因此，印度的产品和服务主要在国外。中国信息产业的发展并不具备印度信息产业发展的基础和条件。中国信息产业的市场在国内，不在国外。中国现阶段加快信息产业发展的目标是，以信息产业改造传统工业和制造业，走新型工业化道路，实现工业结构的全面升级。中国巨大的制造业给软件产业带来了发展的空间，持续增长的中国经济，巨大的计算机市场需求，快速发展的交通通信基础设施，都为软件与信息服务业带来了巨大的需求。包括印度在内的世界一流信息技术跨国

公司纷纷进入中国,就是看到了中国发展软件业的巨大潜力。中国应首先立足于国内需求,占领国内市场。同时与一流的跨国公司联手开拓国际市场。印度发展现代服务业的成功还在于紧跟世界信息时代发展的步伐,不失时机地实施了发展信息技术产业的全球战略。在不断培养高技术人力资源的基础上,积极参与国际竞争,抢占了先机,赢得了市场。在信息时代和知识经济席卷全球的今天,中国经济要在国际竞争中立于不败之地,应适时调整结构,制定全球规划,进一步扩大高新技术、高附加值的知识密集型产业,尽快实现以信息产业改造传统产业的新型工业化目标。

本章小结

中印两国经济发展的可比性在于:两国同是发展中国家,都是在第二次世界大战后独立或摆脱殖民枷锁的国家;两国都是具有10亿以上人口的大国但却是世界上的贫穷大国;建国后,两国都受前苏联的影响,实施了以重工业优先发展的工业化战略,都强调独立自主、自力更生,走上了一条进口替代的工业化道路。

两国的不同点在于:两国政体不同,印度是一个多党制国家,实行议会民主制的政治体制;中国是共产党执政、多党合作、政治协商的政治体制。两国独立前的经济性质不同,印度是完全的殖民地性质的经济,其经济是畸形发展的、为英国这一殖民国家服务的经济;中国是半殖民地半封建社会,其经济是自给自足的小农经济和官僚买办经济的混合。印度是一个宗教国家,尽管不是一个政教合一的国家,但宗教的影响是深厚的;而中国尽管有各种宗教和信教群体,但不是一个全民信教的国家。印度有严重的教派冲突和民族矛盾,而中国没有教派冲突和激烈的民族矛盾。

印度最大的资源是廉价劳动力和巨大的人口,有劳动力就可以创造财富,有人就有潜在的市场,但是在目前的发展模式下,劳动力被排斥在现代经济之外。因此印度必须解决由产业断层问题带来的劳动大军的边缘化问题,必须在知识密集型的服务业有了飞速发展的基础上,回过头来发展劳动密集型的制造业和非知识密集型的服务业。把劳动大军吸纳到非传统产业的经济活动中,弥补制造业发展的不足,当然,这已不是在传统意义上的发展,而是在一个更高层次上,以高新技术产业改造传统产业基础上的制造业发展,它有可能缩短传统工业化所必经的时间和阶段,实现工业的快速发展。在加快信息产业发展的同时,印度本届政府已经充分注意到了发展制造业的问题,国家制造业竞争力委员会,已在研究印度制造业发展战略,要争取印度成为全球制造业的中心之一。

印度已经具备用信息产业改造传统产业的可能性,已经储备了大量信息技术人才和发展高新技术的条件,再加上信息产业和金融等现代服务业与国际接轨的程度较高,吸引国际资本的能力较强,因而有可能走一条逆向发展的工业化道路,即从一个更高的层次回过来提升第二产业和制造业发展的水平,走一条非传统工业化的道路。

中印发展模式各有优势和劣势,两国的非均衡增长带动经济的总体增长是非常有效的,而且是非常成功的,印度的成功表现在它已经搭上了世界信息技术革命的快车和知识经济的快车,使现代服务业抓到了空前发展的机遇。在这样一个贫穷落后的大国，能够在信息技术产业异军突起，成为世界信息技术大国，是令世人难以置信的，印度创造了奇迹。中国在制造业发展中也实现了世界创举。印度的成功在于大胆的、有勇气的创新精神，高度重视自主创新，培育企业的核心竞争力，重视精英教育。中国的成功在于较好地动员了全社会的参与，以及社会力量的空前凝聚。

第8章 结束语

当写完最后一章,再回过头看起点,本书选择了一个较小但具有实质意义的切入口,目的是剖析和解读印度的发展模式。这其实是相当大的课题,但如果从产业结构的演进入手,可以看到经济发展的完整脉络,通过产业结构的演进,可以揭示的不仅是产业结构自身的发展轨迹和规律,而且通过它可以审视经济发展和工业化的进程中面临的问题。印度产业经过五十多年的发展演变,走出了一条与世界其他国家包括与中国不同的经济发展模式和道路。仅就这一点,对它的研究就是有价值的。

8.1 主要结论

1.世界各国的工业化经历了两个时代,一是在二战前的发达国家开启的工业化进程;另一是二战以后的发展中国家开启的工业化进程。发达国家的工业化道路已经有成功的经验,它们利用全球分工体系,由外围国家或农业国提供工业原料,并成为它们倾销工业品的市场,以工业品的出口换取粮食。这些国家在工业化进程中可以忽视农业,是因为它们所处的世界大环境是农业为主体的时代。当发展中国家步发达国家的后尘开始工业化时,世界已开始进入工业化时代,其发展的条件和环境都发生了重大变化,当它们按照发达国家的模式推进工业化时,遇到了前所未有的困难。印度和中国这样的人口大国尤其是这样。首先,由于人口压力大,出口工业品竞争力弱,使其不可能靠进口粮食发展工业。忽视农业强行推进的重工业为主导的工业化战略,在印度和中国都没有成功。其次,发展中国家产品的出口必须和发达国家的产品在世界市场上展开竞争,由于贸易规则是有利于发达国家,这就使发展中国家在产品竞争中处于不利地位。即使发展中国家的产品有竞争优势,发达国家也不愿成为发展中国家的工业品市场,也要通过各种贸易壁垒限制发展中国家的出口。中国制造业发展正在面临这样的挑战。对于正在进行工业化的发展中国家来说,其发展的模式应该是什么,工业化道路应该怎么走,这是一个各国都在探索的问题。印度正在走一条既不同于发达国家也不同于中国的"第三条道路"。不管这条道路的前景如何,它毕竟已经走出了自己的特色,而且其最具有特色的第三产业已成为印度经济增长的驱动力。

2. 印度三次产业的产值和就业在国民经济中份额的变动与国际变动规律相反。按照国际变动规律,就业份额的变动大于产值份额的变动。但印度是产值份额变动大于就业份额变动。在国民经济中,农业部门产值比重的下降和农业部门就业比重的下降与国际变动规律不同步。制造业产值比重的上升和就业比重的上升也与国际变动规律不同步。这就说明印度产业结构的变动和经济的发展没有带来劳动力的大量流动,究其原因,一方面,第二和第三产业没有足够的扩张能力,以吸纳大量的劳动力就业。另一方面,传统农业还是印度农业的主导,尽管现代农业有所发展,但农业劳动生产率仍然低下,农业就业的劳动力相对量在下降,但绝对量还在上升①。这种对产业结构演变对常规的偏离,从根源上看是外源型工业化模式造成的。印度工业化的起步不是经济内生因素所导致的结果,不是自身结构变动的要求,而是外部的力量和主观的发展战略的要求。这样的发展模式,致使产业之间的衔接和协调出现了问题,是产业发展出现断层的深层原因。

3. 印度产业结构的演变已经从一、三、二的结构模式向以三、一、二的结构模式转换。就其内在机理看,农业内部结构的协调发展和高级化远未形成;第二产业中基础设施工业和建筑业发展滞后,制造业由于实施重工业发展战略而过早表现出重型化趋势。第三产业内部由于现代服务业的异军突起,使其结构的转变出现良性发展的趋势。而这种内部结构的形成是与印度经济的总体战略紧密相关的。印度经济相当长一段时期的缓慢前行也对产业结构的转换产生影响,仅用经济原因不足以解释印度经济的缓慢发展,它与印度的政治结构和政治文化对经济运行的制约,以及宗教文化长期形成的社会心理有关。

从国家战略层面看,印度的工业化道路经历了两个历程,第一个时期是20世纪50年代到80年代,印度经历了中央政府集权下的、以重工业为主导的工业化战略的时期。从印度工业化初期的道路看,是按照发达国家牺牲农业发展工业的道路来设计自己的

---

① 根据 Kirit S., R. Radhakrishna, India Development Report 2004—2005, Indira Gandhi Institute of Development Research, Oxford University Press, 2005, B: Sectoral Employment Growth, 第278页中的数据得出。

工业化战略的。农业的薄弱和落后对工业的发展产生了不利的影响。而工业结构过早的重型化又使其与农业的发展脱节,影响了劳动密集型制造业的发展,从而不利于解决印度这一人口大国的就业问题。第二个时期是 80 年代中期到现在,这是整个经济管理体制发生转变的时期,尤其是 90 年代初开始的以市场化、私有化、自由化、全球化为内容的全面的改革开放,使印度的经济管理体制向市场化方向转变,发展模式由重工业为主导转向知识密集型、以服务业为主导的模式。

  4.印度发展模式的形成是开放的结果,现代服务业的发展得益于开放,是开放使印度进入了国际分工体系,利用自身的优势从而闯出一条新路,实现了经济的持续快速增长。第三产业发展的最大优势也是它的开放性,它融入了国际经济,这就可能引入最先进的技术、管理和制度,更重要的是引入大量的投资,以此使印度获得信息产业发展乃至改造传统工业所需要的物质支撑条件。印度信息产业的成功在于印度充分把握了世界产业发展的趋势,并根据自己的比较优势选准产业发展的突破口,然后采取强有力的措施加以推进,从而使其完成了从比较优势到竞争优势的转变,获得了显著的后发效益。这是后发国家利用后发优势获得成功的典型案例。应该说印度的选择没有错。印度在 20 世纪 80 年代中期,拉·甘地政府就注重发展信息产业,以一系列政策推动其快速发展。90 年代初,拉奥政府也把发展软件技术作为技术超越和推动经济发展的重点。90 年代末,瓦杰帕伊政府颁布的"2020 年科技远景发展规划"同样把建设信息技术大国作为其重要战略目标之一。正是因为这样的选择和相应的政策支持,使信息产业在较短的时间内就成为经济发展的火车头,这正是印度发展的成功之处。

5.在与中国模式作对比时,非常有趣的是,印度模式是从以重工业为导向的模式转向知识密集型的、以服务业为主导的模式。这是一个以知识为基础的服务业的新模式,它使金融、知识和企业精神融为一体,它紧跟着世界服务业发展的潮流,彻底创新了印度过去已有的发展模式,获得了经济的良性发展。而中国模式是从以重工业为主导的模式转向劳动密集型的、以制造业为主导的模式。中国模式也创造了世界奇迹。制造业持续发展带来了中国经济持续高增长。

印度由于其信息及软件服务业的优势,已经成为"世界办公室",而中国由于其制造业的优势成为了"世界工厂"。推动印度经济发展的驱动力是IT产业,从印度发展的启示中,让我们看到了并不是一定要制造业发展到相当水平以后,才能发展第三产业和服务业。中国制造业也面临转换模式和提升结构,而服务业的充分发展同样可以吸纳劳动力就业。制造业由于结构升级造成的排斥劳动力问题,应该通过第三产业的发展来解决,中国第三产业的发展大有空间。

6.印度以知识型服务业为主导的模式的最大弊端就是第二产业的落后,包括基础设施、制造业。显然IT产业并不能把印度经济带到更远的地方。如果没有制造业的发展,信息产业的发展将失去国内的基础。这一发展模式要能持续发展下去,不能离开制造业。显然本届政府不同于上届政府的方面就是开始重视制造业的发展,已逐步出台了若干政策措施来推动。例如推行"工业基础设施升级计划",加强基础设施建设;启动产业集群地区和工业园区的基础设施建设;在东北地区和一些邦采取特殊优惠政策推进工业化;降低制造业税率,降低关税和中央消费税;广泛吸引外资等。2005年9月,印度国家制造业竞争力委员会还向政府提交了《印度制造业国家发展战略草案》,以采取措施促进未来印度制造业年增长率实现12%的目标。

总之,印度近年的经济发展成就是令人瞩目的,其采取不同于中国的"世界工厂"而走"世界办公室"之路,既发挥了自己的优势,又有自己的特色,同时还推进了经济发展。至于今后能否实现可持续发展,关键看印度未来将采取何种应对措施。如果充分发挥后发优势,解决产业发展断层的问题,有可能加速工业化和现代化的进程。不同国家的结构转变没有统一的模式,因为结构转变要受一个国家的资源禀赋、初始结构以及它所选择的发展政策的影响。一个国家不管选择什么样的发展模式,重要的是要推进经济持续发展和社会的进步。道路可以是多样化的,但目标只有一个。

8.2 创新与不足

1. 中印在20世纪60年代初交恶后相互隔绝了几十年,即使在恢复了外交关系以后,两国的交往也是稀少的。两国关系的真正升温可以说是从21世纪初开始的,总体上看,中国对印度的研究与中国对其他世界大国的研究相比,尤其是对印度经济的研究,是十分不足的,缺乏用数据支撑分析的结论。短短几年来,一方面两国经贸关系发展迅速;另一方面,两国又缺乏相互了解。由于两国之间缺乏相互了解,尤其是中国缺乏对印度的研究,已经对两国企业界进一步加深经济联系和经济合作产生了影响。因此加强对印度经济的研究已经成为中国学术界的一份责任。本书的创新意义就在于,通过产业结构演变的研究,对印度的产业结构、经济发展的轨迹和模式有一个全面的认识,而这正是国内目前的研究所欠缺的。就其内容上的新意有以下几点:

(1)对印度独立以来产业结构演变的研究是一个新的领域,也是研究印度经济的重要切入口。透过产业结构可以解读其经济发展的走势和面临的困难,从而更好地把握印度经济发展模式的优势和劣势。本书对印度经济作了一个历史的、系统的解释,这个解释是基于印度不同发展阶段的特征、不同发展阶段影响产业结构变动的因素作出的。

(2)运用发展经济学的基本理论解释印度大国产业结构时,不是简单肯定或否定它,一方面通过对五十多年来印度产业结构演变的轨迹进行实证,证明印度产业发展轨迹不同于经济学家们总结的世界多国的一般发展规律和模式,它是世界发展中大国的又一类"发展型式",仅就此来说,就是对发展经济学和产业经济学关于"发展型式"理论的新补充。另一方面,研究了印度产业结构演进为什么与一般理论不同,这种不同或"偏离"的根源是什么。

(3)对产业结构形成和演变原因的探讨并不拘泥于经济因素,对非经济因素的研究使本书增添了其独特性和创新性。通过对历史、政治、宗教和文化等因素的全面分析,从而揭示印度发展模式的深厚的社会基础。

(4)对经济因素的研究,也不是就产业论产业,而是把产业结构的问题放到整个宏观经济背景中,从需求和供给,以及政策等方面深入研究影响产业结构变动的原因,这就对产业结构演变的分析更加系统和符合印度实际。

(5)本书对印度模式可持续性的分析也富有新意,提出了其发展模式的可持续性在于解决好产业发展的断层等问题。

(6)最后对印度的分析不局限于印度本身,还关注了印度经济发展与周边大国的关系,尽管限于篇幅不能更多地展开,本书还是对中印两国发展模式的特点进行了比较,并分析了其优势和劣势,提出了相互借鉴和启示的方面,这也是本书独到的地方。

2.在方法上,由于研究产业结构需要大量数据支撑,本书采取了以数据为支撑的实证分析方法,时间跨度为50年。用这样的方法分析印度的产业结构,在印度和我国国内的研究成果中也是具有创新性的。仅就收集到的大量数据,以及对数据的处理和分析工作来说,都是极其重要的基础性工作,是对研究印度的一种贡献。

3.本书研究的难点和不足在于:(1)本书是以实证和经验研究为主,在理论的研究上也仅限于对经验过程的分析。本书依靠过去的数据和现在的数据进行分析,对未来结构的变化只是通过定性的分析来作出趋势性的判断,没有定量的预测。(2)印度正处于技术进步加快,全球化进程加速的大背景之下。印度模式还是一个正在发展中的模式,它的进程还是一个动态性的,这是本书研究的难点。未来印度产业结构如何进一步变动升级,仅限于目前的研究是不够的,尽管现有的经验研究是重要的。这个不足恰好给未来研究提供更大的空间。这项成果还是一个非常初步的研究,更进一步的研究需要对印度经济进行不断的追踪来完成。

数 据 附 表

第2章数据附表

附表2-1 印度人均GDP与各产业结构变动计算表

（以1993—1994年不变价计算）

年份	人口 （百万）	GDP （千万卢比）	人均GDP （卢比）	p1 （%）	p2 （%）	p3 （%）
1950—1951	360.20	140466	3899.67	59.20	13.29	28.03
1951—1952	366.20	143745	3925.31	58.87	13.57	28.14
1952—1953	372.40	147824	3969.50	59.04	13.22	28.20
1953—1954	379.00	156822	4137.78	59.84	13.25	27.37
1954—1955	386.05	163479	4234.66	59.11	13.80	27.52
1955—1956	393.50	167667	4260.91	57.17	14.96	28.21
1956—1957	401.40	177211	4414.82	57.03	15.40	28.00
1957—1958	409.75	175068	4272.56	55.30	15.43	29.42
1958—1959	418.55	188354	4500.16	56.48	15.37	28.51
1959—1960	427.80	192476	4499.21	54.80	16.11	29.32
1960—1961	437.45	206103	4711.46	54.75	16.61	29.01

1961—1962	447.30	212499	4750.70	53.25	17.27	29.68
1962—1963	457.10	216994	4747.19	51.35	18.00	30.75
1963—1964	467.05	227980	4881.28	50.03	18.95	31.05
1964—1965	477.30	245270	5138.70	50.65	18.90	30.56
1965—1966	487.85	236306	4843.82	47.20	20.22	32.60
1966—1967	498.70	238710	4786.65	46.14	20.70	33.28
1967—1968	509.80	258137	5063.50	48.78	19.74	31.98
1968—1969	521.20	264873	5081.98	47.52	20.24	32.60
1969—1970	532.95	282134	5293.82	47.45	20.55	32.20
1970—1971	545.10	296278	5435.30	48.12	19.91	32.18
1971—1972	557.60	299269	5367.09	46.83	20.24	32.99
1972—1973	570.35	298316	5230.40	44.82	21.02	34.08
1973—1974	583.40	311894	5346.14	45.85	20.32	33.69
1974—1975	596.75	315514	5287.21	44.75	20.35	34.80
1975—1976	610.35	343924	5634.87	46.33	19.81	34.10
1976—1977	624.25	348223	5578.26	43.30	21.38	35.23
1977—1978	638.50	374235	5861.16	44.20	21.33	34.40
1978—1979	653.00	394828	6046.37	42.87	21.84	34.81
1979—1980	667.75	374291	5605.26	39.72	22.25	37.52
1980—1981	681.85	401128	5882.94	41.82	21.59	36.59
1981—1982	696.15	425073	6106.05	41.72	21.89	36.39
1982—1983	711.35	438079	6158.42	40.47	21.84	37.68
1983—1984	726.70	471742	6491.56	41.02	22.04	36.94

1984—1985	742.45	492077	6627.75	39.90	22.45	37.65
1985—1986	758.45	513990	6776.85	38.59	22.51	38.90
1986—1987	774.60	536257	6923.02	37.06	22.91	40.03
1987—1988	790.95	556778	7039.36	35.33	23.60	41.06
1988—1989	807.50	615098	7617.31	36.92	23.21	39.87
1989—1990	824.20	656331	7963.25	35.25	24.07	40.68
1990—1991	842.15	692871	8227.41	34.93	24.49	40.58
1991—1992	859.75	701863	8163.57	34.09	23.93	41.98
1992—1993	875.85	737792	8423.73	34.18	23.74	42.07
1993—1994	891.90	781345	8760.46	33.54	23.69	42.77
1994—1995	910.95	838031	9199.53	32.94	24.35	42.71
1995—1996	931.80	899563	9654.04	30.59	25.47	43.94
1996—1997	950.70	970082	10203.87	30.87	25.45	43.68
1997—1998	968.95	1016595	10491.72	29.02	25.19	45.78
1998—1999	987.25	1082748	10967.31	28.86	24.56	46.58
1999—2000	1005.60	1148368	11419.73	27.37	24.30	48.33
2000—2001	1024.00	1198592	11705.00	26.25	24.90	48.85
2001—2002	1041.90	1267945	12169.55	26.28	24.41	49.30
2002—2003	1059.40	1318362	12444.42	23.86	24.97	51.17

数据来源:http://indiabuget.nic.in/es2004—2005/chapt2005/tab13.pdf

说明:

p1:第一产业占 GDP 的比重

$$\text{第一产业占 GDP 的比重} = \frac{\text{第一产业产值(93—94 不变价)}}{\text{GDP(93—94 不变价)}} \times 100\%$$

p2:第二产业占 GDP 的比重

$$\text{第二产业占 GDP 的比重} = \frac{\text{第二产业产值(93—94 不变价)}}{\text{GDP(93—94 不变价)}} \times 100\%$$

p3:第三产业占 GDP 的比重

$$\text{第三产业占 GDP 的比重} = \frac{\text{第三产业产值(93—94 不变价)}}{\text{GDP(93—94 不变价)}} \times 100\%$$

第 3 章数据附表

附表 3-1 第一产业结构表

年份	第一产业（千万卢比）	农业（千万卢比）	林业（千万卢比）	渔业（千万卢比）	误差（千万卢比）	农业比重（%）	林业比重（%）	渔业比重（%）
1950—1951	81069	70456	9456	1249	-92	86.91	11.66	1.54
1951—1952	82278	71611	9434	1326	-93	87.04	11.47	1.61
1952—1953	84873	74590	8927	1399	-43	87.88	10.52	1.65
1953—1954	91409	81298	8642	1429	40	88.94	9.45	1.56
1954—1955	94096	83571	8967	1536	22	88.81	9.53	1.63
1955—1956	93283	82335	9329	1661	-42	88.26	10.00	1.78
1956—1957	98354	87263	9266	1845	-20	88.72	9.42	1.88
1957—1958	93936	82828	9299	1888	-79	88.17	9.90	2.01
1958—1959	103401	92143	9277	1970	11	89.11	8.97	1.91
1959—1960	102360	90799	9606	1987	-32	88.71	9.38	1.94
1960—1961	109254	97412	9708	2124	10	89.16	8.89	1.94
1961—1962	109346	97098	10095	2184	-31	88.80	9.23	2.00
1962—1963	107171	95014	10117	2073	-33	88.66	9.44	1.93
1963—1964	109678	96794	10709	2266	-91	88.25	9.76	2.07
1964—1965	119795	106795	10522	2493	-15	89.15	8.78	2.08

330 印度工业化进程中产业结构的演变

1965—1966	106567	92410	11928	2493	-264	86.72	11.19	2.34
1966—1967	105051	90296	12516	2583	-344	85.95	11.91	2.46
1967—1968	120673	105711	12461	2695	-194	87.60	10.33	2.23
1968—1969	120482	105346	12512	2858	-234	87.44	10.38	2.37
1969—1970	128226	112983	12479	2927	-163	88.11	9.73	2.28
1970—1971	137320	121356	13086	3004	-126	88.37	9.53	2.19
1971—1972	134742	118123	13659	3197	-237	87.67	10.14	2.37
1972—1973	127980	111476	13542	3283	-321	87.10	10.58	2.57
1973—1974	137197	120869	13162	3377	-211	88.10	9.59	2.46
1974—1975	135107	117539	14309	3635	-376	87.00	10.59	2.69
1975—1976	152522	134224	14703	3858	-263	88.00	9.64	2.53
1976—1977	143709	126061	14241	3729	-322	87.72	9.91	2.59
1977—1978	158132	141837	12582	3729	-16	89.70	7.96	2.36
1978—1979	161773	144664	13264	3909	-64	89.42	8.20	2.42
1979—1980	141107	125334	12085	3883	-195	88.82	8.56	2.75
1980—1981	159293	143431	11910	3952	0	90.04	7.48	2.48
1981—1982	167723	151477	12240	4006	0	90.31	7.30	2.39
1982—1983	166577	150686	11919	3972	0	90.46	7.16	2.38
1983—1984	182498	166195	11546	4758	-1	91.07	6.33	2.61
1984—1985	185186	168593	11488	5105	0	91.04	6.20	2.76
1985—1986	186570	169749	11552	5269	0	90.98	6.19	2.82
1986—1987	185363	168707	11345	5312	-1	91.01	6.12	2.87
1987—1988	182899	166355	11069	5474	1	90.95	6.05	2.99
1988—1989	211184	194316	10926	5942	0	92.01	5.17	2.81
1989—1990	214315	195756	11963	6596	0	91.34	5.58	3.08

1990—1991	223114	204421	11751	6943	-1	91.62	5.27	3.11
1991—1992	219660	200634	11809	7217	0	91.34	5.38	3.29
1992—1993	232386	213105	11505	7776	0	91.70	4.95	3.35
1993—1994	241967	221834	11454	8679	0	91.68	4.73	3.59
1994—1995	254090	233099	11767	9224	0	91.74	4.63	3.63
1995—1996	251892	230469	11701	9722	0	91.50	4.65	3.86
1996—1997	276091	253750	11865	10476	0	91.91	4.30	3.79
1997—1998	269384	246599	12114	10671	0	91.54	4.50	3.96
1998—1999	286094	263540	12301	10253	0	92.12	4.30	3.58
1999—2000	286983	263258	12753	10972	0	91.73	4.44	3.82
2000—2001	286666	262196	13064	11406	0	91.46	4.56	3.98
2001—2002	304666	279129	13258	12279	0	91.62	4.35	4.03
2002—2003	283393	256836	13378	13179	0	90.63	4.72	4.65
2003—2004	310611	283323	13570	13718	0	91.21	4.37	4.42

资料来源:根据印度统计部 National Account Statistics, Ministry of Statistics in India, 1950—2004, s 05 和 s10 整理。

附表 3-2 农业产出结构表

年份	产值(千万卢比)			比重(%)	
	农业总产值	种植业	家畜业	种植业	家畜业
1950—1951	84427	64365	20406	76.24	24.17
1951—1952	85420	65175	20586	76.30	24.10
1952—1953	89104	68616	20766	77.01	23.31
1953—1954	96210	75375	20977	78.34	21.80

1954—1955	98599	77491	21223	78.59	21.52
1955—1956	97732	76444	21448	78.22	21.95
1956—1957	102992	81138	21950	78.78	21.31
1957—1958	98082	76000	22331	77.49	22.77
1958—1959	107905	85254	22722	79.01	21.06
1959—1960	106837	83843	23134	78.48	21.65
1960—1961	113937	90247	23736	79.21	20.83
1961—1962	113915	90506	23421	79.45	20.56
1962—1963	112512	88996	23577	79.10	20.96
1963—1964	114050	90302	23798	79.18	20.87
1964—1965	124277	100083	24041	80.53	19.34
1965—1966	110130	86307	23982	78.37	21.78
1966—1967	108995	85235	23940	78.20	21.96
1967—1968	126095	101675	24248	80.63	19.23
1968—1969	125673	101336	24165	80.63	19.23
1969—1970	133227	108378	24550	81.35	18.43
1970—1971	141572	115626	25571	81.67	18.06
1971—1972	139952	113670	25990	81.22	18.57
1972—1973	133555	106570	26941	79.79	20.17
1973—1974	143422	115851	27350	80.78	19.07
1974—1975	141676	113285	28316	79.96	19.99
1975—1976	158019	127729	30036	80.83	19.01
1976—1977	150591	119751	30843	79.52	20.48

1977—1978	166906	133477	33338	79.97	19.97
1978—1979	171063	136897	34062	80.03	19.91
1979—1980	154474	119378	35526	77.28	23.00
1980—1981	179238	142555	36682	79.53	20.47
1981—1982	188657	149647	39010	79.32	20.68
1982—1983	188398	147728	40669	78.41	21.59
1983—1984	204854	161229	43625	78.70	21.30
1984—1985	208496	161963	46533	77.68	22.32
1985—1986	210496	161568	48928	76.76	23.24
1986—1987	210339	159244	51095	75.71	24.29
1987—1988	206983	154692	52291	74.74	25.26
1988—1989	239351	184785	54566	77.20	22.80
1989—1990	241787	185147	56640	76.57	23.43
1990—1991	251885	192989	58896	76.62	23.38
1991—1992	249050	188161	60889	75.55	24.45
1992—1993	261901	198002	63898	75.60	24.40
1993—1994	271839	204874	66965	75.37	24.63
1994—1995	284975	215334	69641	75.56	24.44
1995—1996	284273	212244	72029	74.66	25.34
1996—1997	307393	232833	74560	75.74	24.26
1997—1998	302400	225746	76654	74.65	25.35
1998—1999	323017	243151	79866	75.27	24.73
1999—2000	324298	241970	82328	74.61	25.39

年份					
2000—2001	320920	235469	85451	73.37	26.63
2001—2002	338976	248287	90689	73.25	26.75
2002—2003	315921	223044	92887	70.60	29.40
2003—2004	346538	251230	95308	72.50	27.50

(注:这里的数值是总产出的产值,没有减去投入的总产出值)资料来源:根据印度统计部 National Account Statistics, Ministry of Statistics in India, 1950—2004 Nas s31、Na s2 s 54 整理。

附表3-3 种植业产值结构变动表

(1981—1982年种植业的产值 = 100)

年份	粮食总产值	非粮食总产值	种植业总产值	粮食比重(%)	非粮食比重(%)
1970—1971	55.3067	30.6281	85.9348	64.35892	35.64108
1980—1981	66.0031	36.0047	102.0078	64.70398	35.29602
1981—1982	62.9200	37.0800	100.0000	62.92000	37.08000
1990—1991	90.4160	57.9560	148.3721	60.93872	39.06128
1993—1994	96.2676	62.8135	159.0811	60.51479	39.48521
1994—1995	99.6024	67.0777	166.6801	59.75661	40.24339
1995—1996	94.2542	68.7463	163.0005	57.82447	42.17553
1996—1997	103.1259	74.4937	177.6196	58.05997	41.94003
1997—1998	100.6091	66.9665	167.5756	60.03804	39.96196
1998—1999	103.9438	73.9375	177.8814	58.43436	41.56564
1999—2000	106.7752	70.0812	176.8564	60.37396	39.62604
2000—2001	99.6653	66.0766	165.7418	60.13284	39.86716
2001—2002	108.2224	70.0812	178.3036	60.69558	39.30442

2002—2003	88.3397	62.4427	150.7824	58.58753	41.41247
2003—2004	107.5932	71.8610	179.4542	59.95579	40.04421

资料来源:Economic survey 表 1.9, National Account Statistics, Ministry of Statistics in India, 1950—1951 至 2003—2004 整理。http://indiabuget.nic.in/es2004—2005/

附表 3-4 非粮食作物产值结构变动表
（1981—1982 年种植业的产值 = 100）

年份	非粮食总产值	总的油籽	纤维	种植园农作物	其他非粮食作物	非粮食比重(%)	总的油籽比重(%)	纤维比重(%)	种植园农作物比重(%)	其他非粮食作物比重(%)
1970—1971	30.63	12.27	3.34	1.74	13.27	35.64	14.28	3.89	2.03	15.44
1980—1981	36.00	12.02	4.79	1.74	17.45	35.30	11.78	4.70	1.71	17.11
1981—1982	37.08	12.64	5.09	2.29	17.06	37.08	12.64	5.09	2.29	17.06
1990—1991	57.96	22.69	6.53	3.32	25.42	39.06	15.29	4.40	2.24	17.14
1993—1994	62.81	25.71	6.97	3.71	26.42	39.49	16.16	4.38	2.33	16.61
1994—1995	67.08	26.34	7.70	3.75	29.29	40.24	15.80	4.62	2.25	17.57
1995—1996	68.75	26.81	8.24	4.00	29.71	42.18	16.45	5.05	2.45	18.22
1996—1997	74.49	29.24	9.23	4.18	31.85	41.94	16.46	5.20	2.35	17.93
1997—1998	66.97	25.17	7.25	4.18	30.37	39.96	15.02	4.33	2.49	18.12
1998—1999	73.94	28.43	7.99	4.32	33.21	41.57	15.98	4.49	2.43	18.67
1999—2000	70.08	24.43	7.61	4.70	33.34	39.63	13.82	4.30	2.66	18.85
2000—2001	66.08	22.31	6.44	4.79	32.54	39.87	13.46	3.89	2.89	19.63
2001—2002	70.08	24.62	6.81	4.78	33.86	39.30	13.81	3.82	2.68	18.99
2002—2003	62.44	17.95	6.04	4.78	33.67	41.41	11.90	4.01	3.17	22.33
2003—2004	71.86	29.54	8.97	4.78	28.56	40.04	16.46	5.00	2.67	15.92

资料来源:http://indiabuget.nic.in/es2004—05/chapt2005/tab19.pdf
http://indiabuget.nic.in/es99—2000/app1.9.pdf

附表 3-5　家畜产出结构表(A)

年份	牛奶(千万卢比)	肉类(千万卢比)	蛋(千万卢比)	羊毛和毛发(千万卢比)	粪(千万卢比)	蚕茧和蜂蜜(千万卢比)	库存增加(千万卢比)	合计(千万卢比)	家畜产出总值(千万卢比)	统计误差(千万卢比)
1950—1951	11310	4248	258	181	4487	97	212	20793	20406	-387
1951—1952	11399	4290	269	186	4495	97	234	20970	20586	-384
1952—1953	11481	4343	277	188	4508	90	262	21149	20766	-383
1953—1954	11570	4400	288	193	4520	97	291	21359	20977	-382
1954—1955	11662	4487	299	186	4536	115	327	21612	21223	-389
1955—1956	11751	4552	310	188	4561	122	356	21840	21448	-392
1956—1957	11906	4624	321	191	4590	140	579	22351	21950	-401
1957—1958	12057	4670	334	193	4697	158	632	22741	22331	-410
1958—1959	12248	4738	348	193	4788	158	668	23141	22722	-419
1959—1960	12442	4807	362	193	4883	158	719	23564	23134	-430
1960—1961	12725	4970	378	193	4986	158	769	24179	23736	-443
1961—1962	12866	5031	386	196	5040	168	158	23845	23421	-424
1962—1963	12955	5065	392	196	5060	165	169	24002	23577	-425
1963—1964	13087	5111	395	198	5081	175	176	24223	23798	-425
1964—1965	13232	5152	400	198	5101	190	190	24463	24041	-422
1965—1966	13235	5194	493	198	4673	161	205	24159	23826	-333
1966—1967	13581	4924	493	198	4673	161	205	24235	23944	-291
1967—1968	13775	4951	510	198	4701	183	216	24534	24248	-286
1968—1969	13462	5023	529	201	4821	226	226	24488	24165	-323

1969—1970	13673	5130	548	203	4846	229	241	24870	24550	−320
1970—1971	14627	4803	521	203	4838	297	543	25832	25571	−261
1971—1972	14864	4890	543	206	4862	308	571	26244	25990	−254
1972—1973	15552	5012	562	206	4990	322	543	27187	26941	−246
1973—1974	15914	4921	584	208	5011	329	600	27567	27350	−217
1974—1975	16539	5038	584	208	5106	322	694	28491	28278	−213
1975—1976	18053	5221	639	216	5134	322	586	30171	30036	−135
1976—1977	18553	5396	674	221	5151	329	636	30960	30843	−117
1977—1978	20004	5833	798	228	5522	397	665	33447	33338	−109
1978—1979	20553	5931	822	233	5493	415	690	34137	34062	−75
1979—1980	21376	6364	899	238	5530	473	704	35584	35526	−58
1980—1981	22653	5965	962	123	5576	487	916	36682	36682	0
1981—1982	24301	6356	1041	128	5772	433	977	39008	39010	2
1982—1983	25397	6677	1094	136	5772	537	1056	40669	40669	0
1983—1984	27424	7235	1211	143	5903	580	1128	43624	43625	1
1984—1985	29277	7817	1348	151	6113	616	1211	46533	46533	0
1985—1986	31360	8059	1502	158	5929	627	1294	48929	48928	−1
1986—1987	32617	8497	1612	161	6145	666	1398	51096	51095	−1
1987—1988	33298	8754	1617	166	6252	705	1498	52290	52291	1
1988—1989	34608	9272	1751	166	6407	745	1617	54566	54566	0
1989—1990	36816	9814	1877	165	6221	920	826	56639	56640	1
1990—1991	38537	10234	1960	160	6234	970	801	58896	58896	0
1991—1992	40018	10702	2045	145	6207	859	913	60889	60889	0

1992—1993	41364	12022	2127	168	6241	1010	967	63899	63898	-1
1993—1994	43408	12538	2282	178	6214	970	1375	66965	66965	0
1994—1995	45955	12358	2376	182	6287	985	1498	69641	69641	0
1995—1996	47549	12821	2515	186	6396	927	1635	72029	72029	0
1996—1997	49448	13017	2536	195	6583	931	1850	74560	74560	0
1997—1998	50736	13353	2628	201	6753	1024	1959	76654	76653	-1
1998—1999	53760	13597	2708	214	6502	1015	2071	79867	79866	-1
1999—2000	56247	14036	2817	212	6154	998	1862	82326	82328	2
2000—2001	58100	14204	3222	226	6663	1006	2030	85451	85451	0
2001—2002	60435	16518	3396	227	6604	1259	2251	90690	90690	0
2002—2003	61457	16764	3571	228	7144	1184	2529	92877	92877	0
2003—2004	62829	17288	3623	222	7180	1215	2952	95309	95309	0

附表 3-6 家畜产出结构表(B)

年份	牛奶比重（%）	肉类比重（%）	蛋比重（%）	羊毛和毛发比重（%）	粪比重（%）	蚕茧和蜂蜜比重（%）	库存增加比重（%）
1950—51	54.39	20.43	1.24	0.87	21.58	0.47	1.02
1951—52	54.36	20.46	1.28	0.89	21.44	0.46	1.12
1952—53	54.29	20.54	1.31	0.89	21.32	0.43	1.24
1953—54	54.17	20.60	1.35	0.90	21.16	0.45	1.36
1954—55	53.96	20.76	1.38	0.86	20.99	0.53	1.51
1955—56	53.80	20.84	1.42	0.86	20.88	0.56	1.63
1956—57	53.27	20.69	1.44	0.85	20.54	0.63	2.59
1957—58	53.02	20.54	1.47	0.85	20.65	0.69	2.78

1958—59	52.93	20.47	1.50	0.83	20.69	0.68	2.89
1959—60	52.80	20.40	1.54	0.82	20.72	0.67	3.05
1960—61	52.63	20.56	1.56	0.80	20.62	0.65	3.18
1961—62	53.96	21.10	1.62	0.82	21.14	0.70	0.66
1962—63	53.97	21.10	1.63	0.82	21.08	0.69	0.70
1963—64	54.03	21.10	1.63	0.82	20.98	0.72	0.73
1964—65	54.09	21.06	1.64	0.81	20.85	0.78	0.78
1965—66	54.78	21.50	2.04	0.82	19.34	0.67	0.85
1966—67	56.04	20.32	2.03	0.82	19.28	0.66	0.85
1967—68	56.15	20.18	2.08	0.81	19.16	0.75	0.88
1968—69	54.97	20.51	2.16	0.82	19.69	0.92	0.92
1969—70	54.98	20.63	2.20	0.82	19.49	0.92	0.97
1970—71	56.62	18.59	2.02	0.79	18.73	1.15	2.10
1971—72	56.64	18.63	2.07	0.78	18.53	1.17	2.18
1972—73	57.20	18.44	2.07	0.76	18.35	1.18	2.00
1973—74	57.73	17.85	2.12	0.75	18.18	1.19	2.18
1974—75	58.05	17.68	2.05	0.73	17.92	1.13	2.44
1975—76	59.84	17.30	2.12	0.72	17.02	1.07	1.94
1976—77	59.93	17.43	2.18	0.71	16.64	1.06	2.05
1977—78	59.81	17.44	2.39	0.68	16.51	1.19	1.99
1978—79	60.21	17.37	2.41	0.68	16.09	1.22	2.02
1979—80	60.07	17.88	2.53	0.67	15.54	1.33	1.98
1980—81	61.76	16.26	2.62	0.34	15.20	1.33	2.50
1981—82	62.30	16.29	2.67	0.33	14.80	1.11	2.50
1982—83	62.45	16.42	2.69	0.33	14.19	1.32	2.60

1983—84	62.86	16.58	2.78	0.33	13.53	1.33	2.59
1984—85	62.92	16.80	2.90	0.32	13.14	1.32	2.60
1985—86	64.09	16.47	3.07	0.32	12.12	1.28	2.64
1986—87	63.83	16.63	3.15	0.32	12.03	1.30	2.74
1987—88	63.68	16.74	3.09	0.32	11.96	1.35	2.86
1988—89	63.42	16.99	3.21	0.30	11.74	1.37	2.96
1989—90	65.00	17.33	3.31	0.29	10.98	1.62	1.46
1990—91	65.43	17.38	3.33	0.27	10.58	1.65	1.36
1991—92	65.72	17.58	3.36	0.24	10.19	1.41	1.50
1992—93	64.73	18.81	3.33	0.26	9.77	1.58	1.51
1993—94	64.82	18.72	3.41	0.27	9.28	1.45	2.05
1994—95	65.99	17.75	3.41	0.26	9.03	1.41	2.15
1995—96	66.01	17.80	3.49	0.26	8.88	1.29	2.27
1996—97	66.32	17.46	3.40	0.26	8.83	1.25	2.48
1997—98	66.19	17.42	3.43	0.26	8.81	1.34	2.56
1998—99	67.31	17.02	3.39	0.27	8.14	1.27	2.59
1999—00	68.32	17.05	3.42	0.26	7.48	1.21	2.26
2000—01	67.99	16.62	3.77	0.26	7.80	1.18	2.38
2001—02	66.64	18.21	3.74	0.25	7.28	1.39	2.48
2002—03	66.17	18.05	3.84	0.25	7.69	1.27	2.72
2003—04	65.92	18.14	3.80	0.23	7.53	1.27	3.10

资料来源:根据印度统计部 Nas s31 和 Nas 2 s 56, National Account Statistics, Ministry of Statistics in India, 1950—2004 整理。

附表 3-7 肉类产出结构

年份	家畜总产出合计(千万卢比)	肉类(千万卢比)	食用肉(千万卢比)	肉产品(千万卢比)	副产品(千万卢比)	肉类比重(%)	食用肉比重(%)	肉产品比重(%)	副产品比重(%)
1950—51	20793	4248	3279	178	772	20.43	15.77	0.86	3.71
1951—52	20970	4290	3318	180	772	20.46	15.82	0.86	3.68
1952—53	21149	4343	3365	180	779	20.54	15.91	0.85	3.68
1953—54	21359	4400	3421	183	786	20.60	16.02	0.86	3.68
1954—55	21612	4487	3484	188	797	20.76	16.12	0.87	3.69
1955—56	21840	4552	3543	188	804	20.84	16.22	0.86	3.68
1956—57	22351	4624	3602	188	818	20.69	16.12	0.84	3.66
1957—58	22741	4670	3637	188	829	20.54	15.99	0.83	3.65
1958—59	23141	4738	3692	193	836	20.47	15.95	0.83	3.61
1959—60	23564	4807	3748	193	851	20.40	15.91	0.82	3.61
1960—61	24179	4970	3897	198	861	20.56	16.12	0.82	3.56
1961—62	23845	5031	3949	198	872	21.10	16.56	0.83	3.66
1962—63	24002	5065	3980	200	872	21.10	16.58	0.83	3.63
1963—64	24223	5111	4016	200	883	21.10	16.58	0.83	3.65
1964—65	24463	5152	4051	203	886	21.06	16.56	0.83	3.62
1965—66	24159	5194	4086	208	886	21.50	16.91	0.86	3.67
1966—67	24235	4924	3858	188	869	20.32	15.92	0.78	3.59
1967—68	24534	4951	3878	190	872	20.18	15.81	0.77	3.55
1968—69	24488	5023	3945	203	861	20.51	16.11	0.83	3.52
1969—70	24870	5130	4043	195	883	20.63	16.26	0.78	3.55

1970—71	25832	4803	3716	153	933	18.59	14.39	0.59	3.61
1971—72	26244	4890	3799	153	940	18.63	14.48	0.58	3.58
1972—73	27187	5012	3909	158	947	18.44	14.38	0.58	3.48
1973—74	27567	4921	3830	158	933	17.85	13.89	0.57	3.38
1974—75	28491	5038	3941	158	944	17.68	13.83	0.55	3.31
1975—76	30171	5221	4098	165	962	17.30	13.58	0.55	3.19
1976—77	30960	5396	4169	213	994	17.43	13.47	0.69	3.21
1977—78	33447	5833	4575	228	1016	17.44	13.68	0.68	3.04
1978—79	34137	5931	4662	231	1026	17.37	13.66	0.68	3.01
1979—80	35584	6364	5056	256	1041	17.88	14.21	0.72	2.93
1980—81	36682	5965	4835	233	897	16.26	13.18	0.64	2.45
1981—82	39008	6356	5180	253	923	16.29	13.28	0.65	2.37
1982—83	40669	6677	5483	248	946	16.42	13.48	0.61	2.33
1983—84	43624	7235	5984	268	983	16.58	13.72	0.61	2.25
1984—85	46533	7817	6513	281	1023	16.80	14.00	0.60	2.20
1985—86	48929	8059	6769	288	1002	16.47	13.83	0.59	2.05
1986—87	51096	8497	7185	288	1023	16.63	14.06	0.56	2.00
1987—88	52290	8754	7578	278	898	16.74	14.49	0.53	1.72
1988—89	54566	9272	8084	281	907	16.99	14.82	0.51	1.66
1989—90	56639	9814	8637	286	891	17.33	15.25	0.50	1.57
1990—91	58896	10234	9007	296	931	17.38	15.29	0.50	1.58
1991—92	60889	10702	9446	303	953	17.58	15.51	0.50	1.57
1992—93	63899	12022	10397	423	1202	18.81	16.27	0.66	1.88

年份	家畜总产出合计(千万卢比)	食用肉(千万卢比)	牛肉(千万卢比)	羊肉(千万卢比)	猪肉(千万卢比)	家禽肉(千万卢比)	食用肉比重(%)	牛肉比重(%)	羊肉比重(%)	猪肉比重(%)	家禽肉比重(%)
1993—94	66965	12538	10860	429	1249		18.72	16.22	0.64	1.87	
1994—95	69641	12358	10746	402	1210		17.75	15.43	0.58	1.74	
1995—96	72029	12821	11177	403	1241		17.80	15.52	0.56	1.72	
1996—97	74560	13017	11310	410	1298		17.46	15.17	0.55	1.74	
1997—98	76654	13353	11597	430	1326		17.42	15.13	0.56	1.73	
1998—99	79867	13597	11858	439	1301		17.02	14.85	0.55	1.63	
1999—00	82326	14036	12274	459	1303		17.05	14.91	0.56	1.58	
2000—01	85451	14204	12621	360	1223		16.62	14.77	0.42	1.43	
2001—02	90690	16518	14763	440	1315		18.21	16.28	0.49	1.45	
2002—03	92877	16764	14960	449	1355		18.05	16.11	0.48	1.46	
2003—04	95309	17288	15462	466	1360		18.14	16.22	0.49	1.43	

资料来源:根据印度统计部 National Account Statistics, Ministry of Statistics in India, 1950—2004, Nas s31 和 Nas2 s56, 整理。

附表 3-8 食用肉产出结构变动表

年份	家畜总产出合计(千万卢比)	食用肉(千万卢比)	牛肉(千万卢比)	羊肉(千万卢比)	猪肉(千万卢比)	家禽肉(千万卢比)	食用肉比重(%)	牛肉比重(%)	羊肉比重(%)	猪肉比重(%)	家禽肉比重(%)
1950—51	20793	3279	275	1867	158	901	15.77	1.32	8.98	0.76	4.33
1951—52	20970	3318	280	1885	151	927	15.82	1.34	8.99	0.72	4.42
1952—53	21149	3365	284	1900	151	956	15.91	1.34	8.98	0.71	4.52
1953—54	21359	3421	284	1922	147	986	16.02	1.33	9.00	0.69	4.62
1954—55	21612	3484	284	1951	147	1028	16.12	1.31	9.03	0.68	4.76

1955—56	21840	3543	288	1973	144	1062	16.22	1.32	9.03	0.66	4.86
1956—57	22351	3602	292	1995	140	1104	16.12	1.31	8.93	0.63	4.94
1957—58	22741	3637	296	1988	140	1147	15.99	1.30	8.74	0.62	5.04
1958—59	23141	3692	309	1995	140	1185	15.95	1.34	8.62	0.60	5.12
1959—60	23564	3748	305	2010	137	1235	15.91	1.29	8.53	0.58	5.24
1960—61	24179	3897	309	2072	137	1320	16.12	1.28	8.57	0.57	5.46
1961—62	23845	3949	313	2083	137	1354	16.56	1.31	8.74	0.57	5.68
1962—63	24002	3980	313	2101	137	1371	16.58	1.30	8.75	0.57	5.71
1963—64	24223	4016	317	2116	137	1388	16.58	1.31	8.74	0.57	5.73
1964—65	24463	4051	317	2138	133	1405	16.56	1.30	8.74	0.54	5.74
1965—66	24159	4086	321	2123	158	1426	16.91	1.33	8.79	0.65	5.90
1966—67	24235	3858	426	2109	259	973	15.92	1.76	8.70	1.07	4.01
1967—68	24534	3878	430	2116	237	1007	15.81	1.75	8.62	0.97	4.10
1968—69	24488	3945	421	2142	252	1041	16.11	1.72	8.75	1.03	4.25
1969—70	24870	4043	421	2134	313	1083	16.26	1.69	8.58	1.26	4.35
1970—71	25832	3716	346	2065	194	1028	14.39	1.34	7.99	0.75	3.98
1971—72	26244	3799	350	2090	209	1066	14.48	1.33	7.96	0.80	4.06
1972—73	27187	3909	363	2123	227	1113	14.38	1.34	7.81	0.83	4.09
1973—74	27567	3830	388	1969	245	1159	13.89	1.41	7.14	0.89	4.20
1974—75	28491	3941	380	2024	259	1206	13.83	1.33	7.10	0.91	4.23
1975—76	30171	4098	392	2087	284	1261	13.58	1.30	6.92	0.94	4.18
1976—77	30960	4169	396	2061	313	1329	13.47	1.28	6.66	1.01	4.29
1977—78	33447	4575	413	2131	345	1629	13.68	1.23	6.37	1.03	4.87

1978—79	34137	4662	413	2145	374	1671	13.66	1.21	6.28	1.10	4.89
1979—80	35584	5056	463	2156	417	1980	14.21	1.30	6.06	1.17	5.56
1980—81	36682	4835	743	1969	245	1879	13.18	2.03	5.37	0.67	5.12
1981—82	39008	5180	764	2127	263	2027	13.28	1.96	5.45	0.67	5.20
1982—83	40669	5483	801	2237	291	2154	13.48	1.97	5.50	0.72	5.30
1983—84	43624	5984	805	2410	302	2467	13.72	1.85	5.52	0.69	5.66
1984—85	46533	6513	910	2531	327	2746	14.00	1.96	5.44	0.70	5.90
1985—86	48929	6769	976	2604	345	2843	13.83	1.99	5.32	0.71	5.81
1986—87	51096	7185	922	2732	370	3160	14.06	1.80	5.35	0.72	6.18
1987—88	52290	7578	1064	2809	370	3334	14.49	2.03	5.37	0.71	6.38
1988—89	54566	8084	1160	2883	424	3617	14.82	2.13	5.28	0.78	6.63
1989—90	56639	8637	1064	3242	536	3795	15.25	1.88	5.72	0.95	6.70
1990—91	58896	9007	1177	3440	557	3833	15.29	2.00	5.84	0.95	6.51
1991—92	60889	9446	1181	3704	575	3986	15.51	1.94	6.08	0.94	6.55
1992—93	63899	10397	1402	4313	511	4172	16.27	2.19	6.75	0.80	6.53
1993—94	66965	10860	1460	4386	528	4486	16.22	2.18	6.55	0.79	6.70
1994—95	69641	10746	1210	4245	570	4721	15.43	1.74	6.10	0.82	6.78
1995—96	72029	11177	1221	4308	612	5036	15.52	1.70	5.98	0.85	6.99
1996—97	74560	11310	1267	4364	647	5032	15.17	1.70	5.85	0.87	6.75
1997—98	76654	11597	1275	4373	740	5208	15.13	1.66	5.70	0.97	6.79
1998—99	79867	11858	1322	4464	791	5280	14.85	1.66	5.59	0.99	6.61
1999—00	82326	12274	1401	4403	984	5486	14.91	1.70	5.35	1.20	6.66
2000—01	85451	12621	1441	3646	740	6793	14.77	1.69	4.27	0.87	7.95

2001—02	90690	14763	1371	4513	985	7894	16.28	1.51	4.98	1.09	8.70
2002—03	92877	14960	1489	4722	1009	7740	16.11	1.60	5.08	1.09	8.33
2003—04	95309	15462	1527	4813	1118	8004	16.22	1.60	5.05	1.17	8.40

资料来源：根据印度统计部 National Account Statistics, Ministry of Statistics in India, 1950—2004 Nas s 31 和 Nas 2 s 5 整理。

附表3-9 第二产业结构变动表

（单位：千万卢比）

年份	第二产业总产值	采矿业	制造业	电、气、水供应	建筑业	采矿业比重(%)	制造业比重(%)	电、气、水供应比重(%)	建筑业比重(%)
1950—51	20755	2085	12491	457	5722	10.05	60.18	2.20	27.57
1951—52	21850	2342	12886	509	6113	10.72	58.97	2.33	27.98
1952—53	21932	2396	13334	532	5670	10.92	60.80	2.43	25.85
1953—54	23217	2432	14366	574	5845	10.48	61.88	2.47	25.18
1954—55	25100	2536	15373	623	6568	10.10	61.25	2.48	26.17
1955—56	27657	2576	16577	692	7812	9.31	59.94	2.50	28.25
1956—57	29992	2707	17821	754	8710	9.03	59.42	2.51	29.04
1957—58	29904	2883	18508	868	7645	9.64	61.89	2.90	25.57
1958—59	31920	2973	19425	979	8543	9.31	60.86	3.07	26.76
1959—60	34125	3126	20744	1126	9129	9.16	60.79	3.30	26.75
1960—61	37834	3594	22465	1217	10558	9.50	59.38	3.22	27.91
1961—62	40503	3801	24383	1390	10929	9.38	60.20	3.43	26.98
1962—63	43306	4252	26158	1560	11336	9.82	60.40	3.60	26.18
1963—64	47574	4378	28632	1844	12720	9.20	60.18	3.88	26.74

1964—65	50808	4441	30612	2013	13742	8.74	60.25	3.96	27.05
1965—66	52741	4963	30897	2222	14659	9.41	58.58	4.21	27.79
1966—67	54499	5080	31140	2415	15864	9.32	57.14	4.43	29.11
1967—68	56178	5234	31260	2679	17005	9.32	55.64	4.77	30.27
1968—69	58999	5382	32992	3025	17600	9.12	55.92	5.13	29.83
1969—70	63622	5648	36531	3296	18147	8.88	57.42	5.18	28.52
1970—71	64258	5261	37389	3501	18107	8.19	58.19	5.45	28.18
1971—72	65982	5400	38611	3785	18186	8.18	58.52	5.74	27.56
1972—73	68418	5719	40125	3961	18613	8.36	58.65	5.79	27.20
1973—74	69154	5791	41910	4049	17404	8.37	60.60	5.86	25.17
1974—75	70295	6078	43132	4235	16850	8.65	61.36	6.02	23.97
1975—76	74960	6815	44041	4852	19252	9.09	58.75	6.47	25.68
1976—77	81505	7057	47903	5410	21135	8.66	58.77	6.64	25.93
1977—78	87105	7278	50885	5668	23274	8.36	58.42	6.51	26.72
1978—79	93714	7475	57170	6314	22755	7.98	61.00	6.74	24.28
1979—80	90830	7556	55328	6392	21554	8.32	60.91	7.04	23.73
1980—81	95082	8477	55436	6774	24395	8.92	58.30	7.12	25.66
1981—82	102647	9618	59881	7417	25731	9.37	58.34	7.23	25.07
1982—83	106418	10723	63859	7912	23924	10.08	60.01	7.43	22.48
1983—84	115002	11010	70306	8470	25216	9.57	61.13	7.37	21.93
1984—85	121641	11167	74923	9462	26089	9.18	61.59	7.78	21.45
1985—86	127472	11783	77871	10252	27566	9.24	61.09	8.04	21.63
1986—87	136224	13377	83290	11332	28225	9.82	61.14	8.32	20.72
1987—88	145253	13836	89374	12200	29843	9.53	61.53	8.40	20.55
1988—89	158649	15911	97263	13534	31941	10.03	61.31	8.53	20.13

1989—90	175053	17074	108703	15088	34188	9.75	62.10	8.62	19.53
1990—91	188601	18898	115282	16203	38218	10.02	61.12	8.59	20.26
1991—92	187560	19593	111075	17887	39005	10.45	59.22	9.54	20.80
1992—93	194994	19819	115669	19143	40363	10.16	59.32	9.82	20.70
1993—94	205162	20092	125493	18984	40593	9.79	61.17	9.25	19.79
1994—95	226051	21959	140491	20771	42830	9.71	62.15	9.19	18.95
1995—96	252359	23261	161424	22178	45496	9.22	63.97	8.79	18.03
1996—97	270218	23370	177013	23383	46452	8.65	65.51	8.65	17.19
1997—98	281788	25667	179689	25224	51208	9.11	63.77	8.95	18.17
1998—99	292346	26391	184578	26988	54389	9.03	63.14	9.23	18.60
1999—00	306335	27269	191925	28401	58740	8.90	62.65	9.27	19.18
2000—01	326391	27919	206189	29632	62651	8.55	63.17	9.08	19.20
2001—02	338165	28608	213681	30715	65161	8.46	63.19	9.08	19.27
2002—03	360397	31185	227642	31659	69911	8.65	63.16	8.78	19.40
2003—04	384241	33195	243400	32827	74819	8.64	63.35	8.54	19.47

资料来源:根据印度统计部的 National Account Statistics, Ministry of Statistics in India, 1950—2004 s5 和 s10 整理。

附表 3-10 制造业各子行业产出值

(单位:千万卢比)

年份	食品业	饮料烟草	棉花制品、羊毛、丝绸、黄麻制品、纺织品	木材家具	造纸印刷
1970—1971	4509	1766	5735	7266	1746
1971—1972	4158	1709	5899	7561	1646

1972—1973	4017	1900	6422	7835	1682
1973—1974	3983	1594	7160	7483	1802
1974—1975	4281	1860	7576	8782	1822
1975—1976	4896	1995	7603	9176	1820
1976—1977	4797	2463	7521	9964	1912
1977—1978	5651	2604	8366	8037	2025
1978—1979	6112	2792	10244	8205	2219
1979—1980	5282	2433	10155	7564	2228
1980—1981	5016	2932	10612	7005	2317
1981—1982	5923	3195	10461	7166	2447
1982—1983	6685	3261	10524	6468	2339
1983—1984	7580	3777	11303	6993	2731
1984—1985	7539	3680	11706	5938	3163
1985—1986	7882	3321	12580	6542	3191
1986—1987	8043	3622	13404	6263	3752
1987—1988	8409	3279	13010	6330	3755
1988—1989	10531	4256	13116	5451	4070
1989—1990	11528	4060	15126	5660	4753
1990—1991	10745	4376	16428	5494	5132
1991—1992	10657	4554	16101	5165	5379
1992—1993	10554	4907	16553	5013	4582
1993—1994	12540	4838	20465	5134	5275
1994—1995	14768	5093	21625	5078	5786

年份					
1995—1996	15058	5266	20871	6213	6230
1996—1997	14796	6389	25213	6752	6489
1997—1998	16840	7124	26602	6426	6132
1998—1999	16759	7899	24768	6294	6691
1999—2000	16778	8953	26481	5427	6819
2000—2001	18477	9340	27501	5582	6196
2001—2002	18177	10477	27665	4966	6385
2002—2003	20174	13405	28849	4094	6819
2003—2004	20079	14547	28650	4372	7885
倍数	4.453094	8.237259	4.995641	0.601707	4.516037
年均增长速度(%)	4.490857	6.398324	4.844777	-1.48297	4.534001

附表 3-10(续表) 制造业各子行业产出值

(单位:千万卢比)

年份	毛皮产品	化工	橡胶石油	非金属产品	基础金属工业
1970—1971	892	3104	1641	1701	4272
1971—1972	866	3631	1731	1752	4310
1972—1973	866	3770	1730	1811	3719
1973—1974	821	3966	1706	1835	4240
1974—1975	893	3767	1614	1880	4830
1975—1976	838	3813	1669	1984	5018
1976—1977	939	4363	2060	2194	5541
1977—1978	937	4842	2423	2445	5544

1978—1979	950	5787	2282	2433	5983
1979—1980	962	5662	2372	2405	5386
1980—1981	990	5257	2009	2498	6059
1981—1982	1079	6157	2192	2744	6557
1982—1983	1100	6395	2808	3132	6120
1983—1984	1192	7663	3087	3455	6528
1984—1985	1281	8058	3618	3927	6716
1985—1986	1197	8501	3574	4101	7309
1986—1987	1211	8760	4839	4165	6817
1987—1988	1336	9703	5485	4529	7171
1988—1989	1375	10819	6255	5061	9491
1989—1990	1445	12752	6813	5768	8979
1990—1991	1581	14278	7743	6355	10831
1991—1992	1598	14753	7671	6755	11487
1992—1993	2056	17084	7972	6017	10940
1993—1994	2464	18500	8872	6042	11544
1994—1995	2054	19200	9268	6654	14083
1995—1996	2181	23838	10497	8244	16597
1996—1997	2216	26353	13283	10403	18022
1997—1998	2508	25842	11832	9519	17823
1998—1999	2698	30429	11962	9086	18401
1999—2000	2831	31347	11494	12266	19531
2000—2001	3133	33633	12851	12122	19891

年份					
2001—2002	3300	35233	14275	12260	20742
2002—2003	3194	36527	15055	12889	22657
2003—2004	3070	39689	15724	13366	24731
倍数	3.44170	12.7864	9.5819622	7.8577307	5.789092
年均增长速度(%)	3.70208	7.783287	6.8725834	6.2508147	5.300327

附表 3–10(续表) 制造业各子行业产出值

(单位:千万卢比)

年份	金属产品	非电力机器工具和零件	电力机器	传输设备	其他制造业
1970—1971	2496	2024	1286	2216	1964
1971—1972	2616	2200	1431	2449	1942
1972—1973	2827	2391	1658	2558	2043
1973—1974	2871	2505	1837	2355	2004
1974—1975	2735	2680	1658	2389	1795
1975—1976	2808	2647	1772	2217	1713
1976—1977	3015	3114	1949	2585	1940
1977—1978	3132	3270	2108	2645	2370
1978—1979	3380	3436	2246	3155	2654
1979—1980	3614	3386	2323	3069	2600
1980—1981	3338	3556	2650	3098	2475
1981—1982	3597	3834	2725	3487	3432
1982—1983	4040	4048	3439	3884	3774
1983—1984	4339	4508	3697	4249	3206

1984—1985	4441	5320	4543	4673	3797
1985—1986	4320	5416	4114	4233	4702
1986—1987	4633	5177	4611	4978	6173
1987—1988	5661	5628	6002	4732	6967
1988—1989	6021	5603	6403	5102	6673
1989—1990	5954	6518	7620	5625	7611
1990—1991	5899	6721	8414	6210	7213
1991—1992	5575	6624	7369	6177	6166
1992—1993	5333	7077	7896	5845	6844
1993—1994	5777	6959	7915	6429	7542
1994—1995	6275	7632	11561	7642	7988
1995—1996	6791	10155	11591	11409	9424
1996—1997	7510	10696	11872	11145	10035
1997—1998	7527	9640	13979	10843	11665
1998—1999	8551	10496	15356	9552	12084
1999—2000	8734	10935	14662	11953	11854
2000—2001	10046	11732	15731	11718	12882
2001—2002	9039	11882	15931	12518	13756
2002—2003	9616	12068	16180	14342	14176
2003—2004	9970	13979	18744	16786	14859
倍数	3.994391	6.906621	14.57543	7.5749097	7.565682
年均增长速度(%)	4.157302	5.848396	8.199527	6.1363243	6.132519

资料来源：根据印度统计部 National Account Statistics, Ministry of Statistics in India, 1950—2004, Nas s 43、s 45 和 Nas2 s 60、s 62。印度的企业分为两类，一类是注册过的企业，一类是没有注册过的企业。统计部的统计也分两类企业进行统计。这里各子行业

产出值是注册的产出值和没有注册的产出值加总得来的。本表所用的数据是产出值,即没有减去投入的总产值。

附表 3-11 制造业六组类行业产值及其占制造业的比重计算表

(按 1993—1994 年不变价计算,单位:千万卢比)

年份	A类产值	B类产值	C类产值	D类产值	E类产值	F类产值	制造业总产值
1970—1971	4272	10244	6031	9671	5134	7266	42618
1971—1972	4310	10057	6793	10052	5128	7561	43901
1972—1973	3719	10439	7158	10703	5375	7835	45229
1973—1974	4240	11143	7509	10293	5494	7483	46162
1974—1975	4830	11857	7039	10604	5450	8782	48562
1975—1976	5018	12499	7254	10556	5466	9176	49969
1976—1977	5541	12318	8372	12296	5866	9964	54357
1977—1978	5544	14017	9373	13334	6094	8037	56399
1978—1979	5983	16356	10315	14470	6549	8205	61878
1979—1980	5386	15437	10357	13893	6804	7564	59441
1980—1981	6059	15628	9916	14559	6645	7005	59812
1981—1982	6557	16384	11074	16692	7123	7166	64996
1982—1983	6120	17209	12642	18099	7479	6468	68017
1983—1984	6528	18883	14447	19195	8262	6993	74308
1984—1985	6716	19245	16219	21397	8885	5938	78400
1985—1986	7309	20462	16189	21773	8708	6542	80983
1986—1987	6817	21447	18210	24115	9596	6263	86448
1987—1988	7171	21419	21190	25135	10752	6330	91997

年份							
1988—1989	9491	23647	23477	26695	11466	5451	100227
1989—1990	8979	26654	27185	29582	12152	5660	110212
1990—1991	10831	27173	30435	30875	12612	5494	117420
1991—1992	11487	26758	29793	30276	12552	5165	116031
1992—1993	10940	27107	32952	30690	11971	5013	118673
1993—1994	11544	33005	35287	31810	13516	5134	130296
1994—1995	14083	36393	40029	35009	14115	5078	144707
1995—1996	16597	35929	45926	44498	15202	6213	164365
1996—1997	18022	40009	51508	48668	16215	6752	181174
1997—1998	17823	43442	51653	48791	16167	6426	184302
1998—1999	18401	41527	57747	49117	17940	6294	191026
1999—2000	19531	43259	57503	55961	18384	5427	200065
2000—2001	19891	45978	62215	57794	19375	5582	210835
2001—2002	20742	45842	65439	60893	18724	4966	216606
2002—2003	22657	49023	67762	66880	19629	4094	230045
2003—2004	24731	48729	74157	73537	20925	4372	246451

附表 3-11 续表　制造业六组类行业产值及其占制造业的比重计算表

年份	A类比重（%）	B类比重（%）	C类比重（%）	D类比重（%）	E类比重（%）	F类比重（%）
1970—1971	10.02	24.04	14.15	22.69	12.05	17.05
1971—1972	9.82	22.91	15.47	22.90	11.68	17.22
1972—1973	8.22	23.08	15.83	23.66	11.88	17.32
1973—1974	9.19	24.14	16.27	22.30	11.90	16.21

1974—1975	9.95	24.42	14.49	21.84	11.22	18.08
1975—1976	10.04	25.01	14.52	21.13	10.94	18.36
1976—1977	10.19	22.66	15.40	22.62	10.79	18.33
1977—1978	9.83	24.85	16.62	23.64	10.81	14.25
1978—1979	9.67	26.43	16.67	23.38	10.58	13.26
1979—1980	9.06	25.97	17.42	23.37	11.45	12.73
1980—1981	10.13	26.13	16.58	24.34	11.11	11.71
1981—1982	10.09	25.21	17.04	25.68	10.96	11.03
1982—1983	9.00	25.30	18.59	26.61	11.00	9.51
1983—1984	8.79	25.41	19.44	25.83	11.12	9.41
1984—1985	8.57	24.55	20.69	27.29	11.33	7.57
1985—1986	9.03	25.27	19.99	26.89	10.75	8.08
1986—1987	7.89	24.81	21.06	27.90	11.10	7.24
1987—1988	7.79	23.28	23.03	27.32	11.69	6.88
1988—1989	9.47	23.59	23.42	26.63	11.44	5.44
1989—1990	8.15	24.18	24.67	26.84	11.03	5.14
1990—1991	9.22	23.14	25.92	26.29	10.74	4.68
1991—1992	9.90	23.06	25.68	26.09	10.82	4.45
1992—1993	9.22	22.84	27.77	25.86	10.09	4.22
1993—1994	8.86	25.33	27.08	24.41	10.37	3.94
1994—1995	9.73	25.15	27.66	24.19	9.75	3.51
1995—1996	10.10	21.86	27.94	27.07	9.25	3.78
1996—1997	9.95	22.08	28.43	26.86	8.95	3.73

1997—1998	9.67	23.57	28.03	26.47	8.77	3.49
1998—1999	9.63	21.74	30.23	25.71	9.39	3.29
1999—2000	9.76	21.62	28.74	27.97	9.19	2.71
2000—2001	9.43	21.81	29.51	27.41	9.19	2.65
2001—2002	9.58	21.16	30.21	28.11	8.64	2.29
2002—2003	9.85	21.31	29.46	29.07	8.53	1.78
2003—2004	10.03	19.77	30.09	29.84	8.49	1.77

资料来源:根据 National Account Statistics, Ministry of Statistics in India,1950—2004. Nas s 43、s 45 和 Nas 2 s 60、s 62 整理。

附表 3-12 霍夫曼比率计算表

年份	资本品工业 1980—81 = 100	资本品工业发展速度 1980—81 = 100	资本品工业	消费品工业 1980—81 = 100	消费品工业发展速度 1980—81 = 100	消费品工业	霍夫曼比率
1980—81	16.43			23.65			1.43944005
1981—82		106.7	17.53081		113.8	26.9137	1.53522284
1982—83		110.6	18.17158		112.0	26.488	1.45766081
1983—84		123.5	20.29105		113.8	26.9137	1.32638281
1984—85		127.2	20.89896		122.0	28.853	1.38059502
1985—86		140.7	23.11701		137.3	32.47145	1.40465614
1986—87		166.3	27.32309		147.1	34.78915	1.27325094
1987—88		192.8	31.67704		156.6	37.0359	1.16917174
1988—89		206.4	33.91452		166.2	39.3063	1.15908399
1989—90		251.5	41.32145		177.0	41.8605	1.01304528
1990—91		291.6	47.90988		189.0	44.6985	0.93297040
1991—92		266.8	43.83524		190.8	45.1242	1.02940465

1992—93		266.4	43.76952		194.2	45.9283	1.04932154
1993—94	9.69			28.36			2.92672859
1994—95		109.2	10.58148		112.1	31.79156	3.00445306
1995—96		115.0	11.14350		126.5	35.87540	3.21940144
1996—97		128.2	12.42258		134.3	38.08748	3.06598790
1997—98		135.6	13.13964		141.7	40.18612	3.05838821
1998—99		152.7	14.79663		144.8	41.06528	2.77531303
1999—00		163.3	15.82377		153.0	43.39080	2.74212782
2000—01		166.2	16.10478		165.2	46.85072	2.90911891
2001—02		160.6	15.56214		175.1	49.65836	3.19097245
2002—03		177.3	17.18037		187.7	53.23172	3.09840359

资料来源:根据印度统计部 India Development Report 2004-2005, Indira Gandhi Institute, p.242 table II(3)和 p.243、245 table II(4)

附表 3-13 第三产业结构变动表

年份	贸易、宾馆和饭店产值(千万卢比)	交通运输、仓储、通讯产值(千万卢比)	金融、保险、房地产、商务产值(千万卢比)	社区、社会和个人服务产值(千万卢比)	第三产业产值(千万卢比)	贸易、宾馆和饭店比重(%)	交通运输、仓储、通讯比重(%)	金融、保险、房地产、商务比重(%)	社区、社会和个人服务比重(%)
1950—1951	12137	4645	9380	13215	39377	30.82	11.80	23.82	33.56
1951—1952	12416	4819	9596	13612	40443	30.70	11.92	23.73	33.66
1952—1953	12851	4941	9998	13892	41682	30.83	11.85	23.99	33.33
1953—1954	13340	5116	10141	14322	42919	31.08	11.92	23.63	33.37
1954—1955	14270	5373	10512	14836	44991	31.72	11.94	23.36	32.98
1955—1956	15323	5752	10934	15295	47304	32.39	12.16	23.11	32.33
1956—1957	16406	6223	11113	15881	49623	33.06	12.54	22.39	32.00
1957—1958	16755	6616	11533	16599	51503	32.53	12.85	22.39	32.23

1958—1959	17456	7109	11860	17280	53705	32.50	13.24	22.08	32.18
1959—1960	18556	7545	12313	18023	56437	32.88	13.37	21.82	31.93
1960—1961	20254	8064	12568	18908	59794	33.87	13.49	21.02	31.62
1961—1962	21549	8617	13108	19797	63071	34.17	13.66	20.78	31.39
1962—1963	22679	9289	13549	21203	66720	33.99	13.92	20.31	31.78
1963—1964	24340	9882	13969	22594	70785	34.39	13.96	19.73	31.92
1964—1965	26128	10379	14352	24084	74943	34.86	13.85	19.15	32.14
1965—1966	26294	10929	14786	25038	77047	34.13	14.18	19.19	32.50
1966—1967	26935	11273	15045	26193	79446	33.90	14.19	18.94	32.97
1967—1968	27915	11967	15455	27224	82561	33.81	14.49	18.72	32.97
1968—1969	29121	12582	16208	28437	86348	33.73	14.57	18.77	32.93
1969—1970	30676	13288	16882	30007	90853	33.76	14.63	18.58	33.03
1970—1971	32324	13759	17588	31660	95331	33.91	14.43	18.45	33.21
1971—1972	32955	14200	18494	33074	98723	33.38	14.38	18.73	33.50
1972—1973	33078	15233	19209	34155	101675	32.53	14.98	18.89	33.59
1973—1974	34477	15861	19679	35059	105076	32.81	15.09	18.73	33.37
1974—1975	36052	17409	19616	36720	109797	32.84	15.86	17.87	33.44
1975—1976	39424	18857	20969	38017	117267	33.62	16.08	17.88	32.42
1976—1977	40763	20205	22632	39073	122673	33.23	16.47	18.45	31.85
1977—1978	44165	20719	23739	40122	128745	34.30	16.09	18.44	31.16
1978—1979	48016	22141	25417	41856	137430	34.94	16.11	18.49	30.46
1979—1980	46464	23393	25664	44915	140436	33.09	16.66	18.27	31.98
1980—1981	48883	24963	26156	46751	146753	33.31	17.01	17.82	31.86
1981—1982	51993	26394	28336	47979	154702	33.61	17.06	18.32	31.01
1982—1983	54816	27185	31272	51811	165084	33.20	16.47	18.94	31.38
1983—1984	57706	28307	34391	53838	174242	33.12	16.25	19.74	30.90
1984—1985	60195	30231	37320	57504	185250	32.49	16.32	20.15	31.04

1985—1986	65128	32427	41126	61267	199948	32.57	16.22	20.57	30.64
1986—1987	68886	34441	45768	65575	214670	32.09	16.04	21.32	30.55
1987—1988	71878	36864	49598	70286	228626	31.44	16.12	21.69	30.74
1988—1989	76750	38479	55251	74785	245265	31.29	15.69	22.53	30.49
1989—1990	82716	41024	62204	81020	266964	30.98	15.37	23.30	30.35
1990—1991	86892	42894	66990	84380	281156	30.91	15.26	23.83	30.01
1991—1992	87485	45595	75027	86536	294643	29.69	15.47	25.46	29.37
1992—1993	92778	47709	79430	90494	310411	29.89	15.37	25.59	29.15
1993—1994	99369	51131	90084	93632	334216	29.73	15.30	26.95	28.02
1994—1995	109978	56153	95085	96674	357890	30.73	15.69	26.57	27.01
1995—1996	125850	62317	102847	104298	395312	31.84	15.76	26.02	26.38
1996—1997	135495	67440	109995	110843	423773	31.97	15.91	25.96	26.16
1997—1998	145842	72980	122784	123817	465423	31.34	15.68	26.38	26.60
1998—1999	156874	78883	131892	136658	504307	31.11	15.64	26.15	27.10
1999—2000	168199	87608	145863	153379	555049	30.30	15.78	26.28	27.63
2000—2001	174927	98329	150907	161372	585535	29.87	16.79	25.77	27.56
2001—2002	190436	107395	157746	169537	625114	30.46	17.18	25.23	27.12
2002—2003	206046	120922	171463	176141	674572	30.54	17.93	25.42	26.11
2003—2004	224113	141446	183718	186419	735696	30.46	19.23	24.97	25.34

资料来源：根据印度统计部 National Account Statistics, Ministry of Statistics in India, 1950—2004 Nas s 5 和 s10 整理。

附表 3-14 贸易、宾馆和饭店的结构变动表

年份	贸易、宾馆和饭店产值(千万卢比)	贸易产值(千万卢比)	宾馆和饭店产值(千万卢比)	第三产业产值(千万卢比)	贸易、宾馆和饭店比重(%)	贸易比重(%)	宾馆和饭店比重(%)
1950—51	12137	11515	673	39377	30.82	29.24	1.71

1951—52	12416	11744	720	40443	30.70	29.04	1.78
1952—53	12851	12203	704	41682	30.83	29.28	1.69
1953—54	13340	12654	735	42919	31.08	29.48	1.71
1954—55	14270	13530	781	44991	31.72	30.07	1.74
1955—56	15323	14507	843	47304	32.39	30.67	1.78
1956—57	16406	15519	903	49623	33.06	31.27	1.82
1957—58	16755	15823	919	51503	32.53	30.72	1.78
1958—59	17456	16453	964	53705	32.50	30.64	1.79
1959—60	18556	17477	1011	56437	32.88	30.97	1.79
1960—61	20254	19074	1123	59794	33.87	31.90	1.88
1961—62	21549	20305	1185	63071	34.17	32.19	1.88
1962—63	22679	21377	1247	66720	33.99	32.04	1.87
1963—64	24340	22939	1340	70785	34.39	32.41	1.89
1964—65	26128	24629	1433	74943	34.86	32.86	1.91
1965—66	26294	24781	1449	77047	34.13	32.16	1.88
1966—67	26935	25394	1480	79446	33.90	31.96	1.86
1967—68	27915	26310	1542	82561	33.81	31.87	1.87
1968—69	29121	27450	1607	86348	33.73	31.79	1.86
1969—70	30676	28932	1685	90853	33.76	31.84	1.85
1970—71	32324	30485	1778	95331	33.91	31.98	1.87
1971—72	32955	31072	1815	98723	33.38	31.47	1.84
1972—73	33078	31174	1821	101675	32.53	30.66	1.79
1973—74	34477	32506	1899	105076	32.81	30.94	1.81

1974—75	36052	34014	1987	109797	32.84	30.98	1.81
1975—76	39424	37246	2176	117267	33.62	31.76	1.86
1976—77	40763	38558	2257	122673	33.23	31.43	1.84
1977—78	44165	41748	2447	128745	34.30	32.43	1.90
1978—79	48016	45386	2658	137430	34.94	33.02	1.93
1979—80	46464	43874	2565	140436	33.09	31.24	1.83
1980—81	48883	46171	2712	146753	33.31	31.46	1.85
1981—82	51993	49101	2892	154702	33.61	31.74	1.87
1982—83	54816	51647	3169	165084	33.20	31.29	1.92
1983—84	57706	54482	3224	174242	33.12	31.27	1.85
1984—85	60195	56799	3396	185250	32.49	30.66	1.83
1985—86	65128	61581	3547	199948	32.57	30.80	1.77
1986—87	68886	65147	3739	214670	32.09	30.35	1.74
1987—88	71878	67924	3954	228626	31.44	29.71	1.73
1988—89	76750	72435	4315	245265	31.29	29.53	1.76
1989—90	82716	77903	4813	266964	30.98	29.18	1.80
1990—91	86892	81820	5072	281156	30.91	29.10	1.80
1991—92	87485	82291	5194	294643	29.69	27.93	1.76
1992—93	92778	87242	5536	310411	29.89	28.11	1.78
1993—94	99369	93206	6163	334216	29.73	27.89	1.84
1994—95	109978	103362	6616	357890	30.73	28.88	1.85
1995—96	125850	117856	7994	395312	31.84	29.81	2.02
1996—97	135495	126976	8519	423773	31.97	29.96	2.01

1997—98	145842	136628	9214	465423	31.34	29.36	1.98
1998—99	156874	146464	10410	504307	31.11	29.04	2.06
1999—00	168199	156628	11571	555049	30.30	28.22	2.08
2000—01	174927	162564	12363	585535	29.87	27.76	2.11
2001—02	190436	176579	13857	625114	30.46	28.25	2.22
2002—03	206046	191629	14417	674572	30.54	28.41	2.14
2003—04	224113	208121	15992	735696	30.46	28.29	2.17

资料来源:根据 National Account Statistics, Ministry of Statistics in India, 1950—2004 s5 和 s10 整理。

附表 3-15 运输、仓储、通讯业的结构变动表

年份	第三产业产值(千万卢比)	铁路产值(千万卢比)	其他方式的运输产值(千万卢比)	仓储产值(千万卢比)	通讯产值(千万卢比)	铁路比重(%)	其他方式的运输比重(%)	仓储比重(%)	通讯比重(%)
1950—51	39377	1807	2310	106	551	4.59	5.87	0.27	1.40
1951—52	40443	1834	2413	113	585	4.53	5.97	0.28	1.45
1952—53	41682	1802	2520	113	619	4.32	6.05	0.27	1.49
1953—54	42919	1818	2635	116	652	4.24	6.14	0.27	1.52
1954—55	44991	1908	2765	116	701	4.24	6.15	0.26	1.56
1955—56	47304	2109	2943	116	763	4.46	6.22	0.25	1.61
1956—57	49623	2299	3159	123	831	4.63	6.37	0.25	1.67
1957—58	51503	2531	3331	123	846	4.91	6.47	0.24	1.64
1958—59	53705	2553	3698	127	923	4.75	6.89	0.24	1.72
1959—60	56437	2743	3897	130	991	4.86	6.91	0.23	1.76

1960—61	59794	2849	4163	137	1024	4.76	6.96	0.23	1.71
1961—62	63071	2981	4523	141	1116	4.73	7.17	0.22	1.77
1962—63	66720	3219	4854	144	1227	4.82	7.28	0.22	1.84
1963—64	70785	3409	5132	144	1372	4.82	7.25	0.20	1.94
1964—65	74943	3456	5465	144	1483	4.61	7.29	0.19	1.98
1965—66	77047	3721	5676	155	1575	4.83	7.37	0.20	2.04
1966—67	79446	3779	5867	162	1667	4.76	7.38	0.20	2.10
1967—68	82561	3890	6335	169	1754	4.71	7.67	0.20	2.12
1968—69	86348	4027	6724	187	1807	4.66	7.79	0.22	2.09
1969—70	90853	4170	7179	190	1903	4.59	7.90	0.21	2.09
1970—71	95331	4297	7389	180	2063	4.51	7.75	0.19	2.16
1971—72	98723	4487	7546	183	2184	4.55	7.64	0.19	2.21
1972—73	101675	4672	8242	190	2305	4.60	8.11	0.19	2.27
1973—74	105076	4339	8946	180	2474	4.13	8.51	0.17	2.35
1974—75	109797	4545	10129	194	2575	4.14	9.23	0.18	2.35
1975—76	117267	5105	10840	278	2749	4.35	9.24	0.24	2.34
1976—77	122673	5465	11491	378	2981	4.45	9.37	0.31	2.43
1977—78	128745	5734	11601	378	3122	4.45	9.01	0.29	2.42
1978—79	137430	5692	12697	411	3329	4.14	9.24	0.30	2.42
1979—80	140436	5776	13576	448	3600	4.11	9.67	0.32	2.56
1980—81	146753	5935	14740	433	3856	4.04	10.04	0.30	2.63
1981—82	154702	6529	15251	464	4150	4.22	9.86	0.30	2.68
1982—83	165084	6639	15714	472	4360	4.02	9.52	0.29	2.64

1983—84	174242	6542	16645	489	4632	3.75	9.55	0.28	2.66
1984—85	185250	6637	18014	529	5050	3.58	9.72	0.29	2.73
1985—86	199948	7530	19185	558	5154	3.77	9.59	0.28	2.58
1986—87	214670	8219	20139	579	5503	3.83	9.38	0.27	2.56
1987—88	228626	8599	21859	577	5830	3.76	9.56	0.25	2.55
1988—89	245265	8490	23318	558	6114	3.46	9.51	0.23	2.49
1989—90	266964	8895	25067	580	6481	3.33	9.39	0.22	2.43
1990—91	281156	9370	25992	603	6929	3.33	9.24	0.21	2.46
1991—92	294643	10139	27406	598	7452	3.44	9.30	0.20	2.53
1992—93	310411	9842	28891	610	8366	3.17	9.31	0.20	2.70
1993—94	334216	9648	31429	634	9420	2.89	9.40	0.19	2.82
1994—95	357890	9846	34658	649	11000	2.75	9.68	0.18	3.07
1995—96	395312	10657	37935	695	13030	2.70	9.60	0.18	3.30
1996—97	423773	11169	41053	674	14544	2.64	9.69	0.16	3.43
1997—98	465423	11367	43405	640	17568	2.44	9.33	0.14	3.77
1998—99	504307	11577	45574	670	21062	2.30	9.04	0.13	4.18
1999—00	555049	12620	48586	704	25698	2.27	8.75	0.13	4.63
2000—01	585535	13168	51854	726	32581	2.25	8.86	0.12	5.56
2001—02	625114	14084	53880	722	38709	2.25	8.62	0.12	6.19
2002—03	674572	14881	57158	645	48238	2.21	8.47	0.10	7.15
2003—04	735696	15836	63544	696	61370	2.15	8.64	0.09	8.34

资料来源：根据印度统计部 National Account Statistics, Ministry of Statistics in India, 1950—2004 Nas s 5 和 s10 整理。

附表3-16 金融、保险、房地产、商务的结构变动表

年份	第三产业产值	金融、保险、房地产、商务	银行和保险	房地产、住处的所有权和商务	统计误差	金融、保险、房地产、商务比重(%)	银行和保险比重(%)	房地产、住处的所有权和商务比重(%)
1950—51	39377	9380	1333	7752	295	23.82	3.39	19.69
1951—52	40443	9596	1374	7922	300	23.73	3.40	19.59
1952—53	41682	9998	1607	8106	285	23.99	3.86	19.45
1953—54	42919	10141	1553	8287	301	23.63	3.62	19.31
1954—55	44991	10512	1754	8468	290	23.36	3.90	18.82
1955—56	47304	10934	2004	8656	274	23.11	4.24	18.30
1956—57	49623	11113	1979	8846	288	22.39	3.99	17.83
1957—58	51503	11533	2218	9041	274	22.39	4.31	17.55
1958—59	53705	11860	2348	9233	279	22.08	4.37	17.19
1959—60	56437	12313	2614	9435	264	21.82	4.63	16.72
1960—61	59794	12568	2639	9655	274	21.02	4.41	16.15
1961—62	63071	13108	2981	9878	249	20.78	4.73	15.66
1962—63	66720	13549	3174	10134	241	20.31	4.76	15.19
1963—64	70785	13969	3323	10403	243	19.73	4.69	14.70
1964—65	74943	14352	3450	10658	244	19.15	4.60	14.22
1965—66	77047	14786	3603	10941	242	19.19	4.68	14.20
1966—67	79446	15045	3556	11224	265	18.94	4.48	14.13
1967—68	82561	15455	3651	11532	272	18.72	4.42	13.97
1968—69	86348	16208	4145	11826	237	18.77	4.80	13.70

1969—70	90853	16882	4528	12139	215	18.58	4.98	13.36
1970—71	95331	17588	4935	12460	193	18.45	5.18	13.07
1971—72	98723	18494	5470	12865	159	18.73	5.54	13.03
1972—73	101675	19209	5815	13248	146	18.89	5.72	13.03
1973—74	105076	19679	5853	13660	166	18.73	5.57	13.00
1974—75	109797	19616	5297	14075	244	17.87	4.82	12.82
1975—76	117267	20969	6290	14512	167	17.88	5.36	12.38
1976—77	122673	22632	7620	14958	54	18.45	6.21	12.19
1977—78	128745	23739	8288	15439	12	18.44	6.44	11.99
1978—79	137430	25417	9594	15919	-96	18.49	6.98	11.58
1979—80	140436	25664	9263	16434	-33	18.27	6.60	11.70
1980—81	146753	26156	9252	16904	0	17.82	6.30	11.52
1981—82	154702	28336	9927	18409	0	18.32	6.42	11.90
1982—83	165084	31272	11429	19843	0	18.94	6.92	12.02
1983—84	174242	34391	12498	21893	0	19.74	7.17	12.56
1984—85	185250	37320	13773	23547	0	20.15	7.43	12.71
1985—86	199948	41126	15718	25408	0	20.57	7.86	12.71
1986—87	214670	45768	18079	27689	0	21.32	8.42	12.90
1987—88	228626	49598	19650	29948	0	21.69	8.59	13.10
1988—89	245265	55251	22530	32721	0	22.53	9.19	13.34
1989—90	266964	62204	27206	34998	0	23.30	10.19	13.11
1990—91	281156	66990	28830	38160	0	23.83	10.25	13.57
1991—92	294643	75027	33822	41205	0	25.46	11.48	13.98

368　印度工业化进程中产业结构的演变

1992—93	310411	79430	35194	44236	0	25.59	11.34	14.25
1993—94	334216	90084	41665	48419	0	26.95	12.47	14.49
1994—95	357890	95085	45191	49894	0	26.57	12.63	13.94
1995—96	395312	102847	50115	52732	0	26.02	12.68	13.34
1996—97	423773	109995	54994	55001	0	25.96	12.98	12.98
1997—98	465423	122784	64818	57966	0	26.38	13.93	12.45
1998—99	504307	131892	70549	61343	0	26.15	13.99	12.16
1999—00	555049	145863	79971	65892	0	26.28	14.41	11.87
2000—01	585535	150907	78974	71933	0	25.77	13.49	12.29
2001—02	625114	157746	81726	76020	0	25.23	13.07	12.16
2002—03	674572	171463	91050	80413	0	25.42	13.50	11.92
2003—04	735696	183718	97871	85847	0	24.97	13.30	11.67

资料来源：根据印度统计部 National Account Statistics, Ministry of Statistics in India, 1950—2004 s 5 和 s10 整理。

附表3-17　房地产、住宅的所有权和商务结构表

年份	产值（千万卢比）					比重（%）			
	房地产、住宅的所有权和商务	住宅	房地产	商务	法律服务	住宅	房地产	商务	法律服务
1950—51	7752	7138	67	207	281	92.08	0.86	2.67	3.62
1951—52	7922	7297	67	207	281	92.11	0.85	2.61	3.55
1952—53	8106	7460	92	207	281	92.03	1.13	2.55	3.47
1953—54	8287	7626	92	215	281	92.02	1.11	2.59	3.39
1954—55	8468	7796	92	215	281	92.06	1.09	2.54	3.32

1955—56	8656	7972	92	215	281	92.10	1.06	2.48	3.25
1956—57	8846	8151	92	215	281	92.14	1.04	2.43	3.18
1957—58	9041	8334	92	215	281	92.18	1.02	2.38	3.11
1958—59	9241	8521	92	215	281	92.21	1.00	2.33	3.04
1959—60	9445	8712	92	215	281	92.24	0.97	2.28	2.98
1960—61	9665	8910	116	215	281	92.19	1.20	2.22	2.91
1961—62	9888	9108	116	236	281	92.11	1.17	2.39	2.84
1962—63	10143	9347	116	236	281	92.15	1.14	2.33	2.77
1963—64	10414	9597	116	244	292	92.15	1.11	2.34	2.80
1964—65	10669	9851	116	215	292	92.33	1.09	2.02	2.74
1965—66	10951	10111	116	223	292	92.33	1.06	2.04	2.67
1966—67	11236	10378	116	223	292	92.36	1.03	1.98	2.60
1967—68	11543	10658	140	223	292	92.33	1.21	1.93	2.53
1968—69	11839	10940	140	215	292	92.41	1.18	1.82	2.47
1969—70	12153	11235	140	215	292	92.45	1.15	1.77	2.40
1970—71	12476	11538	140	215	292	92.48	1.12	1.72	2.34
1971—72	12882	11902	140	248	261	92.39	1.09	1.93	2.03
1972—73	13267	12251	140	273	275	92.34	1.06	2.06	2.07
1973—74	13680	12610	146	323	326	92.18	1.07	2.36	2.38
1974—75	14091	12984	146	344	332	92.14	1.04	2.44	2.36
1975—76	14531	13367	158	394	417	91.99	1.09	2.71	2.87
1976—77	14981	13763	170	436	462	91.87	1.13	2.91	3.08
1977—78	15465	14172	176	519	507	91.64	1.14	3.36	3.28

1978—79	15949	14600	188	560	533	91.54	1.18	3.51	3.34
1979—80	16463	15035	194	647	558	91.33	1.18	3.93	3.39
1980—81	16938	15455	206	688	589	91.24	1.22	4.06	3.48
1981—82	18447	16809	212	754	671	91.12	1.15	4.09	3.64
1982—83	19889	18131	218	835	705	91.16	1.10	4.20	3.54
1983—84	21947	19569	225	1315	839	89.16	1.03	5.99	3.82
1984—85	23607	20975	236	1456	939	88.85	1.00	6.17	3.98
1985—86	25480	22581	243	1660	996	88.62	0.95	6.51	3.91
1986—87	27774	24525	251	1943	1055	88.30	0.90	7.00	3.80
1987—88	30044	26867	263	1796	1119	89.43	0.88	5.98	3.72
1988—89	32829	29458	268	1916	1186	89.73	0.82	5.84	3.61
1989—90	35136	31495	282	2103	1257	89.64	0.80	5.99	3.58
1990—91	38340	34142	287	2578	1332	89.05	0.75	6.72	3.47
1991—92	41409	37027	299	2671	1412	89.42	0.72	6.45	3.41
1992—93	44447	39740	311	2899	1497	89.41	0.70	6.52	3.37
1993—94	48684	43507	317	3273	1587	89.37	0.65	6.72	3.26
1994—95	50668	44706	333	3897	1732	88.23	0.66	7.69	3.42
1995—96	53065	45958	351	4865	1891	86.61	0.66	9.17	3.56
1996—97	55372	47252	370	5815	1935	85.34	0.67	10.50	3.49
1997—98	58385	48585	390	7430	1980	83.21	0.67	12.73	3.39
1998—99	61625	49840	413	9347	2025	80.88	0.67	15.17	3.29
1999—00	66371	51226	437	12504	2204	77.18	0.66	18.84	3.32
2000—01	72500	52650	463	16988	2399	72.62	0.64	23.43	3.31

2001—02	76681	54112	493	19604	2472	70.57	0.64	25.57	3.22
2002—03	81207	55613	525	22439	2630	68.48	0.65	27.63	3.24
2003—04	86764	57158	560	26281	2765	65.88	0.65	30.29	3.19

资料来源:根据印度统计部 National Account Statistics, Ministry of Statistics in India, 1950—2004 Nas s 63、Nas 2 s70 整理。

附表3-18 社区、社会和个人服务业的结构变动表

年份	第三产业产值（千万卢比）	社区、社会和个人服务（千万卢比）	公共管理和国防(千万卢比)	其他服务（千万卢比）	社区、社会和个人服务比重（%）	公共管理和国防比重（%）	其他服务比重（%）
1950—51	39377	13215	3582	9610	33.56	9.10	24.41
1951—52	40443	13612	3667	9922	33.66	9.07	24.53
1952—53	41682	13892	3703	10165	33.33	8.88	24.39
1953—54	42919	14322	3865	10433	33.37	9.01	24.31
1954—55	44991	14836	4081	10730	32.98	9.07	23.85
1955—56	47304	15295	4242	11027	32.33	8.97	23.31
1956—57	49623	15881	4547	11310	32.00	9.16	22.79
1957—58	51503	16599	4902	11672	32.23	9.52	22.66
1958—59	53705	17280	5203	12053	32.18	9.69	22.44
1959—60	56437	18023	5504	12459	31.93	9.75	22.08
1960—61	59794	18908	5903	12981	31.62	9.87	21.71
1961—62	63071	19797	6281	13492	31.39	9.96	21.39
1962—63	66720	21203	7095	14086	31.78	10.63	21.11

1963—64	70785	22594	7887	14682	31.92	11.14	20.74
1964—65	74943	24084	8734	15328	32.14	11.65	20.45
1965—66	77047	25038	9045	15970	32.50	11.74	20.73
1966—67	79446	26193	9621	16549	32.97	12.11	20.83
1967—68	82561	27224	10046	17154	32.97	12.17	20.78
1968—69	86348	28437	10670	17745	32.93	12.36	20.55
1969—70	90853	30007	11601	18386	33.03	12.77	20.24
1970—71	95331	31660	12580	19063	33.21	13.20	20.00
1971—72	98723	33074	13460	19598	33.50	13.63	19.85
1972—73	101675	34155	13951	20188	33.59	13.72	19.86
1973—74	105076	35059	14633	20413	33.37	13.93	19.43
1974—75	109797	36720	15202	21506	33.44	13.85	19.59
1975—76	117267	38017	15968	22037	32.42	13.62	18.79
1976—77	122673	39073	16642	22420	31.85	13.57	18.28
1977—78	128745	40122	17335	22777	31.16	13.46	17.69
1978—79	137430	41856	18615	23235	30.46	13.55	16.91
1979—80	140436	44915	19931	24979	31.98	14.19	17.79
1980—81	146753	46751	21244	25507	31.86	14.48	17.38
1981—82	154702	47979	21728	26251	31.01	14.05	16.97
1982—83	165084	51811	23810	28001	31.38	14.42	16.96
1983—84	174242	53838	24617	29221	30.90	14.13	16.77
1984—85	185250	57504	26852	30652	31.04	14.50	16.55
1985—86	199948	61267	28759	32508	30.64	14.38	16.26

1986—87	214670	65575	31322	34253	30.55	14.59	15.96
1987—88	228626	70286	34265	36021	30.74	14.99	15.76
1988—89	245265	74785	36349	38436	30.49	14.82	15.67
1989—90	266964	81020	39195	41825	30.35	14.68	15.67
1990—91	281156	84380	39705	44675	30.01	14.12	15.89
1991—92	294643	86536	40542	45994	29.37	13.76	15.61
1992—93	310411	90494	42546	47948	29.15	13.71	15.45
1993—94	334216	93632	43636	49996	28.02	13.06	14.96
1994—95	357890	96674	44193	52481	27.01	12.35	14.66
1995—96	395312	104298	47180	57118	26.38	11.93	14.45
1996—97	423773	110843	49106	61737	26.16	11.59	14.57
1997—98	465423	123817	56235	67582	26.60	12.08	14.52
1998—99	504307	136658	62209	74449	27.10	12.34	14.76
1999—00	555049	153379	70432	82947	27.63	12.69	14.94
2000—01	585535	161372	72073	89299	27.56	12.31	15.25
2001—02	625114	169537	73965	95572	27.12	11.83	15.29
2002—03	674572	176141	75230	100911	26.11	11.15	14.96
2003—04	735696	186419	79482	106937	25.34	10.80	14.54

资料来源:根据印度统计部 National Account Statistics, Ministry of Statistics in India, 1950—2004 s 5 和 s10 整理。

第4章数据附表

附表4-1 印度GDP年平均增长率

年份	GDP(千万卢比)	GDP增长率(%)
1950—1951	140466	
1951—1952	143745	2.33
1952—1953	147824	2.84
1953—1954	156822	6.09
1954—1955	163479	4.24
1955—1956	167667	2.56
1956—1957	177211	5.69
1957—1958	175068	-1.21
1958—1959	188354	7.59
1959—1960	192476	2.19
1960—1961	206103	7.08
1961—1962	212499	3.10
1962—1963	216994	2.12
1963—1964	227980	5.06
1964—1965	245270	7.58
1965—1966	236306	-3.65
1966—1967	238710	1.02
1967—1968	258137	8.14
1968—1969	264873	2.61

1969—1970	282134	6.52
1970—1971	296278	5.01
1971—1972	299269	1.01
1972—1973	298316	−0.32
1973—1974	311894	4.55
1974—1975	315514	1.16
1975—1976	343924	9.00
1976—1977	348223	1.25
1977—1978	374235	7.47
1978—1979	394828	5.50
1979—1980	374291	−5.20
1980—1981	401128	7.17
1981—1982	425073	5.97
1982—1983	438079	3.06
1983—1984	471742	7.68
1984—1985	492077	4.31
1985—1986	513990	4.45
1986—1987	536257	4.33
1987—1988	556778	3.83
1988—1989	615098	10.47
1989—1990	656331	6.70
1990—1991	692871	5.57
1991—1992	701863	1.30

年份		
1992—1993	737792	5.12
1993—1994	781345	5.90
1994—1995	838031	7.25
1995—1996	899563	7.34
1996—1997	970082	7.84
1997—1998	1016595	4.79
1998—1999	1082748	6.51
1999—2000	1148368	6.06
2000—2001	1198592	4.37
2001—2002	1267833	5.78
2002—2003	1318362	3.98
2003—2004	1430548	8.51

资料来源:根据印度统计部 National Account Statistics,1950—2004, Ministry of Statistics in India。

附表4-2 个人消费结构表(A)

年份	消费额(千万卢比)							
	食物饮料和烟草	衣服和鞋类	租金燃料和电力总值	家具装潢电器和服务	医疗护理和健康服务	运输和通讯	娱乐教育和文化服务	其余各种服务
1950—51	87831	3531	22690	2940	2339	3694	2050	6709
1951—52	91241	4278	23067	3037	2576	3756	1945	6886
1952—53	94879	4554	23438	3998	2505	3953	1997	6982
1953—54	101993	5043	23815	4081	2691	4130	2082	7025
1954—55	105748	5246	24044	4256	2802	4272	2164	7279

1955—56	104964	5549	24701	4485	3068	4649	2252	7633
1956—57	110282	5874	25158	4697	3068	4843	2340	7997
1957—58	106118	5935	25360	4832	3290	4943	2415	8122
1958—59	119057	6164	25975	5075	3416	5139	2522	8447
1959—60	119068	6168	26420	5328	3768	5643	2647	8754
1960—61	126998	6547	26851	5594	4145	5821	2778	9175
1961—62	128347	6684	27576	5623	4578	6158	2981	9166
1962—63	128837	6859	28158	5919	4985	6418	3054	9372
1963—64	132436	7926	29005	5833	5755	6867	3545	9439
1964—65	141080	8885	29419	6219	6585	7343	3701	9568
1965—66	139168	8642	30259	6147	7254	7692	4003	9822
1966—67	139299	9586	30501	6535	8179	8064	4287	9305
1967—68	149028	9796	31189	6711	8038	8805	4573	9822
1968—69	152054	10410	31973	7121	8345	9360	5288	9400
1969—70	158514	10120	32286	7454	8612	9980	5976	9697
1970—71	162516	10733	32818	8292	8572	10328	6521	11100
1971—72	162410	11782	33841	8880	8959	11036	6880	11972
1972—73	161830	11872	34531	9042	9829	11186	7021	12163
1973—74	165777	12623	35415	8804	10166	12173	7060	11776
1974—75	162657	13355	36476	8773	10347	12775	7258	11953
1975—76	174926	13898	37382	9377	10332	13571	7455	11622
1976—77	173387	15915	38626	9917	10901	14498	7614	13260
1977—78	190898	16884	39772	10345	11716	15395	7684	14591

1978—79	203569	18114	41112	10706	12551	17089	7883	15042
1979—80	192610	17484	41914	10147	15121	18090	8196	15190
1980—81	211651	19552	46332	9966	14940	20025	8427	16550
1981—82	220469	20211	47754	10652	15272	22072	8621	17501
1982—83	217081	21765	49083	11524	15604	23781	8983	18357
1983—84	235853	23447	50908	12726	15936	26965	9349	19415
1984—85	241104	24141	52603	13012	16268	29499	9638	19708
1985—86	247533	26111	54300	14152	16615	31569	9954	22682
1986—87	249092	26924	56339	15043	16952	36516	11518	23878
1987—88	255017	27914	58284	15056	17310	40210	12323	25101
1988—89	271069	30747	60356	15174	17697	43912	13673	26750
1989—90	282019	30852	62261	16646	18099	48553	14586	30151
1990—91	293000	32740	64254	17124	18472	52975	15853	31223
1991—92	299285	30712	66411	16621	18879	56236	16597	32239
1992—93	301327	31788	68575	16524	19211	60569	17059	35775
1993—94	315243	34999	68239	17610	19543	64993	17626	36519
1994—95	325436	34178	70688	18181	21770	71783	19494	39951
1995—96	340124	36181	72907	20241	24232	79568	20688	44997
1996—97	369285	38231	75380	21755	26878	87748	21868	48421
1997—98	363253	41498	79862	23164	29813	92295	24899	52501
1998—99	393468	37265	82475	25003	33079	98209	26565	56376
1999—00	400587	42729	85824	26645	37082	106254	29162	69370
2000—01	387447	43035	88674	30123	41213	122910	31100	75135

2001—02	412042	42842	91352	31023	45805	133235	32029	78649
2002—03	404034	46756	94276	32869	50931	146873	32915	82765
2003—04	435865	46037	97237	34804	56596	165427	37207	91692

附表 4-3 个人消费结构表(B)

年份	消费额(%)							
	食物饮料和烟草	衣服和鞋类	租金燃料和电力总值	家具装潢电器和服务	医疗护理和健康服务	运输和通讯	娱乐教育和文化服务	其余各种服务
1950—51	66.65	2.68	17.22	2.23	1.77	2.80	1.56	5.09
1951—52	66.70	3.13	16.86	2.22	1.88	2.75	1.42	5.03
1952—53	66.67	3.20	16.47	2.81	1.76	2.78	1.40	4.91
1953—54	67.61	3.34	15.79	2.71	1.78	2.74	1.38	4.66
1954—55	67.87	3.37	15.43	2.73	1.80	2.74	1.39	4.67
1955—56	66.73	3.53	15.70	2.85	1.95	2.96	1.43	4.85
1956—57	67.14	3.58	15.32	2.86	1.87	2.95	1.42	4.87
1957—58	65.91	3.69	15.75	3.00	2.04	3.07	1.50	5.04
1958—59	67.72	3.51	14.78	2.89	1.94	2.92	1.43	4.81
1959—60	66.97	3.47	14.86	3.00	2.12	3.17	1.49	4.92
1960—61	67.58	3.48	14.29	2.98	2.21	3.10	1.48	4.88
1961—62	67.16	3.50	14.43	2.94	2.40	3.22	1.56	4.80
1962—63	66.55	3.54	14.54	3.06	2.57	3.32	1.58	4.84
1963—64	65.95	3.95	14.44	2.90	2.87	3.42	1.77	4.70
1964—65	66.30	4.18	13.82	2.92	3.09	3.45	1.74	4.50

1965—66	65.34	4.06	14.21	2.89	3.41	3.61	1.88	4.61
1966—67	64.56	4.44	14.14	3.03	3.79	3.74	1.99	4.31
1967—68	65.37	4.30	13.68	2.94	3.53	3.86	2.01	4.31
1968—69	64.99	4.45	13.67	3.04	3.57	4.00	2.26	4.02
1969—70	65.33	4.17	13.31	3.07	3.55	4.11	2.46	4.00
1970—71	64.78	4.28	13.08	3.31	3.42	4.12	2.60	4.42
1971—72	63.50	4.61	13.23	3.47	3.50	4.31	2.69	4.68
1972—73	62.85	4.61	13.41	3.51	3.82	4.34	2.73	4.72
1973—74	62.84	4.79	13.43	3.34	3.85	4.61	2.68	4.46
1974—75	61.71	5.07	13.84	3.33	3.93	4.85	2.75	4.53
1975—76	62.80	4.99	13.42	3.37	3.71	4.87	2.68	4.17
1976—77	61.03	5.60	13.60	3.49	3.84	5.10	2.68	4.67
1977—78	62.12	5.49	12.94	3.37	3.81	5.01	2.50	4.75
1978—79	62.43	5.56	12.61	3.28	3.85	5.24	2.42	4.61
1979—80	60.43	5.49	13.15	3.18	4.74	5.68	2.57	4.77
1980—81	60.92	5.63	13.34	2.87	4.30	5.76	2.43	4.76
1981—82	60.81	5.57	13.17	2.94	4.21	6.09	2.38	4.83
1982—83	59.28	5.94	13.40	3.15	4.26	6.49	2.45	5.01
1983—84	59.77	5.94	12.90	3.23	4.04	6.83	2.37	4.92
1984—85	59.39	5.95	12.96	3.21	4.01	7.27	2.37	4.85
1985—86	58.53	6.17	12.84	3.35	3.93	7.46	2.35	5.36
1986—87	57.10	6.17	12.91	3.45	3.89	8.37	2.64	5.47
1987—88	56.52	6.19	12.92	3.34	3.84	8.91	2.73	5.56

1988—89	56.55	6.41	12.59	3.17	3.69	9.16	2.85	5.58
1989—90	56.05	6.13	12.37	3.31	3.60	9.65	2.90	5.99
1990—91	55.74	6.23	12.22	3.26	3.51	10.08	3.02	5.94
1991—92	55.73	5.72	12.37	3.10	3.52	10.47	3.09	6.00
1992—93	54.70	5.77	12.45	3.00	3.49	11.00	3.10	6.49
1993—94	54.85	6.09	11.87	3.06	3.40	11.31	3.07	6.35
1994—95	54.11	5.68	11.75	3.02	3.62	11.93	3.24	6.64
1995—96	53.23	5.66	11.41	3.17	3.79	12.45	3.24	7.04
1996—97	53.55	5.54	10.93	3.15	3.90	12.73	3.17	7.02
1997—98	51.36	5.87	11.29	3.28	4.22	13.05	3.52	7.42
1998—99	52.29	4.95	10.96	3.32	4.40	13.05	3.53	7.49
1999—00	50.22	5.36	10.76	3.34	4.65	13.32	3.66	8.70
2000—01	47.27	5.25	10.82	3.68	5.03	15.00	3.79	9.17
2001—02	47.53	4.94	10.54	3.58	5.28	15.37	3.69	9.07
2002—03	45.32	5.25	10.58	3.69	5.71	16.48	3.69	9.28
2003—04	45.17	4.77	10.08	3.61	5.87	17.15	3.86	9.50

资料来源：根据印度统计部 National Account Statistics, Ministry of Statistics in India, 1950—2004 s 9 和 s14 整理。

附表 4-4 投资结构表

年份	投资额(千万卢比)				比重(%)		
	总投资	第一产业	第二产业	第三产业	第一产业	第二产业	第三产业
1950—51	19694	3798	4530	11366	19.29	23.00	57.71
1951—52	20876	4262	6531	10083	20.42	31.28	48.30

1952—53	17470	4100	4915	8455	23.47	28.13	48.40
1953—54	17880	3903	4607	9370	21.83	25.77	52.40
1954—55	21983	3992	5995	11996	18.16	27.27	54.57
1955—56	26641	4934	8349	13358	18.52	31.34	50.14
1956—57	32850	4849	12568	15433	14.76	38.26	46.98
1957—58	34946	5081	11992	17873	14.54	34.32	51.14
1958—59	29588	4820	7823	16945	16.29	26.44	57.27
1959—60	33153	3965	11784	17404	11.96	35.54	52.50
1960—61	40179	5258	15323	19598	13.09	38.14	48.78
1961—62	38412	5115	13918	19379	13.32	36.23	50.45
1962—63	44562	5625	16425	22512	12.62	36.86	50.52
1963—64	46851	6129	17487	23235	13.08	37.32	49.59
1964—65	50035	6559	19232	24244	13.11	38.44	48.45
1965—66	53647	7230	21708	24709	13.48	40.46	46.06
1966—67	54546	7216	25505	21825	13.23	46.76	40.01
1967—68	53708	7830	23166	22712	14.58	43.13	42.29
1968—69	50234	8450	21134	20650	16.82	42.07	41.11
1969—70	56407	8919	25264	22224	15.81	44.79	39.40
1970—71	60155	8587	25301	26267	14.27	42.06	43.67
1971—72	63998	9147	25779	29072	14.29	40.28	45.43
1972—73	67056	10077	25715	31264	15.03	38.35	46.62
1973—74	72194	10314	29272	32608	14.29	40.55	45.17
1974—75	75042	9567	35097	30378	12.75	46.77	40.48

1975—76	80916	11223	39099	30594	13.87	48.32	37.81
1976—77	80499	14165	34705	31629	17.60	43.11	39.29
1977—78	83354	13068	38517	31769	15.68	46.21	38.11
1978—79	100757	17979	46912	35866	17.84	46.56	35.60
1979—80	98040	17358	44451	36231	17.71	45.34	36.96
1980—81	92186	14233	37419	40534	15.44	40.59	43.97
1981—82	125859	14079	68959	42821	11.19	54.79	34.02
1982—83	114461	14529	61311	38621	12.69	53.56	33.74
1983—84	105581	14725	51652	39204	13.95	48.92	37.13
1984—85	128063	14948	67442	45673	11.67	52.66	35.66
1985—86	144777	14132	81463	49182	9.76	56.27	33.97
1986—87	143533	13708	79853	49972	9.55	55.63	34.82
1987—88	122274	14294	61823	46157	11.69	50.56	37.75
1988—89	158291	14762	82524	61005	9.33	52.13	38.54
1989—90	159512	13424	80849	65239	8.42	50.69	40.90
1990—91	166077	16416	81289	68372	9.88	48.95	41.17
1991—92	172863	14965	91728	66170	8.66	53.06	38.28
1992—93	178248	16141	92688	69419	9.06	52.00	38.95
1993—94	181133	15249	90735	75149	8.42	50.09	41.49
1994—95	229879	16785	117734	95360	7.30	51.22	41.48
1995—96	284557	17689	172568	94300	6.22	60.64	33.14
1996—97	248631	18326	145520	84785	7.37	58.53	34.10
1997—98	256551	18294	148666	89591	7.13	57.95	34.92

1998—99	243697	17470	139182	87045	7.17	57.11	35.72
1999—00	267284	20024	144272	102988	7.49	53.98	38.53
2000—01	262146	19809	125503	116834	7.56	47.88	44.57
2001—02	251664	20360	109069	122235	8.09	43.34	48.57
2002—03	239954	21500	121704	96750	8.96	50.72	40.32
2003—04	287944	24186	145906	117852	8.40	50.67	40.93

资料来源:根据印度统计部 National Account Statistics, Ministry of Statistics in India, 1950—2004 s14 和 s 20 整理。

附表4-5 第三产业投资结构表

年份	产值(千万卢比)					比重(%)			
	第三产业	贸易宾馆饭店	运输仓储和通讯	金融保险房地产和商务	社区社会和个人服务	贸易宾馆饭店	运输仓储和通讯	金融保险房地产和商务	社区社会和个人服务
1950—51	11366	2432	2502	4202	2230	21.40	22.01	36.97	19.62
1951—52	10083	758	2542	4329	2454	7.52	25.21	42.93	24.34
1952—53	8455	364	2146	4418	1527	4.31	25.38	52.25	18.06
1953—54	9370	765	2160	4622	1823	8.16	23.05	49.33	19.46
1954—55	11996	726	2827	4705	3738	6.05	23.57	39.22	31.16
1955—56	13358	963	3906	4822	3667	7.21	29.24	36.10	27.45
1956—57	15433	1020	4943	5061	4409	6.61	32.03	32.79	28.57
1957—58	17873	996	5836	5147	5894	5.57	32.65	28.80	32.98
1958—59	16945	993	6093	5378	4481	5.86	35.96	31.74	26.44
1959—60	17404	1163	5616	5669	4956	6.68	32.27	32.57	28.48

1960—61	19598	1089	6350	5764	6395	5.56	32.40	29.41	32.63
1961—62	19379	951	7009	5843	5576	4.91	36.17	30.15	28.77
1962—63	22512	1423	8811	5938	6340	6.32	39.14	26.38	28.16
1963—64	23235	1851	8839	6093	6452	7.97	38.04	26.22	27.77
1964—65	24244	1488	9328	6334	7094	6.14	38.48	26.13	29.26
1965—66	24709	1821	9594	6216	7078	7.37	38.83	25.16	28.65
1966—67	21825	1624	8544	6261	5396	7.44	39.15	28.69	24.72
1967—68	22712	2195	7056	6720	6741	9.66	31.07	29.59	29.68
1968—69	20650	1888	7276	6742	4744	9.14	35.23	32.65	22.97
1969—70	22224	2116	7210	6902	5996	9.52	32.44	31.06	26.98
1970—71	26267	4855	8618	6574	6220	18.48	32.81	25.03	23.68
1971—72	29072	5238	8876	6939	8019	18.02	30.53	23.87	27.58
1972—73	31264	3882	10261	7213	9908	12.42	32.82	23.07	31.69
1973—74	32608	5499	9945	7640	9524	16.86	30.50	23.43	29.21
1974—75	30378	5684	10452	7858	6384	18.71	34.41	25.87	21.02
1975—76	30594	5090	10872	8271	6361	16.64	35.54	27.03	20.79
1976—77	31629	5103	10461	8919	7146	16.13	33.07	28.20	22.59
1977—78	31769	4410	10221	9278	7860	13.88	32.17	29.20	24.74
1978—79	35866	5180	11300	9769	9617	14.44	31.51	27.24	26.81
1979—80	36231	4831	11091	10291	10018	13.33	30.61	28.40	27.65
1980—81	40534	5327	12526	11360	11321	13.14	30.90	28.03	27.93
1981—82	42821	6540	12332	11857	12092	15.27	28.80	27.69	28.24
1982—83	38621	6361	8924	10715	12621	16.47	23.11	27.74	32.68

1983—84	39204	6425	9734	10906	12139	16.39	24.83	27.82	30.96
1984—85	45673	7918	12663	11821	13271	17.34	27.73	25.88	29.06
1985—86	49182	7711	14353	12600	14518	15.68	29.18	25.62	29.52
1986—87	49972	8275	14920	11550	15227	16.56	29.86	23.11	30.47
1987—88	46157	3015	14396	14341	14405	6.53	31.19	31.07	31.21
1988—89	61005	10875	18265	16493	15372	17.83	29.94	27.04	25.20
1989—90	65239	11533	20535	19425	13746	17.68	31.48	29.78	21.07
1990—91	68372	10699	19232	22391	16050	15.65	28.13	32.75	23.47
1991—92	66170	4120	23181	23582	15287	6.23	35.03	35.64	23.10
1992—93	69419	8268	20305	24214	16632	11.91	29.25	34.88	23.96
1993—94	75149	7655	22770	28189	16535	10.19	30.30	37.51	22.00
1994—95	95360	13091	27595	33564	21110	13.73	28.94	35.20	22.14
1995—96	94300	8780	29582	35225	20713	9.31	31.37	37.35	21.97
1996—97	84785	2348	29036	33564	19837	2.77	34.25	39.59	23.40
1997—98	89591	12813	24066	32943	19769	14.30	26.86	36.77	22.07
1998—99	87045	3406	24852	33020	25767	3.91	28.55	37.93	29.60
1999—00	102988	13324	28203	32673	28788	12.94	27.38	31.73	27.95
2000—01	116834	16396	37311	34811	28316	14.03	31.94	29.80	24.24
2001—02	122235	11940	33360	37854	39081	9.77	27.29	30.97	31.97
2002—03	96750	799	27374	35332	33245	0.83	28.29	36.52	34.36
2003—04	117852	6757	34338	37668	39089	5.73	29.14	31.96	33.17

资料来源：根据印度统计部 National Account Statistics, Ministry of Statistics in India, 1950—2004 s14 和 s 20 整理。

参 考 文 献

英 文 部 分

1. Ahmed S. M. and Ansari M. I. , Financial Sector Development and Economic Growth: The South-Asian Experience, *Journal of Asian Economics*, Vol. 9, No. 3 (1998), pp. 503 – 517, Published by JAI Press, Inc. .

2. Amit Shown Ray, India's Economic Reforms in Progress, *Journal of Asian Economics*, Vol. 8, No. 3(1997), pp. 421 – 423, Published by JAI Press, Inc. .

3. Ansari Mohammed I. , Explaining The Service Sector Growth: An Empirical Study of India, Pakistan and Sri Lanka, *Journal of Asian Economics*, Vol. 6, No. 2 (1995), pp. 233 – 246, Published by JAI Press, Inc. .

4. Arora Ashish and Athreye Suma, The software industry and India's economic development, *Information Economics and Policy*, 14 (2002), pp. 253 – 273, published by Elsevier Science B. V. .

5. Arora Ashish, Arunachalam V. S. , Asundi Jaim and Fernandes Ronald, The Indian software services industry, *Research Policy*, 30 (2001), pp. 1267 – 1287, edited by Elsevier Science B. V. .

6. Arora Phyllis, Patterns of Political Response in Indian Peasant Society, *The Western Political Quarterly*, Vol. 20, No. 3 (Sep. , 1967), 645 – 659, published by University of Utah.

7. Bakshi P. M. , *The Constitution of India*, *Fifth Edition*, New Delhil, Universal Law Publishing Co. Pvt. Ltd. 2003.

8. Balasubramanyam Ahalya, V. N. Balasubramanyam, Singer, Services and Software, *World Development*, Vol. 25, No. 11(1997), pp. 1857 – 1861, Published by Elsevier Science Ltd..

9. Balasubramanyam V. N., *Conversations with Indian Economists*, Palgrave, 2001.

10. Bardhan Pranab K., Political-Economy and Governance Issues in the Indian Economic Reform Process, The Australia South Asia Research Centre's K-R-Narayanan Oration, 25 (Mar. 2003), published by The Australian National University, Canberra.

11. Bardhan Pranab, *The Political Economy of Development in India*, Delhi, Oxford University Press, 1986.

12. Bell Clive and Rousseau Peter L., Post—independence India: a Case of Finance Led Industrialization?, *Journal of Development Economics*, Vol. 65, (2001), pp. 153 – 175, published by Elsevier Science B.V..

13. Bery Suman and Singh Kanhaiya, India's Recent Growth Experence, paper for the IMF-NCAER Conference, A Tale of Two Giants: India's and China's Experience with Reform, Nov. 14 – 16, 2003, New Delhi.

14. Beteille Andre, *Caste, Class and Power*, Oxford University Press, Second Edition, 2002.

15. Bhabani Sen Gupta. India in the twenty-first century, *International Affairs*, Vol. 73, No. 2(1997), pp. 297 – 314.

16. Bhaduri Amit, Dynamic patterns in transformation, Structural Change and Economic Dynamics. Vol. 7(1996), pp. 281 – 297, published by Elsevier Science B.V..

17. Chatterjee Partha, *State and Politics in India*, Oxford University Press. 1997.

18. Chaudhuri K. N., India's International Economy in the Nineteenth Century: An Historical Survey, *Modern Asian Studies*, Vol. 2, No. 1(1968), pp. 31 – 50, published by Cambridge University Press.

19. Chibber Vivek, *Lock in Place State-Building and Late Industrialization in India*, New Jersey, Princeton University Press, 2004.

20. Cohen Jerome B., Economic Development in India, *Political Science Quarterly*, Vol. 68, No. 3(Sep., 1953), pp. 376 – 395, published by The Academy of Political

Science.

21. Das Raju J., The spatiality of social relations: an Indian case-study, *Journal of Rural Studies*, 17, (2001), pp. 347 - 362, published by Elsevier Science Ltd..

22. Das Satya P., Endogenous distribution and the political economy of trade policy, *European Journal of Political Economy*, Vol. 17, (2001), pp. 465 - 491, published by Elsevier Science B. V..

23. Desai Meghnad, India and China: An Essay In Comparative Political Economy, Paper for IMF conference on India/China, Delhi, Nov. 2003.

24. Dossani Rafiq and Kenney Martin, Creating an Environment for Venture Capital in India, *World Development*, Vol. 30, No. 2(2002), pp. 227 - 253, Published by Elsevier Science Ltd..

25. Driver Edwin D., Caste and Occupational Structure in Central India, *Social Forces*, Vol. 41, No. 1(Oct., 1962), pp. 26 - 31, published by University of North Carolina Press.

26. Ehrmann Winston W., Post-war Government and Politics of India, *The Journal of Politics*, Vol. 9, (1947), pp. 653 - 691.

27. Epstein T. Scarlett, Development-There is Another Way: A Rural-Urban Partnership Development Paradigm, *World Development*, Vol. 29, No. 8(2001), pp. 1443 - 1454, published by Elsevier Science Ltd..

28. Fisman Raymond and Khanna Tarun, Facilitating Development, The Role of Business Groups, *World Development*, Vol. 32, No. 4(2004), pp. 609 - 628, published by Elsevier Science Ltd..

29. Forbes Naushad, Technology and Indian industry: what is liberalization changing? Technovation, 19, (1999), pp. 403 - 412, edited by Elsevier Science Ltd..

30. Gaur K. D., Dynamics of Indian Economy, (1998), Manak Publications Pvt. Ltd..

31. Goldman Abe, and Smith Joyotee, Agricultural Transformations in India and Northern Nigeria, Exploring the Nature of Green Revolutions, *World Development*, Vol. 23, No. 2(1995), pp. 243 - 263, published by Elsevier Science Ltd..

32. Gordon Jim and Gupta Poonam, Understanding India's Service Revolution, pa-

per for the Conference, A tale of Two Giants: India's and China's Experience with Reform, organized by International Monetary Fund and the National Council of Applied Economic Research in India, Nov. 14 – 16, 2003. IMF Working Paper WP/04/171, September 2004.

33. Guha-Khasnobis Basudeb and Bhaduri Saumitra N., A hallmark of India's new economic policy: deregulation and liberalization of the financial sector, *Journal of Asian Economics*, 11 (2000), pp. 333 – 346, published by Elsevier Science Inc.

34. Gupta Akhil, *The Political Economy of Post-Independence India—A Review Article*, *The Journal of Asian Studies*, Vol. 48, No. 4 (Nov., 1989), pp. 787 – 797, published by Association for Asian Studies.

35. Gupta S. P., *Post-Reform India Emerging Trends*, Allied Publishers Limited, 1998.

36. Gusfield Joseph R., Political Community and Group Interests in Modern India, *Pacific Affairs*, Vol. 38, No. 2 (Summer, 1965), pp. 123 – 141, published by Pacific Affairs, University of British Columbia.

37. Harris Ron, Political Economy, Interest Groups, Legal Institutions, and the Repeal of the Bubble Act in 1825, *The Economic History Review*, New Series, Vol. 50, No. 4 (Nov., 1997), pp. 675 – 696, published by Economic History Society.

38. Hazari Bharat R. and Krishnamurty J., Employment Implications of India's Industrialization: Analysis in an Input Output Framework, *The Review of Economics and Statistics*, Vol. 52, No. 2 (May, 1970), pp. 181 – 186, published by The MIT Press.

39. Huber Evelyne, Rueschemeyer Dietrich and Stephens John D., The Impact of Economic Development on Democracy, *Journal of Economic Perspectives*, Vol. 7, No. 3 (Summer 1993), pp. 71 – 85.

40. Hufbauer Gary, World Economic Integration and the Revolution in Information Technology, *Technology In Society*, Vol. 18, No. 2 (1996), pp. 165 – 172, Published by Elsevier Science Ltd..

41. Indira Gandhi Institute: Iadia Development Report 2004 – 2005.

42. Ministry of Finance: Economic Survey.

43. sher Ahluwalia and Mark J. Riedy Esq. Globalizing the Indian Economy, dis-

cussed in Policy Council for India Meeting, (December 3, 2002), Center for Strategic and International Studies Washington, D. C. .

44. Isher Judge Ahluwalia, I. M. D. Little, *India's Economic Reforms and Development*, *Essays for Manmohan Singh*, (1998) Oxford University Press, New Delhi.

45. Jackson Dudley, Wage Policy and Industrial Relations in India, *The Economic Journal*, Vol. 82, No. 325 (Mar. , 1972), pp. 183 – 194, published by Royal Economic Society.

46. Jadhav Narendra, Capital Account Liberalisation: The Indian Experience, Paper Presented at A Tale of Two Giants: India's and China's Experience with Reform and Growth, (Nov. , 2003), New Delhi.

47. Jalan Bimal, *India's Economic Policy Preparing for the Twenty-first Century*, 1993, Penguin Books India.

48. Jalan Bimal, *The Future of India Politics*, *Economics and Governance*, New Delhi, 2005, Penguin books India.

49. Jalan Bimal, *The Indian Economy*: *Problems and Prospect*, 1993, Penguin Books India.

50. Joshi Barbara R. , "Ex-Untouchable": Problems, Progress, and Policies in Indian Social Change, *Pacific Affairs*, Vol. 53, No. 2 (Summer, 1980 pp. 193 – 222, published by Pacific Affairs, University of British Columbia.

51. Joshi Vijay, I. M. D. Little, *India's Economic Reforms* 1991 – 2001, New Delhi, Oxford University Press, 1996.

52. Joshi Vijay, L. M. D. Little, *India Macroeconomics and Political Economy* 1964 – 1991, New Delhi, Oxford University Press, 1994.

53. Kalirajan K. P. and Sankar U. , Agriculture in India's economic reform program, *Journal of Asian Economics*, 12, (2001), pp. 383 – 399, Published by Elsevier Science Inc. .

54. Kaplinsky Raphael, India's Industrial Development: An Interpretative Survey, *World Development*, Vol. 25, No. 5 (1997), pp. 681 – 694, edited by Elsevier Science Ltd. .

55. Khanna Tarun, Business groups and social welfare in emerging markets: Exist-

ing evidence and unanswered questions, *European Economic Review*, 44, (2000), pp. 748 – 761, published by Elsevier Science B.V..

56. Khatkhate Deena R., "India's Economic Growth: A Conundrum", *World Development*, Vol.25, No.9(1997), pp.1551 – 1559.

57. Klatzmann Joseph, Benjamin Y. and Levi Yair, *The Role of Group Action in the Industrialization of Rural Areas*, New York Praeger Publishers, 1971.

58. Kochanek Stanley A., *Business and Politics in India*, Los Angeles, University of California Press, 1974.

59. Kotovsky Grigori G., Certain Trends in India's Socioeconomic and Socio-Political Development, *Asian Survey*, Vol. 24, No. 11 (Nov., 1984), pp. 1131 – 1142, A Soviet Symposium on Pacific-Asian Issues, published by University of California Press.

60. Krueger Anne O., *Economic Policy Reforms and the Indian Economy*, Chicago, The University of Chicago Press, 2002.

61. Lal Deepak, India and China, Contrasts in Economic Liberalization?, *World Development*, Vol.23, No. 9 (1995), pp. 1475 – 1494, Published by Elsevier Science Ltd..

62. Lal K., E-business and manufacturing sector: a study of small and medium-sized enterprises in India, *Research Policy*, 31(2002), pp. 1199 – 1211, published by Elsevier Science B.V..

63. Lamb Helen B., The Indian Business Communities and the Evolution of an Industrialist Class, *Pacific Affairs*, Vol. 28, No. 2 (Jun., 1955), pp. 101 – 116, published by Pacific Affairs, University of British Columbia.

64. Lijphart Arend, The Puzzle of Indian Democracy: A Consociational Interpretation, *American Political Science Review*, Vol. 90, No. 2 (Jun., 1996), pp. 258 – 268, Published by American Political Science Association.

65. Malenbaum Wilfred, Politics and Indian Business: The Economic Setting, *Asian Survey*, Vol.11, No. 9 (Sep., 1971), pp. 841 – 849, published by University of California Press.

66. Ministry of Finance: Economic Survey, 2000, 2001, 2002, 2003, 2004.

67. Mishra Girish, *Nehru and the Congress Economic Policies*, Sterlin Publishers

Private Limited, 1998.

68. Mitra Ashok, *Terms of Trade and Class Relations An Essay in Political Economy*, London, Frank Cass, 1977.

69. Mohan Rakesh, *Facets of the Indian Economy*, New Delhi, Oxford University Press, 2002.

70. Mukherjee Anit N. and Kuroda Yoshimi, Convergence in rural development: evidence from India, *Journal of Asian Economics*, Vol. 13, (2002), pp. 385 – 398, published by Elsevier Science Inc..

71. Niraja Gopal Jayal and Sudha Pai, *Democratic Governance in India*, Sage Publications India Pvt. Ltd., 2001.

72. Panagariya Arvind, India in the 1980s and 1990s: A Triumph of Reforms, IMF Working Paper, WP04/43 (March 2004), published by International Monetary Fund.

73. Papola T. S. and Rodgers Gerry, Labour Institutions and Economic Development in India, International Labour Organisation 1992.

74. Parikh Kirit S. and Radhakrihna R., *India Development Report 2002*, New Delhi, Oxford University Press, 2002.

75. Patibandla Murali and Petersen Bent, Role of Transnational Corporations in the Evolution of a High-Tech Industry: The Case of India's Software Industry, *World Development*, Vol. 30, No. 9 (2002), pp. 1561 – 1577, published by Elsevier Science Ltd..

76. Patibandla Murali, Structure, organizational behavior, and technical efficiency: The case of an Indian industry, *Journal of Economic Behavior and Organization*, Vol. 34, (1998), pp. 419 – 434, published by Elsevier Science B. V..

77. Patnaik Prabhat, *Whatever Happened to Imperialism and other essays*, Tulika, 2001.

78. Pedersen Jorgen Dige, Explaining Economic Liberalization in India: State and Society Perspectives, *World Development* Vol. 28, No. 2 (2000), pp. 265 – 282, published by Elsevier Science Ltd..

79. Prasad Pradhan H., *India Dilemma of Development*, New Delhi, Mittal Publications. 2000.

80. Przeworski Adam and Limongi Fernando, Political Regimes and Economic

Growth, *Journal of Economic Perspectives*, Vol. 7, No. 3 Summer 1993, pp. 51 – 69.

81. Purfield Catriona, The Decentralization Dilemma in India, IMF Working Paper, 04/32(February 2004), published by International Monetary Fund.

82. Rodrik Dani and Subramanian Arvind, From "Hindu Growth" to Productivity Surge: The Mystery of the Indian Growth Transition, IMF Working Paper, 04/77(May. 2004), published by International Monetary Fund.

83. Rodrik Dani, Understanding Economic Policy Reform, *Journal of Economic Literature*, Vol. 34, No. 1 (Mar., 1996), pp. 9 – 41, published by American Economic Association.

84. Saez Lawrence, Federlism Without A Center: The Impact of Political and Economic Reform on India's Federal System, *Journal of Contemporary Asia*, Vol. 34, No. 1 (2004), pp. 138 – 140.

85. Sathye Milind, Efficiency of banks in a developing economy: The case of India, *European Journal of Operational Research*, 148 (2003), pp. 662 – 671, published by Elsevier Science B. V..

86. Sen Rajkumar, *Politics of Indian Economy*, Published by G. R. Bhatkal for Popular Prakashan, Bombay, 1967.

87. Sharma B. A. V., *Political Economy of India*, Light & Life Publishers, New Delhi, 1980.

88. Sharma Kishor, Export Growth in India: Has FDI Played a Role?, Center Discussion Paper No. 816(July 2000), edited by Economic Growth Center Yale University.

89. Singh, Nirvikar, *Service-Led industrialization in India*: Assessment and Lessons, University of California, MPRA Paper No. 1276, November 2006.

90. Srinivasan T. N., *Eight Lectures on India's Economic Reforms*, New Delhi, Oxford University Press, 2000.

91. Staley Eugene, Relating Indian Education More Effectively to the World of Work, *Asian Survey*, Vol. 9, No. 10 (Oct., 1969), pp. 776 – 780, A Symposium on Higher Education in India's Asian Drama, published by University of California Press.

92. Staniland Martin, *What is Political Economy*: A Study of Social Theory and Underdevelopment, Yale University Press, 1985.

93. Sumon Kumar Bhaumik and Dimova Ralitza, How important is ownership in a market with level playing field? The Indian banking sector revisited, *Journal of Comparative Economics*, 32, (2004), pp. 165 – 180, published by Elsevier Science Inc..

94. Suresh Chandra, *Economic Policies of the Indian Political Parties*, New Delhi Commonwealth Publishers, 1989.

95. Swamy Subramanian, The Response to Economic Challenge: A Comparative Economic History of China and India, 1870 – 1952, *The Quarterly Journal of Economics*, Vol. 93, No. 1 (Feb., 1979), pp. 25 – 46, published by The MIT Press.

96. Statistical Outline of India 2005 – 06, Department of Economics and Statistics, TaTa Services limited, Bombay House, Feb. 2006.

97. Statistical Outline of India 2004 – 05, Department of Economics and Statistics, TaTa Services limited, Bombay House, Feb. 2005.

98. Statistical Outline of India 2003 – 04, Department of Economics and Statistics, TaTa Services limited, Bombay House, Feb. 2004.

99. The Indian Economy A perspective, paper for 8th Asia Forum Meeting, Frankfurt, Nov. 7, 2002.

100. Topalova Petia, Trade Liberalization and Firm Productivity: The Case of India, IMF Working Paper 04/28 (Feb. 2004), published by International Monetary Fund.

101. Uma Kapila, "Indian Economy Since Independence, New, Revised & Enlarged, Fifteenth edition, 2003 – 2004", (2003), published by Academic Foundation, New Delhi.

102. Uttan Jitendra, Economic Growth in India and China: A Comparative Study, *International Studies*, Vol. 40, No. 4 (Oct.-Dec. 2003), pp. 319 – 347.

103. Vachani Sushil, Economic Liberalization's Effect on Sources of Competitive Advantage of Different Groups of Companies: the Case of India, *International Business Review*, Vol. 6, No. 2 (1997), pp. 165 – 184, published by Elsevier Science Ltd.

104. Verma Rubina, *India's Service Sector Growt-A "New" Revolution*, Paper provided by DEGIJ, Dynamics, Economics Growth, and International Trade in its series DEGIT Conference Paper with number c 011 – 020, June 2006.

中文部分

1. D.D.高善必:《印度古代文化与文明史纲》,北京:商务印书馆,1998年。
2. H.钱纳里等著,李新华等译:《发展的型式1950—1970》,北京:经济科学出版社,1988年。
3. H.钱纳里等著,吴奇等译:《工业化和经济增长的比较研究》,上海:上海三联书店,1989年。
4. H.钱纳里等著:《结构变化与发展政策》,北京:经济科学出版社,1991年。
5. W.阿瑟·刘易斯著,梁小民译:《经济增长理论》,上海:上海三联书店、上海人民出版社,1995年。
6. 阿兰·G.格鲁奇著,徐节文等译:《比较经济制度》,北京:中国社会科学出版社,1984年。
7. 艾伯特·赫希曼著,潘照东等译:《经济发展战略》,北京:经济科学出版社,1988年。
8. 保罗·克鲁格曼,海闻等译:《战略性贸易政策与新国际经济学》,北京:中国人民大学出版社,2000年。
9. 保罗·克鲁格曼著,蔡荣译:《发展、地理学与经济理论》,北京:北京大学出版社,2002年。
10. 保罗·克鲁格曼著,黄胜强译:《克鲁格曼国际贸易新理论》,北京:中国社会科学出版社,2001年。
11. 保罗·克鲁格曼著,张兆杰译:《地理和贸易》,北京:北京大学出版社,2002年。
12. 彼德·林德特等著,谢树森等译:《国际经济学》,上海:上海译文出版社,1985年。
13. 陈峰君:《东亚与印度:亚洲两种现代化模式》,北京:经济科学出版社,2000年。
14. 陈利君等:《中国与印度信息产业合作新趋势》,昆明:云南人民出版社,2003年3月。

15.陈晓律:《世界各国工业化模式》,南京:南京出版社,1998年。

16.陈秀山,张可云:《区域经济理论》,北京:商务印书馆,2003年。

17.储东海:《区域经济学通论》,北京:人民出版社,2003年。

18.方福前:《公共选择理论——政治的经济学》,北京:中国人民大学出版社,2000年。

19.方甲:《产业结构问题研究》,北京:中国人民大学出版社,1997年。

20.冯舜华等:《经济转轨的国际比较》,北京:经济科学出版社,2001年。

21.弗朗辛·R.弗兰克尔:《印度独立后政治经济发展史》,北京:中国社会科学出版社,1989年。

22.郭庆,胡鞍钢:《中国工业化问题初探》,北京:中国科学技术出版社,1991年。

23.郭熙保:《发展经济学研究》,北京:经济出版社,2003年。

24.郭熙保:《经济发展理论与实践》,北京:中国社会科学出版社,2002年。

25.郭熙保:《发展经济学经典论著选》,北京:中国经济出版社,1998年。

26.亨利·威廉·斯皮格尔著,晏智杰等译:《经济思想的成长》,北京:中国社会科学出版社,1999年。

27.胡乃武,金碚:《国外经济增长理论比较研究》,北京:中国人民大学出版社,1990年。

28.胡晓鹏,张来春:"中国产业不平衡增长效应的实证研究",《湖北经济学院学报》,2005年第2期。

29.华民:"印度能否终结中国独舞",《解放日报》,2004年4月6日。

30.黄少军:《服务业与经济增长》,北京:经济科学出版社,2000年。

31.黄思骏:《印度土地制度研究》,北京:中国社会科学出版社,1998年。

32.贾根良:《发展经济学》,天津:南开大学出版社,2004年。

33.贾瓦哈拉尔·尼赫鲁著,齐文译:《印度的发现》,北京:世界知识出版社,1958年。

34.简·阿特·斯图尔特著,王艳莉译:《解析全球化》,长春:吉林人民出版社,2003年。

35. 江小涓："产业结构优化升级：新阶段和新任务"，《财贸经济》，2005年第9期。

36. 姜杰、马全江：《公共经济学》，济南：山东人民出版社，2003年。

37. 蒋一国、杨会春等：《印度国防经济研究》，北京：解放军出版社，2002年。

38. 杰拉尔德·迈耶、约瑟夫·斯蒂格利茨主编：《发展经济学前沿——未来展望》，北京：中国财政经济出版社，2003年。

39. 兰斯·泰勒著，颜泽龙译：《结构主义宏观经济学》，北京：经济科学出版社，1988年。

40. 雷启淮：《当代南亚丛书》，成都：四川人民出版社，2000年。

41. 李悦、李平：《产业经济学》，东北财经大学出版社，2002年。

42. 李悦主编：《产业经济学》，北京：中国人民大学出版社，2004年。

43. 联合国工业发展组织：《世界各国工业化概况和趋向》，北京：中国对外翻译公司，1980年。

44. 梁洁筠：《十八豪门发家记》，北京：时事出版社，1995年。

45. 林承节：《印度独立后的政治经济社会发展史》，北京：昆仑出版社，2003年。

46. 林承节：《印度现代化的发展道路》，北京：北京大学出版社，2001年。

47. 刘建、朱明忠等：《印度文明》，北京：中国社会科学出版社，2004年。

48. 吴永年等：《21世纪印度外交新论》，上海：上海译文出版社，2004年。

49. 陆德明：《中国经济发展动因分析》，太原：山西经济出版社，1999年。

50. 吕政："对'十一五'时期我国工业发展若干问题的探讨"，《中国工业经济》，2004年第11期。

51. 吕政、黄群慧等："中国工业化、城市化的进程与问题"，《中国工业经济》，2005年第12期。

52. 毛林根：《产业经济学》，上海：上海人民出版社，1996年。

53. 培伦、董本建：《印度通史》，黑龙江：黑龙江人民出版社，1990年。

54. 裴长洪："吸收外商直接投资与产业结构优化升级"，《中国工业经济》，2006年第1期。

55. 钱国靖：《比较经济学》，上海：复旦大学出版社，1997年。

56. 邱永辉、欧东明:《印度世俗化研究》,成都:巴蜀书社,2003年。
57. 邱永辉:《现代印度的种姓制度》,成都:四川人民出版社,1996年。
58. 任佳、王崇理等:《南亚报告2002—2003》,昆明:云南大学出版社,2003年。
59. 任佳、陆德明、张荐华等:《中国与印度经贸合作新战略》,昆明:云南人民出版社,2003年。
60. 沈红芳:《东亚经济发展模式比较研究》,厦门:厦门大学出版社,2002年。
61. 石磊、寇宗来:《产业经济学》,上海:上海三联书店,2003年。
62. 石磊:《中国产业结构成因与转换》,上海:复旦大学出版社,1996年。
63. 石磊:《中国农业组织的结构性变迁》,山西:山西经济出版社,1999年。
64. 史东辉:《后起国工业化引论》,上海:上海财经大学出版社,1999年。
65. 舒元:《中国经济增长分析》,上海:复旦大学出版社,1993年。
66. 宋则行等:《后发经济学》,上海:上海财经大学出版社,2004年。
67. 苏东水:《产业经济学》,北京:高等教育出版社,2003年。
68. 孙久文、叶裕民:《区域经济学教程》,北京:中国人民大学出版社,2003年。
69. 孙培钧、华碧云:《印度国情与综合国力》,北京:中国城市出版社,2001年。
70. 孙培钧、刘创源:《南亚国家经济发展战略研究》,北京:北京大学出版社,1990年。
71. 孙培钧等:《印度垄断财团》,北京:时事出版社,1984年。
72. 孙士海、葛维钧:《列国志·印度》,北京:社会科学文献出版社,2003年。
73. 孙士海:《南亚的政治、国际关系及安全》,北京:中国社会科学出版社,1998年。
74. 谭崇台:《发展经济学》,上海:上海人民出版社,2000年。
75. 谭崇台主编:《发展经济学概论》,武汉:武汉大学出版社,2003年。
76. 王德华、吴扬:《龙与象——21世纪中印崛起的比较》,上海:上海社会科学院出版社,2003年。

77. 王梦奎、李善同:《中国地区经济发展不平衡问题研究》,北京:商务印书馆,2000年。

78. 王延中:"论中国工业技术的现代化问题",《中国工业经济》,2004年第5期。

79. 王岳平:《开放条件下工业的结构升级》,北京:经济管理出版社,2004年。

80. 文富德:《印度经济:发展、改革与前景》,四川:巴蜀出版社,2003年。

81. 文富德、陈继东:《世界贸易组织与印度经济发展》,四川:巴蜀出版社,2003年。

82. 吴易风主编:《当代西方经济学流派与思潮》,北京:首都经济贸易大学出版社,2005年。

83. 西里尔·E.布莱克编、杨豫、陈祖洲译:《比较现代化》,上海:上海译文出版社,1998年。

84. 西蒙·库兹涅茨著、常勋等译:《各国的经济增长:总产值和生产结构》,北京:商务印书馆,1999年。

85. 西蒙·库兹涅茨著、戴睿等译:《现代经济增长》,北京:北京经济学院出版社,1991年。

86. 杨翠柏等著:《印度政治与法律》,成都:巴蜀书社,2004年。

87. 杨丹辉:"中国成为:'世界工厂'的国际影响",《中国工业经济》,2005年第9期。

88. 杨公朴、夏大慰:《现代产业经济学》,上海:上海财经大学出版社,2000年。

89. 杨建文、周冯琦:《产业组织:21世纪理论研究潮流》,上海:学林出版社,2003年。

90. 杨建文等:《产业经济学》,上海:学林出版社,2004年。

91. 杨龙:《西方新政治经济学的政治观》,天津:天津人民出版社,2004年。

92. 杨圣明等:《服务贸易:中国与世界》,北京:民主与建议出版社,1999年。

93. 叶静怡:《发展经济学》,北京:北京大学出版社,2003年。
94. 叶静怡:《发展经济学》,北京:北京大学出版社,2005年。
95. 殷凤:"中国服务业利用外商直接投资:现状、问题与影响因素分析",《世界经济研究》,2006年第1期。
96. 尹保云:《现代化通病》,天津:天津人民出版社,1999年。
97. 约翰·科迪等著,张虹译:《发展中国家的工业发展政策》(联合国工业发展组织主持项目),北京:经济科学出版社,1992年。
98. 约瑟夫·熊彼特:《经济发展理论》,北京:商务印书馆,2000年。
99. 张江河:《论利益与政治》,北京:北京大学出版社,2002年。
100. 张军:《比较经济模式》,上海:复旦大学出版社,1999年。
101. 张军:"印度经济另类吗?",《互联网周刊》,2004年4月12日。
102. 张军:"理解印度的经济增长",《上海金融》,2004年第8期。
103. 张可云:《区域经济政策》,北京:中国轻工业出版社,2001年。
104. 张培刚:《发展经济学教程》,北京:经济科学出版社,2001年。
105. 张淑兰:《印度拉奥政府经济改革研究》,北京:新华出版社,2003年。
106. 张孝德:《模式经济学新探》,北京:经济管理出版社,2002年。
107. 赵鸣岐:《印度之路——印度工业现代化道路探析》,上海:学林出版社,2005年。
108. 周叔莲、杨沐:《国外产业政策研究》,北京:经济管理出版社,1988年。
109. 周天勇:《新发展经济学》,北京:经济科学出版社,2001年。
110. 朱明忠、尚会鹏:《印度教:宗教与社会》,北京:世界知识出版社,2003年。
111. 朱英明:《产业集聚论》,北京:经济科学出版社,2003年。

后 记

从20世纪90年代中期由于研究工作的需要涉入印度以来,一直对这一土地面积仅有中国三分之一,人口却超过10亿的泱泱大国的发展道路深感兴趣。这个同新中国一起成长的国家,在发展初期也采取了同中国几乎同样的发展战略和模式,但最后却走上了与中国不同的发展道路,并在经济发展方面取得了明显的进步。其独特的产业演进模式正在成为世界发展中大国发展模式的又一个典型。尽管这一模式的成功与否还有待观察,但对这样一个新型的发展道路的研究和关注,无论从世界发展模式的角度,还是从中国最大的邻国的角度,都是具有重要的研究价值和现实意义的。20世纪90年代末以来,云南省在国家对外战略和方针的指导下,加大了面向南亚开放的力度。上海与云南传统的对口帮扶关系,使云南的国家项目和省政府立项的研究项目大都与上海学术界联系在一起。这使我有机会与上海经济学界和国际关系学界的著名学者相识,尤其是与复旦大学经济学院的省院省校合作项目获得了成功,成为国内第一个研究中国与印度经贸和科教合作的成果,这一成果获得了云南省社会科学优秀成果一等奖。这使我下决心要走入复旦这所学术殿堂,在名师的指导下,实现我想写一本研究印度经济著作的愿望。

后记

本书是在我的博士论文的基础上修改而成。我要感谢复旦大学经济学院及前院领导，让我有机会在从事研究工作多年后重返学校，再系统、严格接受一次科学研究的训练。要特别感谢导师石磊教授，在他工作、教学任务繁重的情况下，对我的论文给予了精心指导，对论文重要观点的讨论和提出、对文字的修改，都付出了他的心血。他深厚的学术功底、敏锐的观察分析能力、严谨的治学精神，使我获益不浅。俞忠英教授、李慧中教授，以及李洁明、周伟林、寇忠来等教授都对论文的修改和规范问题提出过很好的意见。对他们的指导表示深深地感谢。在此并感谢袁志刚、张军等教授对进一步拓展这项研究提出的好建议。

感谢印度德里大学、中国研究所、海德拉巴大学、政策研究中心的 Manoranjan Mohanty, D. Narasimha Reddy, Charan Wadhva 等教授和 Ritu Agarwal, Ravni Thakur, Arvinder Singh 等博士，以及中国南亚学术界的著名学者孙培钧、孙士海、华碧云、邱永辉等研究员和教授，在论文选题、资料收集过程中所给予的指导和帮助。

感谢纳麒、贺圣达、杨福泉、郭熙保、于克信、杨先明、吕昭义、施本植、王崇理、张家哲、王文成、赵伯乐等研究员和教授，是他们的支持和鼓励，才使我初步完成了这一繁重的学习和研究任务，渡过了既艰辛又充实的学习生涯。感谢伏润民教授、陈利君研究员，以及郭穗彦、邓兰、李娅、郁兰、张毅等同仁在论文研究和资料收集处理过程中给予我的帮助和关心。

尽管论文成为书稿经过多次修改，但仍存在不足，一些最新的研究成果也很难收集全并在综述中得以反映。作者对印度经济的研究立足于从基础起步，希望本书从产业结构这个视角对印度经济的研究能引起读者的兴趣,并起到抛砖引玉的作用。

最后我要把这个成果献给复旦大学经济学院已故的陈志龙教授,他生前到云南16次之多,是他把云南、复旦和印度联系在一起。他对印度的酷爱和对印度研究的执著,以及他的拼搏精神始终感染着我。

我的家人在我三年学习期间给予了我最大的理解和支持,没有他们的关爱,在工作和学习的双重压力下,我是不可能顺利完成学业和这项艰苦的研究工作的。感谢他们的爱!

任 佳

2006年12月9日